어린이 뮤지엄
Children's Museum

어린이 뮤지엄

2023년 5월 5일 초판 1쇄 발행
지은이   최미옥

펴낸이   권혁재

편 집   권이지
교정교열   천승현
디자인   이정아

인 쇄   성광인쇄
펴낸곳   학연문화사
등 록   1988년 2월 26일 제2-501호
주 소   서울시 금천구 가산디지털1로 16 가산2차 SKV1AP타워 1415호

전 화   02-6223-2301
전 송   02-6223-2303
E-mail   hak7891@chol.com

ISBN   978-89-5508-487-0 (03060)

어린이 뮤지엄
Children's Museum

최미옥 지음

학연문화사

최미옥 박사의
『어린이 뮤지엄』에 대한 기대

이종철(문학박사, 민속학자, 전 국립민속박물관장)

최미옥 건축학 박사는 2018년 『뮤지엄 여행』에 이어 2023년 『어린이 뮤지엄』을 펴낸 박물관의 존재이유(의 위기)를 세상에 알리는 박물관 문화탐험가이다. 그는 지적 탐구에 추호의 두려움도 없이 호기심 많은 어린이처럼 언어학을 전공한 후 문화전달의 핵심 분야인 시청각 소통의 표현인 전시디자인회사에서 일한 슈퍼우먼이다. 유아교육과 연계된 아동학을 바탕으로 신비의 과학과 어린이의 꿈을 연결하는 감성과 이성의 토탈서비스로서 어린이과학전시공간에서 경험을 쌓았고, 2015년 박물관전시 건축공학 박사로서 한국의 박물관을 15년간 지켜온 문화전시의 베테런 흥행사이다.

저자가 전공한 언어학言語學, Linguistics은 어린이와 뮤지엄의 저술을 이해할 수 있는 소중한 인접 학문으로서 언어구조, 의미론, 역사와 변천, 지역 언어권 소통 형태 등 인간관계의 언어적 활동을 연구하는 학문이다. 문화인류학 박물관Museum of Anthropology의 핵심 주제들인 민족지학Ethnography, 민족학Ethnology, 민속학Folklore 연구가 통합된 스칸디나비아 5국의 총합 어린이 박물관 운영은 중요한 본보기가 되리라 느껴본다. 1972년 이난영 관장의 「박물관학 입문」 저술 이후 50년동안 박물관의 개념과 정의, 종류, 전시, 수집, 보존, 교육, 문화사업도 셀수 없이 바뀌어 왔고 '어린이 뮤지엄' 주변의 가정, 학교, 사회, 문화, 교육, 환경도 문화변동에 따라 엄청난 변화가 진행되고 있다.

큐레이터로서 최박사는 1995년 최초 개관한 삼성문화재단이 창립한 체험형 '어린이박물관'의 개관 운영, 사회공헌을 목격하였고, 어린이 뮤지엄의 전신인 '어린이 공원'과 '어린이 회관'에 깊은 애정을 가졌던 엄마 학자이다. 그래서 엄마 신디(저자의 영문 필명이자 블로그 운명자명이기도 하다)는 어린이의 창의력과 이해력 증진, 이상적인 성장을 지향 목표로 어린이박물관 설립 개관에 전문가와 비전문가 모두를 만족시키는 거시적, 미시적 접근을 상정한 수준높은 박물관 전시, 교육 운영에 의욕을 불태운 어린이박물관 매니아이다.

책 속에는 어린이를 위한 박물관과 어린이를 가르치는 교사를 위한 교육지침의 실제 현장 또한 통섭과 소통, 교감의 만남, 문화 다양성에 대한 해결이 어려운 교육주제로서 상호보완 속 대화, 소통이 긴밀

히 요구되는 사례 현장이 녹아있다. 엄마 최 박사는 육아, 교육, 전시디자인이 함축된 박물관의 통합적 실천을 탐구한다. 어린이와 가족, 선생님이 모두 즐겁고 행복한 '기억과 경험'의 접목을 통한 '놀면서 배우고 배움이 즐거운 문화학습'의 시너지 속 답을 찾는다. 시공을 초월한 미래지향적 문화의 세계화, 국가, 지구촌 사회, 소통공간의 창조, 나눔, 놀이, 협력의 대가족 화합의 정서공간 창조를 꿈꾸며 세심한 연구 관찰을 해왔다.

목차 1, 2장이 '어린이가 즐거운 가?'의 물음에 3,4장은 함께하는 가족 선생님, 안내자가 즐거운 가?의 대답으로 솔루션을 제공하여 단순하지만 당연한 답을 찾아 박물관 관람 운행의 항로를 찾아 양편 모두에게 추억과 생산적인 휴식의 선물이 되도록 준비를 하였다. 한편 '어린이박물관'은 '어린이를 위할뿐더러 미래의 어른을 위한 박물관'이라는 정책적 전환의 필요성을 강조한 11회 한국어린이 박물관 학술대회(문미옥 회장)에서 배기동 ASPAC 위원장의 발제 또한 소중한 시사점이 숨어있다. 문화 공급자에서 수요자로, 생산자이면서 소비자로 역할을 바꾸는 교사와 어린이 간 역할변경의 갑작스런 상황 속 할아버지 세대의 필자는 상생의 목표와 방향, 공동의 관심과 균형된 이해의 접목을 찾지 못하고 미로탈출에 방황하고 있음을 스스로 인정한다.

낮에 일하고 밤에 공부하며 저술한 최박사의 『어린이 뮤지엄』 안내가 어린이, 부모, 조부모님, 교육자, 문화정책 입안자의 저녁식사 테이블의 촛불처럼 자기를 불태워 주변을 밝히는 청아한 산소가 되기를 소

원한다. 스마트폰, 전자기기, 메타버스, SNS, 온라인 게임에 매몰된 어린이들을 보호하는 참교육의 지혜와 쉼터를 제공하길 빈다. 학원·학교의 숙제, 보충수업, 과외 폭주에 목적지도 알 수 없이 무방비적으로 노출된 MZ세대의 어린이와 부모님에게 식탁의 정겨운 대화 주제가 되고 부모의 사랑, 가족간 대화, 친구들간 무언의 미소처럼 상징언어로 큰 울림이길 기도한다. 소담, 사랑, 우정과 문화의 나눔과 베품 속 감성의 교환, 연대연결이 천일야화처럼 어린이 세계를 동심으로 이끌어주는 이야기 보따리가 되었으면 한다.

어린이박물관의
새로운 도약을 고대하며

이경희(전)삼성어린이박물관 부관장, 경기도어린이박물관 초대관장)

어린이박물관이란 말을 처음 들을 때 사람들에게는 공통적인 반응이 있다. 처음에는 '박물관'이라는 단어가 주는 의미 때문에 박물관이라는 명칭이 있으니 옛날 것들을 모아놓은 곳인가 하는 생각으로부터 시작하여, 어린이가 앞에 붙었으니 어린이에 관한 것을 수집하여 전시하는 곳인가 하는 생각에 이른다. 실제로 1995년 우리나라 최초로 어린이박물관을 소개한 삼성어린이박물관에서 간간히 볼 수 있었던 광경이었다. 여기가 박물관이 아니니 입장료를 환불해달라는 부모들도 있었다. 그러나 뜻밖에도 아이보다 우리가 더 잘 놀았다는 부모들의 경험담도 심심치 않게 들을 수 있었다. 아마도 어려서 이러한 재미있는 박물관을 경험하지 못한 부모들의 소감이었을 것이다.

우리나라에 어린이박물관이 소개된지 근 30년이 되간다. 그동안 많은 발전이 있었다. 멋진 외관을 가진 어린이박물관들과 알찬 전시를 끊임없이 선보이는 어린이박물관들이 많이 생겨났다. 어린이박물관이 처음 독립적인 건물로 지어졌을 때는 어린이들의 위상이 올라간 것 같아 덩달아 내 어깨가 으쓱대어졌고, 알찬 전시들이 소개될 때마다 "오! 우리나라에서도 이런 전시가!" 라고 읊조리며 멋지다는 생각이 들었다. 그동안 많은 사람들이 머리를 맞대고 함께 고민한 결과라고 생각한다.

어린이박물관은 정말 다학문적인 지식을 필요로 하는 곳이다. 최미옥박사가 통섭적인 고찰이라는 표현을 썼듯이 어린이박물관만큼 다학문을 필요로 하는 곳도 드물 것이다. 한 아이를 키우려면 온 마을이 필요하다는 아프리카의 속담이 딱 적용되는 곳이 어린이박물관이다. 좀더 질적인 어린이 놀이와 교육공간을 창출하기 위해 유아교육, 아동학, 교육학, 심리학, 박물관학, 디자인학, 건축학, 언어학 등 다 열거하기도 힘든 많은 관련 분야의 전문가들이 협동하여 만들어내는 공간이다.

이 책은 언어학, 공간디자인, 건축 등 다양한 지식을 가진 전문가에 의해 씌여진 점이 흥미롭다. 어린이박물관을 우리는 놀면서 배우는 곳이라 한다. 놀면서 배우도록 하는 것이 쉽겠는가. 어린이들이 학습하도록 하기 위해서는 어린이들이 먼저 전시에 주의를 갖도록 흥미와 호기심을 자극해서 학습동기를 유발시켜야 하는데, 흥미로우면서도 학습을 돕는 전시를 만들어내는 일은 큰 일이 아닐 수 없다. 자기주도적인 학습을 이끌어내는 전시물 제작이 어린이박물관의 가장 큰 미션이다. 어린이 발달과 학습에 대해 꿰차고 있어야 할 뿐아니라 전시물 제

작과 관련하여 공간디자인에 대한 지식도 능통해야 한다. 그런 면에서 저자는 다양한 시각으로 어린이박물관을 관통하여 어린이박물관을 경험할 때 남다른 시각으로 바라봄으로써 그의 시각을 가치롭게 만든다.

처음 전시물 제작을 위해 전시팀과 갖은 구상을 하던 때가 있었다. 전시주제를 선정하고 전시 컨텐츠를 선택하며 이를 전시품으로 구성할 때 우리 모두는 갖고 있는 창의성을 발휘하느라 오만 힘을 썼었다. 그렇게 제작한 전시물이 3차원으로 만들어질 때 나는 그것을 바로 보지 못했다. 새색시를 훔쳐 보듯 두근거리는 마음으로 바라보았다. 만들어진 전시물을 공간에 놓아보며 어린이들의 동선을 그리고 가족들의 움직임을 상상해보면서 공간 레이아웃을 점검했었다. 어린이박물관에서 일하는 것은 늘상 황홀했다. 새 전시를 오픈할때면 어린이들의 실제 반응이 궁금하여 전시장에서 살았다. 어린이들의 부푼 기대만큼 우리들도 어린이들의 반응에 같이 들떴다. 이는 체험전시를 기획하고 제작하는 사람들이 거쳐가는 일련의 과정이다. 이 책에서는 전시물 제작을 어떻게 할 때 그리고 어떻게 배치할 때 가족간 상호작용을 향상시킬 수 있는지, 또한 가족간 상호작용을 통해 가족들의 어린이박물관 만족도를 향상시킴을 보여주는 연구를 제시함으로써 연구자로서 심도있는 결과를 보여준다. 이는 전시물 제작과 공간에 관심이 있는 사람들에게 실질적인 도움이 될 것으로 보이며 도전감을 줄 수 있을 것이다.

어린이박물관을 방문하는 목적은 사람들마다 다양할 수 있지만 연구자들은 사람들이 어린이박물관에서 즐거움과 학습을 얻으려 한다고 보고하고 있다. 가족들은 하루의 나들이로서 기분좋게 어린이박물관에서 지내기 원하며 어린이박물관 전시에 대해 지식을 획득하기 원한

다. 어린이와 부모는 전시물을 중심으로 자연스럽게 대화하며 체험하는 과정에서 서로 가까워지며 지식을 구성해간다. 이와 같이 어린이박물관에서는 가족간 상호작용이 많이 발생하는 특징을 갖는다. 이러한 상호작용이 어린이의 발달에 도움이 된다는 점이 어린이박물관의 가치를 높이고 있다.

미국의 어린이박물관의 동향을 보면 수년간의 관람객 분석을 통해 어린이중심의 박물관에서 가족학습을 위한 박물관으로 미션을 바꾸고 있는 기관들도 생겨나고 있다. 이는 가족간 상호작용을 넘어서서 가족들을 위한 박물관으로 확대되고 있음을 말해주는데, 이는 저자가 강조하듯 어린이박물관이 부모에게도 즐겁고 배움이 있는 곳이라는 증거이다.

이 책의 어린이 뮤지엄 여행은 그동안 저자가 축적한 어린이박물관에 대한 지식을 바탕으로, 아이를 키우는 엄마의 관점에서, 어린 자녀의 눈으로, 그리고 전문가의 눈으로 정말 다각적인 관점에서 어린이박물관을 바라보았다. 그가 전한 감동은 고스란히 나에게도 전해졌다. 나도 전세계의 어린이박물관을 수없이 방문했지만 그의 여행은 참으로 각별하다. 내 생각에 이 책의 참 의미는 학문적 이론과 어린이박물관 실제 사이를 우아하게 왕래하며 어린이박물관의 참 의미를 깨닫게 하는데 있다고 본다.

끝으로 메타버스 시대 어린이 뮤지엄의 새로운 모색에 대해서 나도 함께 고민해보면서, 요즈음 어린이박물관들이 전시방법 면에서 컴퓨터와 하이테크적인 매체를 사용하고 아무리 3차원적인 영상매체가 좋은 학습재료가 된다 하더라도, 어린이박물관의 어린이 중심의 체험전

시를 근간으로 하는 '놀면서 배우는 특성'에는 변함이 없을 거라는 생각이 들었다. 특히 영유아와 취학전 어린이에게 요구되는 것은 실제 사물을 통해서라는 것은 변함없는 사실이 될 것이라 믿는다.

국내외의 잘 나가던 어린이박물관이 폐관되는 것을 지켜보는 것은 마음 아프다. 이 책에서도 소개된 훌륭한 어린이박물관을 더 이상 볼 수 없게 된 것은 어린이들의 추억을 앗아간다는 면에서도 아쉽지만 노하우가 축적된 기관이 없어진다는 점에서도 많이 아쉽다. 어린이박물관 역사가 130년 이상 되는 미국에서도 그보다 기간이 훨씬 짧은 유럽에서도 어린이박물관이 폐관되는 것을 종종 보게 되는데, 어린이박물관들이 어린이가 성장하듯 변화·발전하는 박물관으로서 오랫동안 어린이들 곁에 있기를 소망해 본다.

저자 최미옥박사가 『어린이박물관에서 어린이-동반 보호자의 상호작용 지원을 위한 전시 환경 연구』로 박사논문을 썼을 때 참 고마운 마음이 들었다. "그렇지. 어린이박물관에는 이런 다양한 전공자의 연구가 꼭 필요하지." 하는 생각에서였다. 그런데 이번 책을 읽으면서는 최박사가 어린이에 대한 남다른 사랑과 정성이 있어 어린이박물관에 대한 이런 열정이 있었구나 하는 생각이 들었다. 박물관에서 일하는 사람이 얼마나 바쁜지 알기에 귀한 시간을 내어 사랑과 열정을 하나로 엮어 책으로 낸 최미옥 박사에게 응원을 보낸다. 이 책의 출간이 어린이박물관에 관심이 있는 분들에게 도움이 되리라 확신하기에 널리 읽히길 기대해 본다.

『어린이 뮤지엄』
발간을 축하하며

이관호(한국박물관교육학회 회장, ICOM한국위원회 부위원장)

32년 동안 박물관 큐레이터 생활을 하면서 어린이박물관과 함께 한 기간은 12년으로, 약 30% 이상을 어린이 전시 및 교육과 인연을 맺어오고 있다. 여기에 더하여 최근 각종 학회나 포럼에서도 어린이박물관에 대한 주제로 그 인연을 이어가고 있으니, 큐레이터로서 어린이박물관과의 연계성은 아직도 진행형이라고 할 수 있다. 그런데, 필자가 2003년 우리나라 최초로 국립어린이민속박물관 개관 및 직제 작업을 하면서, 그리고 한국어린이박물관협회 설립 및 각종 학회 활동과 대학원 강의를 담당하면서 매번 느꼈던 점은 짧은 역사만큼이나 어린이박물관과 관련된 자료가 부족하다는 것이었다. 1995년 삼성어린이박물관이 우리나라에서 처음으로 문을 연 지 약 30년이 지나가지만, 어린

이박물관 전시와 교육을 위한 제대로 된 지침서나 개론서 하나 없이 외국 자료에 기대어 오고 있음이 현실인 것은 아무도 부정할 수 없다. 그나마 다행인 것은, 2010년부터 국립민속박물관 어린이박물관에서 학술지인『어린이와 박물관연구』를 발행하고 있다는 사실에 위안을 찾을 뿐이다.

이처럼 어린이박물관에 대한 제대로 된 개론서 하나 없는 목마름 속에서 오랜만에 가뭄 속 단비 소식이 있으니, 바로 이번에 발간되는 최미옥 학예연구사의『어린이 뮤지엄』이 바로 그것이다. 이 책은 최미옥 학예연구사가 2015년에 박물관 디자이너의 눈으로 보고 연구한 그의 박사학위 논문인『어린이박물관에서 어린이-동반보호자의 상호작용 지원을 위한 전시 환경 연구』(홍익대)를 토대로 하여 다양한 어린이박물관 관련 이론과 사례들을 입체적으로 정리한 종합서이다. 따라서 향후 여기에 입문하는 연구자나 종사자들에게 좋은 지침서가 될 수 있다는 측면에서 매우 의미 있고, 고무적이라고 할 수 있다. 특히 어린이나 어린이박물관 전문연구자가 아니면서도 박물관 디자이너의 관점에서 아동 심리 및 발달과정에 대한 특성을 어린이박물관 환경에서부터 디자인 요소에 이르기까지 현장에서의 실제 경험과 사례분석을 통해 오랫동안 기획하고 집필했다는 점에서 이 책을 높이 평가할 수 있다. 물론, 디자이너이지만 평소 꾸준히 글을 쓰고 많은 대외 활동을 하는 최미옥 학예연구사의 활동력과 에너지에 비추어 본다면, 새삼스러운 일이 아닐 수도 있지만 말이다.

아무튼, 필자는 서문에서『어린이 뮤지엄』이라는 책은 '어린이의 창의성 증진과 이상적인 성장에 어떻게 이바지할 것인가를 고민한 인류

노력에 관한 탐구 서적으로 어린이를 위해서 성인이 선택하는 책이다.' 라고 기술하고 있다. 이러한 의미 전달은 전술한 바와 같이 이 추천서를 쓰는 필자가 오랫동안 국립민속박물관에서 전시 및 어린이박물관 부서장으로 근무하면서 그 역할과 노력을 해왔기에 더욱 공감되는 부분이기도 하다. 어린이라는 타이틀을 달고는 있지만, 성인을 위한 책으로, 전문서적을 지향하면서도 일반인에게 더 읽히기를 바라는 저자의 바람대로 이 책이 민들레 홀씨처럼 많은 전문가에게 깊이 있는 연구와 실무 경험을 기록하게 하는 자극제가 되기를 바란다. 특히, 어린이박물관을 경험하지 못했거나 잘 모르는 비전문가들에게도 방문과 관심의 마중물 역할을 하는 정보 서적이 되기를 바라마지 않는다.

또한, 내가 이해하고 있는 이 책의 중요한 의미는 어린이박물관 자체가 갖는 통섭적이고 융합적인, 그리고 창의적인 특성을 집필 과정에서 담아내고 있다는 점이다. 공간디자이너인 저자가 공간만을 다룬 것이 아니라, 유아교육과 박물관학의 주요한 지점들을 통찰해 가면서 다시 디자이너의 전문성으로 읽어낸 어린이박물관 개론서란 점에서 특히 그러하다. 언젠가 해외 어린이박물관 전문가들이 한국을 방문하여 국립민속박물관 어린이박물관을 찾은 적이 있었다. 그때 전시운영과에서 근무하던 필자가 배석한 일이 있었는데, 해외 전문가들과 어린이박물관에 대한 다양한 경험들을 이야기하면서 본인이 생각하는 어린이박물관의 평가 기준, 즉 "어린이가 집에 가고 싶어하지 않는 곳, 그리고 동반보호자도 함께 즐거워하는 곳이어야 한다."고 말함으로써 모두가 공감하고 웃었던 기억이 난다. 하나의 현상이나 사물에 대해 깊이 관찰하고 솔루션을 제시해야 하는 디자이너 업무에서 발견해 낸 에피

소드라고는 하지만, 어린이박물관에 대한 간결한 정의에 전문가들이 유쾌하게 동의했던 것이 아닐까? 아마도 그러한 시선에서, 그리고 어린이박물관에 대한 개인적인 애정에서 이 책을 세상에 내놓은 것이리라. 이런 측면에서 육아와 어린이 교육, 어린이 공간에 관심이 있는 독자들에게 이 책의 필독을 권한다.

2023년은 방정환 선생님이 '어린이날'을 만든 지 꼭 100년이 되는 해이다. 이런 뜻깊은 해에 국립민속박물관 디자이너인 최미옥 학예연구사가 현장경험을 바탕으로 어린이박물관 전문서적이면서 대중적인 교양서적인 『어린이 뮤지엄』을 출간하게 되어 박물관교육학회장으로서, 그리고 한평생 박물관 사람으로 살아온 큐레이터로서 기쁘기 그지 없다.

들어가며

　'어린이'와 전시 또는 뮤지엄을 연결하게 된 계기가 있었다. 나는 언어학과 공간디자인을 전공하고 운 좋게 두 가지 전공을 접목할 수 있는 전시 분야에서 실무를 시작했다. 당시 국립과천과학관 건립을 위한 프로젝트가 한창 진행 중이었는데, kbs 아트비전의 국립과학관건립 TFT에 합류하게 됐다. 그리고 기본계획안이 당선된 후 6개의 전시관 중 '어린이탐구체험관'의 실시설계 담당자로서 유럽과 일본의 뮤지엄을 벤치마킹할 기회를 얻게 되었다. 뉴 밀레니엄이 막 시작된 2000년대 초반, 그러니까 지금으로부터 20년도 더 전의 일이다. 우리나라에서는 삼성문화재단에서 운영하던 어린이 뮤지엄 딱 한 곳이 서울에 존재하던 때다. 그런데 이웃 나라 일본만 해도 너무나 멋진 어린이 뮤지엄들이 지자체마다 있었고, 파리의 라빌레트La Villette라는 사이언스 뮤지엄의 경우 연령대별로 체험 전시 공간이 구성된 시떼 데 장팡Cité des enfants이라는 자체 어린이 뮤지엄이 있는 것이 아닌가. 실로 충격이 아닐 수 없었다.

　앞서 말한 우리나라 최초이자 유일했던 어린이 뮤지엄이 1995년에 개관했으니 당연히 나는 유년 시절에 어린이 뮤지엄이라는 곳의 혜택을 받지 못했다. 그나마도 서울에 살아서 어린이 뮤지엄의 전신이라

할 수 있는 어린이대공원과 어린이회관을 애정하며 자주 다녔다. 그런데 뉴 밀레니엄이 도래한 2000년 초반에도 여전히 우리에게 어린이 뮤지엄이라는 곳은 생소한 장소였다는 점을 깨달았고, 이와 대비해 이웃 나라 일본을 포함 서구의 현실은 그렇지 않다는 것을 목도하였다. 이러한 경험으로 한국 땅의 어린이들에게 엄청난 연민을 갖게 되었다. 한국에도 어린이들을 위한 뮤지엄과 전시가 만들어져야 한다는 막연한 사명감도 생겼다.

그때로부터 약 10년이 지난 후 국립민속박물관에 근무하던 나는 2009년에 새로 만들어진 국립어린이박물관으로 발령받게 되었다. 국립민속박물관 입사 몇 달 만에 다른 신생 뮤지엄으로 발령이 덜컥 났으니 상당히 당황스러웠지만, 지나고 보니 전후 경험들이 연결되면서 운명 같기도 하다. 국립어린이박물관의 개관 준비에 합류한 직원들은 매일 미션과 건립 방향을 놓고 토론과 회의를 진행했고, 좋은 어린이 전시 공간을 건립하기 위한 자료조사에 착수했다. 그런데 불행히도 새로 만들어질 국립 어린이 박물관은 여러 이해관계에 얽혀 몇 달 만에 대통령령 취소라는 청천벽력 같은 소식과 함께 역사의 뒤안길로 사라졌다. 여전히 우리에게 어린이 뮤지엄은 소원한 장소인가 하는 씁쓸한 마음이 들었다.

그리고 얼마 후 임신과 출산으로 육아휴직을 하게 된 나는 다시 한번 어린이 뮤지엄을 탐구할 기회를 얻게 되었다. 수료 후 바쁜 실무로 미루던 박사 논문을 어린이 뮤지엄 운영 경험과 접목해 본격적으로 연구하기로 결심했기 때문이다. 오래전 벤치마킹에서 받은 충격으로 거슬러 올라가면 마치 의도된 연구 같지만, 솔직히 말하면 우연 그러나 필

연 같은 우연이 이끈 연구였다. 아이를 키우면서 공급자에서 사용자로 입장이 완전히 전환되고 보니 어린이 뮤지엄이란 공간이 또 새롭게 보이던 때였다. 그냥 없던 공간을 만드는 문제가 아니라 그곳의 역할과 필요성 또 정체성이 새롭게 내 안에 정립되었다.

그때 깨닫고 발견한 것이 박사 논문의 주요 관점이 되었고, 많은 어린이 공간이 간과해오고 있던 특히 어린이 뮤지엄에서 담고 가야 할 중요한 지향점이 무엇인지 확신하게 되었다. 이 연구를 통해 추출한 좋은 어린이 뮤지엄을 판단하는 두 가지 기준도 이때 깨닫고 발견한 대표 사례다. 바로 '어린이가 즐거운가?'(이것은 순화된 표현이고 내 직접적인 경험에 비추어 '아이가 집에 가고 싶어 하지 않는가?'라고 말하곤 한다), '함께하는 가족도 즐거운가?'이다. 아주 당연하고 단순하지만, 그간 담당한 어린이 전시와 어린이 뮤지엄이 선생님(또는 발주처)만 만족하거나 동반 보호자(방문자의 다양성 측면에서 부모로만 국한하지 않고 보호자라 표현한다)에게 불친절한 곳은 아니었는지 자문하게 했다.

이러한 연구의 기록이, 그리고 어린이 뮤지엄 여행의 경험이 다시 책으로 엮이게 된 데에도 제법 시간이 걸린 것 같다. 2015년 박사 논문 종료 후 책으로도 정리해야지 했는데, 지인들이 농담으로 우리나라에서 제일 바쁜 곳이라고 하던 국립민속박물관 전시팀으로 다시 복직하여 바쁜 일상이 시작되었다. 그 와중에 '아름다운 관람 경험'이라는 관점으로 선별한 뮤지엄을 소개하는 『뮤지엄×여행(2019, 아트북스)』이 먼저 출간되면서 『어린이 뮤지엄』 집필이 또 늦어졌다. 이 책이 어쩌다 『뮤지엄×여행』의 후속 어린이 편 같은 상황이 되긴 했지만, 더 오랜 고민과 애정이 담긴 주제임을 말씀드리고 싶다.

보통 책을 쓸 때는 대상 그러니까 어떤 대상을 독자로 할지를 정한다. 독자층 설정하기는 『어린이 뮤지엄』 출간을 계획하면서 큰 고민 중 하나였다. 전시기획이나 어린이 공간 설계자, 그러니까 소위 전시나 공간 분야의 전문가 그룹을 대상으로 할 만한 내용이지만, 대부분이 경험하는 육아 즉 어린이를 키우거나 교육하고 있는 분들에게 더 읽혔으면 하는 바람이 상충했기 때문이다. 그러나 명확한 건 어린이 뮤지엄 여행을 다루지만, 어린이보다는 보호자가 읽을 것이란 점이다.

이 책은 어린이를 위해서 성인이 선택하는 책이며, 육아와 어린이 교육, 어린이 공간에 관심이 있는 성인을 위한 책이다. 즉 어린이의 창의성 증진과 이상적인 성장에 어떻게 이바지할 것인가를 고민한 인류의 노력에 대한 탐구이다. 계속해서 나오는 이야기겠지만 어린이 뮤지엄을 선택하는 것과 같은 구조다. 그런 면에서 전문가와 비전문가 그룹을 구분하는 것이 크게 의미가 없을 수도 있겠다는 결론을 내렸다. 1, 2장이 다소 지루하다면 3장인 여행 부분으로 넘어가도 좋다. 전문가와 비전문가 그룹의 균형을 위해 간단히 소개된 이론이나 학술적 내용이 부족하다면 더 깊은 정보를 연결하는 마중물의 역할로 이 책을 활용하면 좋겠다. 혹시 이 책을 스스로 선택해서 읽는 어린이가 있다면 꼭 필자에게 연락해주기를 바란다. 뒤에 나올 에피소드인 뉴욕 어린이연극의 디렉터가 받았던 감동 이상의 감동이겠다.

어린이 뮤지엄을 통해 궁극적으로 필자가 전하고 싶은 이야기는 어린이에게도 성인에게도 어떻게 경험을 잘 연결하여 '각자가 자기의 그림을 완성할 수 있는가'이다. 헤드 컨설턴트인 파비오 모이올리Fabio Moioli도 아래 그림을 제시하며, 미래에 가장 요구되는 중요한 기술은

각자의 방식으로 '점을 연결하여 자기만의 그림을 그리는 능력'이라고
했다. 이 책에서는 어린이들의 창의력을 잘 키워주기 위하여 성인들이
조력할 필요성과 좋은 교육이라는 보호자가 짊어진 과제를 어린이 뮤
지엄과 연결해서 생각해보고자 한다. 성인들도 모두 어린이 시절을 지
내왔으므로 쉽게 공감하고 이해할 수 있는 부분일 것이다. 한편으로는
잊혔던 동심에 대한 오마주일 수도 있겠다. 어린이 뮤지엄과의 만남이
나에게 그랬던 것처럼 말이다.

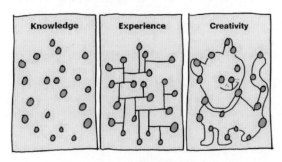

미래에 가장 요구되는 능력은 점을 연결하여 자기만의 그림을 그릴 수 있는 것
(출처 : Fabio Moioli 인스타그램)

바쁨을 핑계로 제목과 목차를 적어두고 차일피일 미루던 『어린이 뮤
지엄』 집필에 집중하게 한 두 건의 계기가 있었다. 한 번은 웹진 게재
를 위한 박물관디자인팀의 인터뷰가 있었는데 어린이 뮤지엄 인터뷰
에서 무언가 아쉬움을 느꼈다. 이제 한국의 어린이 뮤지엄도 십수 년
의 역사를 가졌으므로 개인의 현장경험에 근간해 미시적으로만 논할
것이 아니라 거시적 관점에서 통섭적으로 고찰해보는 것이 필요하겠
다는 생각이 문득 들었다. 특히 공간큐레이터의 관점에서 어린이 뮤지
엄을 정리할 필요를 다시 한번 느꼈다. 그리고 또 하나는 최근 타 박물

관 어린이 뮤지엄에서 출간한 보고서였다. 박사 논문에서 제시했던 관점-보호자와 어린이의 상호 작용-의 연장선상에서 쓴 현장 고찰 보고서였는데, 연구의 관점이던 '보호자의 조력'이나 '놀이 개념 전시물'이 이제 필드에서 적극 조명되고 연구된다는 생각과 함께, 박사 논문을 쓴 지 이미 수년이 흘렀는데 그간 이런 필요성에 대한 나의 후속 연구가 없었음을 반성하는 계기가 되었다.

20년 전 해외 어린이 뮤지엄 시찰 출장에서 충격을 받았던 그 시기와 비교하면 이제 우리나라도 어린이 뮤지엄이라는 단어가 일상에 깊이 들어와 있다. 실제로 많은 어린이 뮤지엄이 건립되었고, 그중에는 모母, mother 박물관의 부속 전시 공간이 아닌 독자적인 건물을 가진 독립 어린이 뮤지엄도 몇 곳에 이른다. 그런데도 아직 어린이 뮤지엄을 다룬 전문 서적조차 없다. 어린이 뮤지엄은 여전히 우리의 관심과 탐구 대상이 되어야 한다.

이 책에서는 다음의 관점으로 어린이 뮤지엄을 이야기할 것이다.

- 어린이라는 대상 중심의 뮤지엄
- 어린이 행동 발달 특성과 연계한 놀이 개념의 접근
- 특화된 주제의 경험 기반 전시구성
- 보호자도 즐거운 가족박물관 지향
- 지속 가능한 프로그램과 가변적 공간

이론과 관찰연구 분석이 주 내용인 1, 2장은 필자가 2015년도 마친

학위 논문[1]을 근간으로 하며, 그에 더해 직접 육아 중 아들과 다녔던 어린이 뮤지엄들을 소개하는 3장으로 구성되었다[2]. 이러한 내용은 아이를 키우는 보호자나 어린이를 가르치는 선생님 그리고 어린이 공간을 기획하고 디자인하는 분들에게 유익한 관점과 정보를 제공할 것이다. 모쪼록 이 책이 어린이 뮤지엄을 찾아가는 즐거운 가이드북이 되는 동시에, 어린이들에게 어떠한 놀이공간과 교육 경험을 제공할지 생각하게 하는 성인을 위한 가이드북도 되었으면 하고 바라본다.

2023년은 방정환 선생님이 '어린이날'을 제정한 지 꼭 100년이 되는 해다. 그런 해에 이 책을 발간하여 개인적으로도 연구와 집필에 더 의미를 부여한다.

2023년 1월

최미옥

1　최미옥, 어린이박물관에서 어린이-동반 보호자의 상호 작용 지원을 위한 전시 환경 연구, 박사 학위 논문, 홍익대학교, 2015
2　뮤지엄(Museum)이란 개념이 국내에 들어와 박물관, 미술관, 과학관 등으로 세분화되 번역되어 쓰이고 있어 좀 더 포괄적인 의미의 뮤지엄이란 단어를 필자는 선택했다. 다만 고착된 네이밍의 경우 혼선을 피하기 위해 박물관이라는 용어도 혼용되고 있음을 밝힌다.

Contents

제1장

뮤지엄, 어린이를 만나다

1. 어린이라는 뮤지엄의 새로운 패러다임

어린이 교육을 위한 새로운 장소, 어린이 뮤지엄

어린이 뮤지엄은 일반 뮤지엄의 주제 중심 분류와 달리 어린이라는 특정 대상을 위해 사용자 중심으로 구축된 뮤지엄의 새로운 영역이다. 그러니까 모든 뮤지엄은 민속박물관, 에디슨박물관, 등대박물관처럼 테마를 중심으로 한다. 그런데 유일하게 어린이 뮤지엄만은 '무엇'을 보여주는지가 아니라 '누구'에게 보여주는지를 목표로 하는 대상 중심 장소다. 1899년 개관한 최초의 어린이 뮤지엄인 미국 브루클린 어린이 뮤지엄을 시작으로 현재에 이르기까지 어린이 뮤지엄은 단일 주제로서는 유례없이 전 세계적으로 양적·질적 발전을 거듭하고 있다. 아마도 세계에서 제일 많은 곳이 어린이 뮤지엄일 것이다. 초기 어린이 뮤지엄은 눈으로만 관람하는 것이 아니라 호기심을 가지고 직접 만져본다는 핸즈온hands-on 개념을 도입하여 쇼케이스showcase 안에 있던 오브제objects를 밖으로 꺼내서 만지고 체험하는 직접 경험과 학습의 중요성을 강조하면서 관람 방식의 새로운 패러다임을 제시하였다. 또한 현대

에 이르면서 경험이나 다중지능과 같은 교육 이론을 적극 도입하거나 여가 및 지역 사회와의 결합을 시도하는 등 콘텐츠와 연출 방식도 지속하여 변화와 발전을 거듭하고 있다. 피아제Piaget[3]가 지적한 교육의 문제에 대해 살펴보면,

"교육의 주된 목표는 다른 세대가 행했던 것을 단순히 반복하는 것이 아니라 새로운 것을 해 낼 수 있는 사람을 창조해 내는 것이다. 교육의 두 번째 목표는 어린이들에게 제공된 모든 것들을 그대로 용납하지 않고 비판적이 되고 확증할 수 있는 정신을 형성시키는 것이다."[4]

고 하였다. 이와 같은 교육 철학하에 비일상적이고 비제도권의 새로운 경험의 장이 요구되었다. 어린이 뮤지엄은 이에 부응하는 대표적 비정규 교육 시설이다. 어린이의 발달과 놀이 특성을 고려한 다양한 경험과 배움의 기회를 제공하고 호기심과 놀이 욕구를 채워주며 스스로 세계를 재발견하고 창의력으로 채워갈 수 있도록 장려하는 것이 설립과 운영 목적이며, 가정과 학교가 어린이들이 세상을 만나고 학습을 지속하는 주된 장소라고 한다면 어린이 뮤지엄은 정규 교과목과는 다른 통섭적 방식의 다양성을 체험하고 미취학 어린이에게는 학교보다 앞선 교육 경험의 장소로서 자리매김하고 있기 때문이다. 이에 어린이

---

3 스위스의 심리학자인 장 피아제(Jean Piaget)의 교육 이론이 오늘날 어린이 뮤지엄 탄생과 철학 정립에 있어 큰 영향을 주었다. 대표적인 저서로 『Science of Education and Psychology of child』가 있다.
4 염규영, 어린이 박물관 유형에 따른 프로그램 차별화 방안, 추계예술대 석사 논문, 2005, p. 14

뮤지엄 전시는 어린이 발달행태와 관람 특성을 고려한 핸즈온hands-on 전시연출을 지향하고 다양한 체험 활동을 제공한다. 아울러 나이에 따라 인지·습득의 정도 및 휴먼스케일이 다양한 어린이의 특성을 반영 그에 따른 세부적인 공간 계획을 배려한다.

근래에는 주 5일제의 정착과 여가 문화 확산에 따라 가족이 여가를 즐기며 서로 소통할 수 있는 문화 장소로도 중요성이 커지고 있다.[5] 또한, 제도권 교육에 대한 가치평가방식이 결과에서 과정 중심으로, 정량에서 정성적으로 이동[6]함에 따라 어린이 뮤지엄에서 하는 경험도 더욱 중요한 교육적 가치를 갖게 되었다.

어린이 뮤지엄 탄생의 이론적 배경

박물관학 연구에서도 근래에는 유물 중심이 아닌 관람객 중심으로 변화하면서 관람객 연구와 교육프로그램 도슨트 운영의 중요성이 강

5　이에 어느 정도 성장이 이루어져 학습적 능력을 갖춘 어린이가 아닌 영유아들의 이용도 눈에 띄게 증가하고 있으며, 어린이 박물관이 부모의 육아와 휴식을 위한 장소로도 활용되고 있다는 점이 특기할 만하다.

6　한순미, 역동적 평가의 문제와 발전 방안, 교육평가연구, 10(2), 1997; 교육평가의 패러다임 변화를 객관식 선택형 검사를 통한 평가로부터 논술형 검사를 통한 평가로, 규모 지향평가로부터 준거 지향 평가로, 양적 평가로부터 질적 평가로 그리고 지필 검사 형태의 심리 측정적 평가로부터 수행 평가, 포트폴리오 평가, 참평가로 변화하고 있다고 기술하고 있으며 이러한 패러다임의 특징은 '학습 결과에 대한 평가'보다는 '학습 과정에 대한 평가'를 강조하며 학습자들을 분류 및 선발하는 목적으로 평가를 이용하기보다는 교수-학습을 개선하려는 목적으로 평가를 이용할 것을 제기하는 것이라고 언급한다.

조되는 추세다.[7] 어린이 뮤지엄의 경우 박물관의 한 유형으로서 분류되지만, 일반 박물관과는 다른 구축개념과 목적을 가지고 운영되고 있으므로 어린이 뮤지엄만의 차별화된 접근이 요구된다. 어린이 뮤지엄의 등장과 발전에 영향을 준 주요 이론을 살펴보면 이러한 어린이 뮤지엄 연구의 특성을 명확히 이해할 수 있다.

구성주의 교육 이론은 최초의 어린이 뮤지엄의 탄생에 영향을 주었다. 이 이론은 사물이나 환경과의 경험을 통해 이해의 틀을 구성해 나간다는 것으로, 결과를 스스로 인지적 작용을 통해 성립하는 것이라고 주장한다. 결국 주체의 자기 조율적이고 자기 조정적 활동을 강조하며, 자기 인지적 활동에 따라 주변 경험에 대하여 의미를 부여하고 이해를 구성하는 결과가 '지식'이며 이러한 과정을 '지식구성'이라고 설명하고 있다. 구성주의는 교육 환경에 국한해서는 지식이 어떻게 형성되고 습득되는가를 설명하는 '학습 이론'이라고 간단하게 정의할 수 있으나, 구성주의 이론은 사회, 문화, 경제 영역 전반에서 폭넓게 연구되고 적용되어 온 개념이기도 하다. 어떤 절대적인 가치와 의미를 지니는 것이 아닌 다양성, 개별성, 상대성의 개념을 갖는 것으로, 정보화 시대, 커뮤니케이션 시대, 포스트모던 시대라 불리는 요즘에 이와 같은 구성주의 이론이 새로운 조명을 받는 것은 이러한 구체적 실천적 가능성을

---

7 이러한 새로운 박물관 연구의 흐름을 포스트모던 박물관학(Postmodern Museology)과 신박물관학(New Museology)이라고 지칭하며, 이명진(2013)은 이들을 다음과 같이 설명하고 있다. '포스트모던 박물관학'은 근대박물관의 한계를 비판하고 이를 극복하기 위한 대안을 모색하는 박물관의 새로운 접근법이다. 그리고 1960년대부터 등장하면서 포스트모던 박물관학과 비슷한 시기에 성장한 신박물관학 역시 근대 박물관의 한계와 문제점을 통하여 오늘날의 박물관이 나아가야 할 방안을 모색한다. 지역주민과 커뮤니티를 통한 발전에 주목하는 주요 실천 대부분이 신박물관학과 포스트모던 박물관학에 포함되고 있다.

갖고 문제 해결 능력과 비판적 사고 능력을 잠재하는 방법론이기 때문이다.[8] 초창기 어린이 뮤지엄의 건립 시기는 이러한 구성주의 사고가 어린이 교육에 영향을 주고 있었으므로 어린이를 위한 뮤지엄 구축에서도 기존의 뮤지엄과 다른 방식의 스스로 참여하고 경험하는 새로운 관람의 패러다임을 적용하게 되었다.

이와 같은 배경하에 어린이 뮤지엄의 탄생과 발전에 영향을 준 주요 이론을 살펴보기로 하자.

우선 구성주의 학자인 피아제Piaget의 학습 이론[9]을 들 수 있다. 피아제의 학습 이론은 어린이는 여러 사건과 상황에 접촉하여 기존의 정보와 새로운 정보를 통합incorporation, 조정regulation하는 과정을 겪으면서 새로운 사건과 상황에 적응해 나가며 환경에 대한 적극적 탐색을 통해 자신의 정보와 지식을 축적해 나간다는 것을 주요 내용으로 한다.

다음으로는 존 듀이John Dewey의 경험 이론[10]이 있다. '경험하면서 배운다'Learning by doing라는 문구는 그의 이론을 한마디로 함축하고 있다. 즉 듀이가 말하는 경험은 개인이 대상에 대해서 무엇인가를 '해보는 것'이며, 이러한 능동적 행위를 한 후에 그 행위로 일어난 결과를 받아들여 수동적 요소가 일어나고, 능동적 요소와 수동적 요소가 결합하여야 비로소 경험이 된다는 것이다. 그러므로 박물관 경험도 단순한 경

---

8 김관수·백현기, 공부의 절대시기-자기주도학습법 : 스스로 공부하는 것이 진짜 실력이다, 교육과학사, 2007 pp.151-167의 내용을 요약 정리한 것임을 밝힘.
9 Piajet, J, Play, Dreams and Imitation in Childhood, New York : W. W. Norton, 1962
10 John Dewey, Experience and Education, A Touchstone book, 1997

험에 그치지 않고, 관람객이 자신의 내적 요인과 박물관이라는 환경이 연결되어 어떠한 행위를 하며, 그 행위로 인한 원인과 결과의 의미를 발견하는 과정이라 할 수 있다.

다른 이론으로는 몬테소리Montessori 아동관[11]이다. 몬테소리 아동관 은 '어린이는 누구나 자신을 발달시킬 수 있는 능력이 있으며 어린이의 발달은 단계에 따라 이루어진다'라고 주장하는 이론이다. 또한 어린이 는 스스로 자유롭게 표현하려는 욕구가 있으므로 실제 경험을 통한 학 습이 매우 중요하다고 강조한다. 아울러 몬테소리 교육은 교육자가 이 런 활동이 가능하도록 학습자를 이끌어주는 역할을 강조한다.

또 다른 이론으로는 독일의 철학자이며 교육가인 프뢰벨Fröbel의 유 아 교육 사상[12] 이 있다. 그는 처음으로 '킨더가든Kindergarden'이라는 말 을 창안하여 사용하였으며 특별한 놀잇감을 고안하여 이것을 통해 우 주의 조화, 다양성, 상호 관련성 등을 배우게 하였다. 이는 최초의 체계 적인 교구 개발이라 할 수 있다.

끝으로 가드너Gardner의 다중지능이론이 있다. 그는 전통적인 관점에 서 지능에 대한 이론을 거부하고 지능을 여러 가지 분야에서 파악해야 한다고 주장한 바 있다. 가드너는 지능을 현실의 문제를 해결하는 능 력이나 새로운 문제를 생성할 수 있는 능력 또는 문화적으로 가치 있 는 것을 만들거나 정보를 처리하는 생물학·심리학적인 잠재력이라고 하였다. 또한 기존에 지능으로 생각하지 않았던 음악, 운동, 자기 성찰,

---

11 Maria Montessori, 조성자 역, 몬테소리의 어린이 발견Scoperta del bambino, 서울: 창지사, 1995
12 박덕규, 프뢰벨의 교육사상과 킨더카르텐, 서울: 민성사, 1991

자연 친화, 인간관계 등까지 지능의 개념으로 보면서 모든 인간은 여덟 가지의 독특한 지능을 소유하고 있다고 주장하였다.[13] 현대의 어린이 뮤지엄에서 교육 프로그램과 전시는 이러한 다중지능이론에 준하여 다양한 콘텐츠들이 구상 및 개발되고 있다.

이처럼 어린이 뮤지엄 구축에 기여한 이론들을 표로 정리해보면 다음과 같다.

어린이 박물관 구축과 발전의 영향 이론

구분	주요 내용		어린이 박물관에 기여한 부분
피아제 구성주의	어린이의 주도적 역할을 강조하며 환경에 대한 적극적 탐색을 통해 자신의 정보와 지식을 축적한다고 주장	⇨	구축개념 체험 방법론 적용
존 듀이의 경험주의	어린이가 직접적 경험을 통한 학습으로 직면한 문제의 해결과 지식의 습득이 이루어지는 것이 중요함을 강조	⇨	구축개념 체험 방법론 적용
몬테소리	준비된 환경에서 자유롭게 교구를 선택하며, 교사가 이를 잘 안내하여 어린이가 자유로운 인격체로 발달해야 함을 강조	⇨	전시 및 교육개념 핸즈온 체험물의 개발 도슨트 등 성인 조력자
프뢰벨	어린이를 위한 특별한 놀잇감, 즉 교구를 개발하여 이를 통해 다양성, 조화, 상호 관련성 등을 학습하게 하는 교육철학	⇨	전시 및 교육개념 핸즈온 체험물의 개발
다중지능 이론	전통적인 지능에 대한 영역이 아닌 음악, 운동, 자기 성찰 등도 지능의 한 부분으로 인정하여 다방면에서의 발달과 활동 지원	⇨	전시 및 교육개념 전시 주제 발굴

---

13 김선경, 박물관을 활용한 주제탐색 활동이 유아의 다중지능에 미치는 효과, 대구한의대 박사 논문, 2010, p16

자세히 살펴보면 이 표에서 정리한 이론들이 어린이 뮤지엄의 교육 개념 수립과 핸즈온hands-on 방식 체험물 개발에 많은 영향을 주었음을 알 수 있다. 어린이 뮤지엄을 연구할 때 나의 주요 관점이 성인 보호자의 조력과 상호 작용이었는데, 몬테소리에서 언급된 교육 지원을 위한 조력자의 역할과 이에 대한 고려는 어린이 뮤지엄에서도 도슨트 또는 성인 보호자의 동반 관람을 전제로 한 운영 방식으로 반영되고 있음을 짐작할 수 있다. 이렇듯 어린이 뮤지엄은 아동학, 교육학, 철학, 박물관학 등 각각 넓고 깊은 전문 분야의 통섭적 통찰로부터 탄생한 분야임을 확인할 수 있다.

어린이 뮤지엄 역사와 발전 과정

어떠한 분야든 역사와 발전 과정을 고찰하며 과거를 통해 현재를 이해하고 또 미래를 예측할 수 있다. 이러한 고찰은 현황 및 특수성을 이해하고 현시점에서 제기된 문제 인식에 대한 해답의 방향을 모색하는 데에 밑거름이 될 것이다. 미국에서 시작된 어린이 뮤지엄은 이제 130여 년의 역사를 맞이하고 있다. 어린이 뮤지엄은 그간 꾸준히 개념의 재정립 과정을 거치면서 발전되어 왔고, 앞서 언급했듯 박물관 유형 중 가장 큰 성장과 전 세계적 확산이 이루어졌다고 해도 과언이 아니다. 이는 어린이 교육이라는 전 지구적 관심사와 가족 여가 문화의 확산이라는 사회적 요구가 맞물린 결과라 할 수 있다. 현재에도 사회 문제와 관련된 주제 발굴, 다양한 체험 및 교육방식의 적용, 어린이를 위한 최적화된 공간 및 디자인의 개발 등 다양한 측면이 발전적으로 논의되고 있다.

이경희[(2010)] 관장[14]은 어린이 뮤지엄 연구에서 Din[(1998)]이 분류한 어린이 뮤지엄 발전 단계를 다음과 같이 소개하고 있다. 사회적 변화와 맞물려 진보적 개념을 바탕으로 어린이 뮤지엄이 설립되기 시작하던 시기로 당시의 새로운 교육이념들이 어린이 뮤지엄의 발전과 확산에도 큰 영향을 주었던 '어린이 뮤지엄의 기원과 혁신기'[(1899년~1928년)], 다음으로 여가 시간의 확대나 어린이 인구 증가라는 사회적 배경과 맞물려 어린이 뮤지엄이 전국적으로 확산하였으며 지역 사회 및 학교 교육과 연계를 통해 역할이 확고해진 '어린이 뮤지엄 발달에 여가 시간의 증대, 시간 후원, 지역 사회의 협동적 노력이 중요했던 시기'[(1929년~1957년)], 그리고 '체험'이라는 개념이 '상호 작용' 또는 '참여'로 대치되면서 콘텐츠적 측면과 공간 디자인적 측면에서도 변화를 맞게 되는 '어린이 뮤지엄 철학의 재정의 시기'[(1958년~1980년)], 현 단계라 할 수 있는 과학 문제나 지역 사회에 국한된 주제를 벗어나 사회 문제, 철학적 이슈들이 전시와 접목되면서 새로운 발전의 계기를 만들고 있는 '전국적으로의 확산기'[(1981년~ 현재)]가 주요 내용이다. 이들의 구분 기준은 역사적 변화와 두드러진 교육 이론과 학습 전략의 변화를 기점으로 하였는데 단계별 내용을 표로 정리하면 아래와 같다.

---

14 우리나라 최초의 어린이 뮤지엄인 삼성어린이박물관과 이후 건립된 최초의 독립 건물을 가진 어린이 뮤지엄인 경기도어린이박물관의 초대 관장

어린이 박물관의 발전 단계

구분 및 시기	주요 내용
기원과 혁신기 1899년~1928년	농업 사회에서 산업 사회로 바뀌며 공장에서 일하는 어린이들이 늘어나면서 어린이의 복지와 교육에 국가의 관심이 쏠리기 시작했고, 이러한 역사가들이 말하는 진보의 시기에 어린이 박물관도 진보적인 개념을 바탕으로 설립됨. 학교 수업도 교사 중심이 아닌 경험학습과 어린이의 흥미에 초점을 맞추던 시기로, '어린이는 스스로 경험하면서 배운다'라는 존 듀이(John Dewey)의 경험 이론과 어린이의 자발적 경험의 촉진자로서 교사의 역할을 강조한 몬테소리(Montessori)의 철학이 어린이 박물관 구축에 큰 영향을 줌. 이 시기 7개의 어린이 박물관이 설립됨. 그중 4곳이 현존하며 이들은 어린이 박물관의 발전과 확산에 큰 도움을 줌.
여가 시간의 증대, 기관 후원, 지역 사회의 협동적 노력이 중요했던 시기 1929년~1957년	어린이 박물관 설립의 중요성에 관한 관심이 전국적으로 확산하여 40개 이상의 어린이 박물관이 설립됨. 산업화 및 기계화로 인한 여가 시간의 증대와 베이비붐으로 인한 어린이 인구의 증가가 어린이 박물관 발달에 주요한 배경이 됨. 또한 지역 사회발전을 위해 어린이 박물관 건립을 후원하는 기관이 확대되었으며 박물관과 학교 간의 연결도 확고해짐.
철학의 재정의 시기 1958년~1980년	어린이 박물관 발달 과정 중 중요한 변화의 시기로 '체험적'이란 개념이 '상호 작용적' 또는 '참여적'으로 변화함. 스프트니크호 발사 이후 과학 교육에 관한 관심이 증대하여 어린이 박물관 콘텐츠에도 영향을 줌. 또한 건축과 전시 디자인의 개념을 적용하기 시작했으며 대안 학습 환경에 대한 요구의 증가로 다양한 주제의 체험 전시가 개발됨.
전국적으로의 확산기 1981년-현재	최초의 어린이 박물관인 브루클린 어린이 박물관 개관 100주년을 즈음하여 어린이 박물관의 수가 급속히 증가함. 이는 어린이 박물관의 역할이 단순히 여가 활동이나 체험을 위한 학습기관이 아닌, 학교와 다른 교육 기관으로 인식되었기 때문. 과거에는 과학의 원리와 정보 지역 사회의 이해에 대한 주제가 주였다면 현재는 다문화와 같은 사회 문제들이 주요한 주제로 다뤄지고 있음. 또한 어린이 박물관의 공간 즉 건축에도 철학적 논의가 이루어지고 실제 반영되는 등 다양한 측면으로 발전하고 있음.

이와 같은 흐름은 어린이 뮤지엄이 어떤 변화과정을 겪으면서 발전되어 왔는지를 이해하게 하며 상대적으로 짧은 설립과 운영 역사를 가진 국내 어린이 뮤지엄 현실에서 시사점을 갖게 한다. 세계 최초의 어린이 뮤지엄의 역사가 130년을 넘는 것과 비교해 국내 어린이 뮤지엄은 20여 년이라는 짧은 역사가 있다. 국내 어린이 뮤지엄의 역사와 현황을 살펴보면, 어린이 뮤지엄 발전 단계에서도 마지막 단계로 분류된

'전국으로의 확산 시기'에 해당하는 1995년에 한국 최초의 어린이 뮤지엄인 삼성어린이박물관이 개관하였다. 이후 1990년대에 들어 국립 박물관들을 중심으로 어린이를 위한 전시 교육 공간이 적극적으로 마련되기 시작하여 2003년 최초로 국립박물관 내 어린이 뮤지엄이 개설되었다[15]. 미국을 중심으로 한 서구에서 오랜 시간을 두고 성장해온 뮤지엄 개념과 내용을 단기간에 수용 및 압축하여 성장하고 있다고 할 수 있다. 이후 많은 국립박물관 내 어린이 뮤지엄을 개관하게 되었으며, 2009년 국립민속박물관 어린이 뮤지엄을 전신으로 한 국립어린이박물관[16]이 출범하였으나 곧 모(母)박물관의 부속과로 편입되어 국립 기관으로서 독립 운영되는 어린이 뮤지엄은 아직 부재한 현실이다.[17] 현재 운영되는 국립 어린이 박물관은 모두 역사계 또는 미술계, 과학계 모(母)박물관에 소속된 어린이 뮤지엄이며, 경기도어린이박물관과 서울상상나라 등 독립 기관으로서 독자적으로 운영되는 공립 뮤지엄이 수도권을 중심으로 건립되었다. 최초의 어린이 뮤지엄인 삼성어린이박물관은 2013년 폐관하였고 경기도어린이박물관, 서울상상나라, 경기북어린이박물관 등의 독립형 어린이 박물관이 개관하였으며 헬로뮤지엄, 아해뮤지엄, 현대어린이책미술관 등 사립 어린이 뮤지엄이 설립되었다. 또한 어린이박물관협의체가 조직되어 담당자들 간에 소통과 교류를 하고 있다. 그리고 세종시에 국립어린이박물관 건립이 다시금 준비 중이다.

---

15 박성희 논설위원, [전자칼럼] 어린이박물관, 2003. 2. 27 https://n.news.naver.com/mnews/article/015/0000590085?sid=110
16 대통령령 제21423호에 의해 2010년 2월까지 운영되었고 2010년 10월 직제 축소로 현재 국립민속박물관 어린이 박물관과로 운영되고 있다.
17 현재 세종시에 국립 어린이박물관이 건립 준비 중이다.

어린이 뮤지엄은 2015년에 논문을 발표할 때만 해도 서울 5곳, 경기도 4곳, 인천 2곳에 있었다. 그 외 충청남도와 전라북도, 강원도, 제주도는 어린이 뮤지엄이 없어, 전국적인 분포를 봤을 때 수도권 집중 현상이 심한 상황이라 전국적 균형 개발의 필요성을 제기한 바 있다. 이후 국립중앙박물관의 지방 분관들이 어린이 전시 코너를 어린이 뮤지엄으로 확장 또는 신설함에 따라 현재는 경주, 광주, 전주, 부여, 공주, 진주, 청주, 대구, 김해, 제주, 춘천, 나주에 각각 어린이 뮤지엄이 운영 중이다. 그 외에도 경기도에 2곳(고양어린이박물관, 경기북부어린이박물관)이 신설되었고 울산, 목포 등도 신설 뮤지엄에 어린이 뮤지엄이 개설되었다.

어린이 뮤지엄의 전시 주제는 설립 주체 및 공간 형태 특성과 밀접한 관련이 있어 사회·역사 영역이 가장 높은 분포를 차지하며, 다음으로 예술과 과학 영역이 분포하는 것으로 나타났다. 또한 독립 기관 형태의 어린이 뮤지엄은 종합적인 주제를 다루거나 특정 주제를 가진 단독계라 할지라도 전체를 아우르는 전시 시나리오가 있지만, 국립 기관의 어린이 뮤지엄은 대체로 모(母) 박물관의 전시 주제를 따르는 단독계 뮤지엄으로 출발했다. 따라서 국립 기관의 어린이 뮤지엄은 모(母) 뮤지엄의 메인 전시의 주요 아이템을 어린이 눈높이로 재구성한 형태로 구성되었으나, 최근 전시 리뉴얼을 거치면서 어린이 뮤지엄만의 전시 콘텐츠가 구성되는 사례가 느는 추세다.

주제 구성면에서 종합계 독립 시설 형태의 어린이 뮤지엄들은 과학, 예술, 사회·역사 등 각각 독립적인 주제들로 전시 영역이 구성된 주제 모음형 방식이며, 상호 전시 주제 간의 연관성이 낮은 특성상 전시 구역이 독립적으로 존재하며 순차 관람의 필요성도 낮아 대부분 자유형

동선 형태의 평면을 구성하고 있다. 또한 단독계 뮤지엄들은 대체로 메인 주제 아래 소주제를 갖는 주제 전개형으로 구성되어 있는데, 이는 단일 주제를 다루는 단독계 뮤지엄의 특성상 특정 주제와 그에 따르는 하위 소주제들로 전시가 구성되기 때문이다. 간혹 시나리오상의 흐름을 가지거나 소주제 간의 연관성으로 순차 관람이 필요한 경우 권장 동선 개념이 적용된 유도형 동선을 가진 평면이 구성되는 사례도 볼 수 있다. 한 예로 과거 국립민속박물관 내 어린이 뮤지엄은 전래 동화를 스토리텔링Storytelling하는 기승전결형으로 구성되어 있어 권장 동선을 가진 바가 있다. 어린이 뮤지엄의 평면 구성은 어린이라는 관람 주체의 행동 특성과 체험에 중심을 둔 전시 연출 특성상 강제 동선형보다는 자유 관람형을 지향한다. 전시프로그램의 구성 현황은 탐구〉사회〉표현 영역의 순으로 분포되어 비체험식 언어적 전시 연출 방법보다는 체험식을 선호하고 있다.

또한 어린이 뮤지엄은 대부분 주 대상을 '어린이'로만 명기하고 있어 실제 전시 및 공간 계획에 있어서 영유아부터 초등학교 고학년까지 넓은 범위의 어린이를 대상으로 하고 있다. 영유아를 대상으로 한 체험 프로그램을 별도로 운영하는 곳은 독립 기관으로 운영되면서 전시 규모 면에서도 상위 그룹에 속하는 뮤지엄 정도이다. 2011년 조사를 기준으로 영유아 공간을 가진 박물관은 전체의 23%에 해당하며, 이는 전체 어린이 뮤지엄 중에서 영아를 위한 별도의 활동 공간이 있는 뮤지엄이 2010년 기준으로 40% 이상인 미국[18]과 비교하면 현저히

---

18 신동주·박진성, 어린이박물관의 유아체험교육프로그램 개발을 위한 기초연구 : 미국의 어린이 박물관 체험교육프로그램 분석을 중심으로, 유아 교육학회집 제14권 제1호, 2010, 재인용 미국 어린이박물관 112곳 중 46곳(41.1%)에서 영아를 위한 활동공간을 분리하여 제공하고 있다.

적다.[19] 그간 다소 변화가 있었으나 영유아 공간에 대한 확보는 뮤지엄 운영 유형 및 규모와 변함없이 밀접한 관련이 있음을 알 수 있다. 또한 전시 안내를 위한 도슨트 제도가 있는 곳은 일부 뮤지엄뿐이며, 그나마도 전체 공간이 아닌 부분 코너인 경우가 다수이다. 운영 측면에서는 보호자와의 동반 관람을 권장하고 있어 이를 지원하는 프로그램 및 공간 장치가 보다 요구됨을 알 수 있다. 그렇다면 어린이 뮤지엄 설립과 발전의 개괄 현황에 이어 실제 운영 중인 사례를 살펴보면 좋겠다.

미국을 시작으로 전 세계에 좋은 어린이 뮤지엄들이 운영 중이다. 논문에서와 같이 이 책에서는 최초의 어린이 뮤지엄인 브루클린어린이뮤지엄을 포함, 문화와 경제 중심 도시로 지역민 외에도 다양한 문화권의 관광객들이 찾고 있는 뉴욕시의 어린이 뮤지엄 3곳, 두 번째로 긴 역사를 가진 보스턴어린이뮤지엄, Parents magazine에서 America's No. 1 Children's Museum으로 선정된 휴스턴어린이뮤지엄, 그리고 GFTKthe Great Friend to Kids Award를 수상한 플리즈터치를 해외 사례로 소개하였다. 국내의 경우 국공립 중 규모[20]와 주제 구성 관점에서 두 곳의 대규모 종합계 어린이 뮤지엄과 국립 박물관의 부속실 형태로 운

19 최미옥·임채진, 국내 어린이박물관 전시 현황에 관한 연구, 한국문화공간건축학회논문집 통권 36호, 2011년의 내용을 참조한 것임을 밝힘.
20 박물관과 교육(교육철학회, 2001)에 의하면 어린이 박물관의 규모와 대상은 통상 연평균 관람객 3만 명의 소규모일 경우 취학 전 어린이를 주 관람객으로 하여 감각 기관의 발달이나 신체 발달을 목적으로 하는 놀이식 전시프로그램을 운영하며, 관람객 연 8만 이상의 중형 어린이 박물관의 경우는 취학 전 어린이부터 12세 취학 연령 어린이를 대상으로 하며 놀이, 기초과학, 기술의 원리, 역사적인 환경의 재현이나 외국 문화 체험 그리고 일상의 사회, 경제 등을 주제로 한 전시들과 프로그램을 다양하게 운영하며, 여기에 청소년을 위한 프로그램이 추가되면 연평균 관람객 25만 이상의 대형 어린이 박물관이라 구분한다고 서술하고 있다.

영 중인 중·소규모의 역사, 미술, 과학계 어린이 뮤지엄 각각 1곳씩을 소개하였다. 다만 국내 어린이 뮤지엄의 경우 이미 시설과 콘텐츠에서 많은 변화가 있고 직접적인 관람의 정보로서는 혼선이 있을 수 있어 현재 운영 중인 어린이 뮤지엄 현황표를 추가하였다. 이 장에서 소개하는 어린이 뮤지엄은 사례로서의 개괄이므로 이에 더해 3부에서 필자가 다녀온 어린이 뮤지엄들을 참고하여 독자만의 어린이 뮤지엄 여정과 관점을 완성하면 좋겠다는 의견도 첨부한다.

① 맨해튼어린이박물관Manhattan Children's Museum

New York City Upperwest에 자리한 맨해튼어린이박물관의 전경

맨해튼어린이박물관은 1973년 Bette Korman에 의해 GAMEGrowth Through Art and Museum Experience이라는 이름으로 설립되었다. 이후 교육적 위기감을 가진 뉴욕시와 함께 할렘과 어퍼웨스트 지역에 아티스트와 교육자들이 협업하여 학교에 아트 및 음악, 문화프로그램 및 작은 전시, 워크숍을 제공하기 위하여 the Manhattan Laboratory Museum이라는 새 이름으로 활동하였다. 지속적인 성장과 함께 1980년 the Children's Museum of Manhattan으로 다시 이름이 바뀌었고 1989년 Upperwest side의 현재 박물관 위치에 자리 잡게 되었다. 맨해튼어린이박물관은 38,000 sqft(스퀘어피트) 규모로, 기획전시실로 운영되는 지하 1층과 지상

맨해튼어린이박물관의 전시실 전경

4층 규모의 상설전시실, 하절기에만 개방하는 야외 전시로 구성되어 있다.

맨해튼어린이박물관의 미션 Mission은 '인터랙티브 전시와 프로그램의 독특한 환경을 통해 어린이와 가족들에게 문화적 다양성과 우리 자신에 대해서 학습할 수 있는 영감을 제공한다'라고 표명한다. 그리고 이들은 다음의 네 가지가 어린이들에게 강한 영향을 주며 그들의 일생 내내 지속될 것이라고 강조한다.

- 유아기Early childwood의 학습은 성공적인 학교 생활을 준비하게 한다.
- 예술과 과학에서 창의성은 창조적 영감을 주며 평생학습을 위한 분석적 사고를 갖게 한다.
- 건강한 생활 습관 프로그램은 가족의 육체적, 감성적 그리고 환경적 well-being을 위한 청신호를 제공한다.
- 세계 문화의 탐험은 어린이에게 우리가 살아가는 다양성의 사회에 대한 용기와 이해를 준다.

이러한 프로그램은 어린이들의 잠재적 능력을 개발하는 데 있어 예술, 언어, 과학, 수학, 인문학에 이르는 전 분야를 망라하며, 어린이 교육과 함께 부모의 교육 활동도 함께 지원하는 것을 목표로 한다. 또한 교사들에 대한 워크숍도 시행하는데, 교사 스스로 상호 작용적 전시를

체험하면서 어린이 교육에 대한 전문성을 신장시키도록 장려하려는 의도라고 한다. 맨해튼어린이박물관은 이런 배경 속에 전시와 교육, 워크숍, 공연 등을 기획하고 만든다. 연간 35만 명의 관람객이 방문하는 이곳은 한적한 주택가에 자리 잡은 특성상 이웃 친화적인 환경에서 인근 거주자들의 방문이 많다. 그 외에도 뉴욕 소재 학교들의 연계 학습과 뉴욕을 찾는 관광객들이 동시에 찾고 있어 맨해튼어린이박물관의 관람객들은 그 어느 곳보다 국적, 문화, 인종 등의 다양한 양상을 가지며 박물관은 이를 자랑스럽게 여기고 있다.

맨해튼어린이박물관은 다양한 코너로 구성되어 있으며, 코너마다 다문화 이해 및 교육, 신체와 건강의 이해, 도시의 이해, 수학과 과학의 이해 등의 주제를 내포한다. 또한 전시물 개개의 개발에 있어서는 박물관의 미션에 따라 다양한 분야의 주제들이 접목되어, 앞서 이론 고찰 부분에서도 언급한 바와 같이 다학제적 관점에서 접목 및 개발된 전시 콘텐츠의 사례를 확인할 수 있다. 또한 맨해튼어린이박물관은 타어린이 박물관과 비교할 때 유아기 또는 학령전기 어린이에 보다 관점

음식물 섭취와 수면 그리고 다양한 신체 활동이 건강에 주는 영향에 대해 놀이로 체험하고 이해하도록 한 EatSleepPlay 코너

블록들을 자유롭게 쌓아 조형을 만들거나 도미노, 젠가 등 도구를 이용한 다양한 응용 놀이를 유도하는 블록 놀이 코너

어린이의 체험 학습과 언어발달에 대한 보호
자 교육을 위한 안내 패널

알파벳이 적힌 카드를 악어의 입에 넣으면 해
당 발음을 들려주며 대근육 소근육을 모두 사
용하는 신체 놀이와 언어 학습이 접목된 전시
체험물

이 맞춰져 있어 관찰하거나 실험하는 방식의 학령기 이상 어린이를 위
한 전시는 거의 없으며, 쉽게 조작하거나 신체 또는 감각 기관을 이용
하는 놀이형 전시 분포가 높다는 특징이 있다. 그런데도 영유아를 위
한 전시 코너가 별도로 마련되어 있으며 어린이의 관람 지원을 위한
부모의 가이드라인도 제공한다.

② 브루클린어린이박물관Brooklyn Children's Museum

브루클린어린이박물관
은 현재의 브루클린박물관
인 the Brooklyn Institute
of Arts and Sciences의 제
안으로 1899년 설립되었
다. 이는 세계 최초로 어
린이를 대상으로 한 새로
운 개념을 도입한 시도로,

뉴욕 브루클린 어린이박물관의 전경

브루클린어린이박물관은 미국 최초이자 세계 최초의 어린이 박물관으로 기록되고 있다. 개관 이후 관람객이 급격히 증가하여 1905년에는 월 관람객이 1만 3천 명에 이르게 되었고, 1929년 새로운 장소로 이전하여 개관하였다. 1930년에 있었던 기념행사에는 당시 영부인인 루스벨트 여사Eleanor Roosevelt도 참석하였다고 한다. 1930년 10월에 이미 월 관람객이 6만 명에 이르렀고 1939년 개관 40주년을 맞을 즈음 누적 관람객이 9백만 명에 이르렀다고 한다. 1975년에 박물관은 건축 공모를 하여 새로운 공간으로 이전하였으며, 1996년에도 다시 한번 개보수를 진행하였다. 비약적으로 성장하여 2년 후인 1998년에는 브루클린 관광진흥을 위해 설립된 문화협업기관인 하트오브브루클린Heart of Brooklyn의 일원이 되었다. 도네이션과 펀드 모금이 중요한 미국의 박물관 현황에서 이처럼 성장한 브루클린어린이박물관에 더 많은 지역민과 기업이 관심과 후원을 주었다. 이후 2005년 다시 두 배 규모로 확장하여 현재 연간 40만 명 이상의 방문객이 찾는 최고의 박물관으로 자

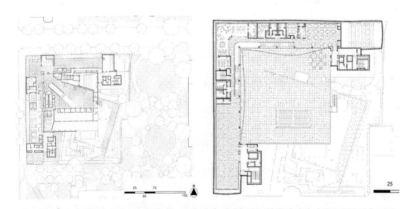

브루클린어린이박물관 도면 : 라파엘 비뇰리에 의해 재건축된 브루클린어린이박물관의 건축 평면

리매김하였다.

브루클린어린이박물관은 최근 그린 뮤지엄Green museum으로 인증을
받으면서 운영에 있어 새로운 정체성을 수립하고 있는데, 라파엘 비뇰
리Rafael Viñoly에 의한 확장 프로젝트도 건축적으로 주목할 만하다.[21] 이
건축 프로젝트의 주된 미션은 공간 면적을 102,000 sqft로 확장하여 연
방문객을 25만에서 40만으로 늘릴 수 있도록 하는 것이었다고 한다.
이에 라파엘 비뇰리는 L자 형태의 외관에 구조적인 형태뿐 아니라 마
감재의 색이 다른 두 공간적 문맥이 적용되는 2개 층의 건축 공간을 구
성하였다. 또한 전시 공간은 지상과 지하층이 슬로프에 의해 자연스럽
게 연결되도록 하여 마치 어린이의 유기적인 사고처럼 전시 공간의 구
성과 분할에서도 독특한 공간 방식을 제안하였다.

브루클린어린이박물관의 전시는 자연 관찰과 이웃들의 생활 환경,
다문화적 관점에서 문화 체험 등을 주요한 주제로 다루고 있다. 대
규모의박물관답게 어린이 관람객의 연령에 따라 차별화된 전시 공간
을 구성하고 있다. 물놀이, 아트 워크숍, 역할 놀이, 신체 및 감각 놀이
등 학령전기 어린이에게 더욱 적절한 주제의 코너는 Totally Tots라고
별도의 규모를 갖고 운영하고 있으며, 더 어린 영유아들을 위해서도
Sensory Room이라는 독립실형 전시를 갖추고 있다. 전시실에서 전시
물과 가구의 배치 측면에서도 오랜 역사와 노하우를 가진 공간답게 관
람객의 관람 행태를 잘 연구하여 세심한 배려를 하고 있음을 엿볼 수

---

21   출처 http://www.archinnovations.com/featured-projects/museums/rafael-vinoly-
     architects-expansion-of-the-brooklyn-children-museum/

있다. 특히 동반 관람에 있어 어린이와 보호자의 관계 혹은 행태를 지원하는 점이 인상적이다.

③ 휴스턴어린이박물관Children's Museum of Houston

휴스턴어린이박물관은 1980년 휴스턴 부모회A group of Houston parents에 의해 설립되어 1984년 개관하였다. 원래 휴스턴어린이박물관은 휴스턴 대학 내 the Blaffer Gallery에 공간을 임대하여 사용하였으나

로버트 벤투리에 의해 디자인된 휴스턴어린이박물관 건물의 전경 이미지

몇 해 후 11,000 sqft(1,000㎡) 규모의 새로운 공간을 임대하여 이전하였다. 현재의 건물은 연 관람객 35만 명을 수용할 수 있도록 디자인되어 1992년에 개관하였으며, 로버트 벤투리Robert Charles Venturi Jr가 디자인하였다. 벤투리는 이 프로젝트를 위해 아동심리학을 연구하였고 박물관 내에 우주의 이상을 표현하고자 하였다고 한다. 2006년에는 연 관람객이 60만 명에 이르자 원래 규모의 두 배에 달하는 증축이 진행되어 47,000 sqft로 재확장하여 2009년에 재개관하였다. 2009년 확장 이후 휴스턴어린이박물관은 연간 110만 명의 관람객을 맞이하고 있다.

휴스턴어린이박물관은 박물관의 미션을 'Transforming communities through inno-vative, child-centered learning'이라고 밝히고 있다. 커뮤니티 기반으로 성장한 박물관답게 어린이 중심의 교육과 혁신이 곧

휴스턴어린이박물관 전시 안내 맵(map)

보호자 또는 형제자매 등 동반 관람자들과 마주 보고 게임을 즐기면서 자연 과학의 원리나 역사 환경에 대한 메시지를 체험할 수 있는 Cyberchase 코너의 관람 모습

과학의 원리를 이용해 자동차나 비행기, 우주선을 간단하게 조립해서 만들어보고 실제로 쏘아 올려보거나 트랙에서 달리게 해보는 등 가족 관람객의 적극적인 참여를 유도하는 Invention Convention 코너 전경

지역발전에 이바지해야 함을 강조하며, 어린이 박물관이 평생 학습을 위한 열정에 도화선의 역할을 해야 한다는 비전을 제시하고 있다. 적극적인 활동과 공격적인 마케팅을 통해 꾸준히 성장하고 있는 어린이 박물관으로, Parents magazine에서 뽑은 'America's No. 1 Children's Museum'에 선정되기도 하였다.

휴스턴어린이박물관의 전시 공간은 지하 1층 지상 2층의 규모로 조성되었으며 대략 11개 전시 구역으로 이루어져 있다. 앞서 분류한 박물관의 규모 및 주제 유형에서처럼 이곳은 대규모⁴박물관으로서 모든 연령대의 어린이와 가족 관람객들을 수용할 수 있는 다양한 전시 주제와 규모를 자랑한다. 특히 이곳에서 특징적인 것은 Invention Convention과 같이 이곳을 방문한 어린이 관람객

외에도 보호자와 같은 성인 관람객도 체험의 주체가 되어 직접 만들고 시연해 보며 즐겁게 참여하는 전시 코너가 있다는 점과 Cyberchase와 같이 상호 대응 방식이 주류를 이루는 게임식 체험물 구역을 조성하고 있다는 점이다.

④ 스태튼아일랜드어린이박물관Staten island Children's Museum

스태튼아일랜드어린이박물관은 뉴욕의 스테이트 아일랜드라는 맨해튼 남서부의 이름 그대로 섬에 있다. 부모회(A group of parents)가 1974년에 박물관을 설립하였으며 1976년에 개관하였다. 당시는 하나의 전

스태튼아일랜드 어린이박물관의 전경 모습

시와 프로그램을 갖는 작은 임대 공간이었으며, 이때 선보인 hands-on, minds-on 전시 시리즈는 자연 과학과 예술 그리고 역사를 기초로 하였다고 한다. 1980년 공간의 제약으로 박물관은 더 큰 공간을 원하게 되었고 뉴욕시의 도움으로 스태튼아일랜드어린이박물관이 the Cultural Institutions Group에 가입되면서 현재의 위치인 Snug 항구로 이전할 수 있는 기초를 마련하였다. 계획, 재원 조성, 리노베이션 등을 거쳐 6년 만인 1986년 새로운 공간으로 이전하였으며 2003년에 추가로 40,000 sqft 규모로 시설을 확장하여 오늘날의 모습이 되었다. 또한 2013년에는 피크닉 공간과 야외 파빌리온 시설 등이 조성되어 박물관

동절기를 제외하고 운영되는 야외 놀이 코너. 섬과 항구에 인접한 박물관의 입지와 연결된 놀이 시설들

곤충과 자연에 관한 관찰 학습을 할 수 있는 전시 코너

입구에서 메인 전시로 연결되는 통로공간은 대형 체스판, 블록 놀이, 보드게임, 볼링 코너 등 다양한 놀이형 체험 활동 코너가 조성됨

공간프로그램의 일부가 되었다.

스태튼아일랜드어린이박물관은 지하 1층 지상 3층 규모로 대략 8개의 전시 구역으로 구성되어 있다. 신대륙 개척 시기 유럽에서 이주한 초기 이민자들이 정착한 지역답게 지역의 특성을 잘 살린 전시 콘텐츠들이 인상적이다. 가령 탐험을 주제로 하여 밀림과 북극과 바닷속을 체험하게 하는 전시, 곤충과 식물들의 서식 환경과 특성을 관찰하고 체험하게 하는 코너들이 이러한 개척 정신과 탐험 정신을 계승 및 고양하는 의도를 내포하는 것으로 보인다. 또 지하의 Block harbor 코너 역시 섬과 항구를 인접한 사이트의 특성을 놀이 공간화하여 조성하였다. 도심이나 주거지 입지형이 아니므로 비교적 접근성이 좋지 않으나 역사 지구의 공원 안에 있어 피크닉과 야외활동을 박물관 전시와 접목

한 점, 사이트 내에 있는 다른 역사적 건물들과 연계 방문의 시너지를 갖는 점도 사이트의 약점을 극복한 사례로 평가된다.

⑤ 플리즈터치어린이박물관Please Touch Children's Museum

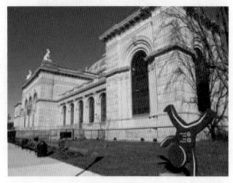

메모리얼 홀을 리뉴얼한 플리즈터치어린이박물관의 전경

미국의 독립 200주년을 기념하기 위한 대대적인 축제가 열리던 때인 1976년 플리즈터치어린이박물관은 the Academy of Natural Sciences라는 이름으로 개관하였다. 당시의 규모는 2,200 sqft였으며 공룡 뼈와 매머드 화석을 비롯하여 교육자와 아티스트, 몬테소리 교육자 등이 제공하는 'learning was child's play'라는 새로운 개념의 박물관을 보기 위해 400명의 방문객이 대기 라인에서 인내심을 갖고 기다려야 하는 상황이 연출되었다고 한다. 처음에는 관람 중에 'Don't touch'라고 주의를 줄 수밖에 없는 7세 이하 어린이를 위한 파일럿 프로젝트Pilot project의 성격으로 시작하였으나 개관 후 몇 주 만에 급속한 방문객이 증가하여 추가로 스태프를 채용하는 등 급격히 성장하였다. 이와 같은 뜨거운 반응에 상설화되면서 박물관은 1978년 근처의 다른 지역으로 이전하였으며 화요일부터 일요일까지라는 규칙적인 관람 시간을 제정하게 되었다. 1983년에는 관람객이 증가하여 관람객들이 장시간 대기하는 문제에 다시 직면하게 되어 3,000 sqft의 새로운 공간으

메모리얼 홀의 리뉴얼 전 모습. 출처 : 플리즈터
치어린이박물관 홈페이지

로 옮겼다고 한다. 통계에 따르면 1983년부터 1993년까지 박물관의 지원자가 70% 증가하였고 멤버십은 52%나 증가하였다. 또 전일제 직원이 9명에서 37명으로 증원되는 등 비약적으로 발전하였다. 이에 2005년 페어마운트Fairmount 공원의 메모리얼 홀을 80년간 사용할 수 있게 되어 이전 계획을 수립하게 되었다. 이 메모리얼 홀은 1876년 열린 Centennial Exposition의 마지막 남은 장소로 유서 깊은 곳이기도 하다. 2005년부터 메모리얼 홀을 대대적으로 리뉴얼하기 시작하였고, 2008년 기존 사이트의 박물관은 문을 닫고 메모리얼 홀의 새로운 시설에서 재개관하였다. 또한 플리즈터치어린이박물관은 1991년 GFTKthe Great Friend to Kids Award에서 수상하기도 하였다.

박물관의 미션은 'Please Touch Museum enriches the lives of children by creating learning opportunities through play'로 놀이가 어린이의 삶을 풍요롭게 만든다는 신념을 표명하고 있다. 박물관의 공간은 지상 1층과 지하 1층이며 회전목마가 있는 별도의 건물이 내부에서 연결되어 있으며, 대략 8개 구역으로 조성되어 있다. 엑스포가 열렸던 장소성을 살려 과거 엑스포의 내용을 어린이의 눈높이에서 이해하도록 하는 특별전시실과 인근 공원 Woodside park에서 운영하던 회전목마를 박물관 내로 옮겨와 별도로 전시 구역화한 것이 인상적이다. 이 회전목마는 1920년대에 세작되있다. 회전목마니 미차 등은 필라델

피아의 전통을 그대로 목공에 장인이 재현하여 제작하였다. 그 자체로도 유물적 가치를 갖고 있으며 유지관리를 통해 현재까지도 박물관 내에서 운영하고 있다는 점은 놀랍기도 하다. 또한 플리즈터치라는 박물관의 이름이 대변하듯 대부분의 전시는 핸즈온 개념이 도입되어 있다. 이와 더불어 어린이와 관련된 장난감이나 사료에 대한 컬렉션 또한 박물관의 중요한 역할로 여기고 있어 전시실 사이사이 연계된 주제의 컬렉션을 보여주는 쇼케이스들을 만날 수 있는 점도 주목할 만하다.

⑥ 어린이아트뮤지엄 Children's Museum of the Arts

어린이아트뮤지엄은 1988년 Kathleen Schneider에 의해 설립되었으며, 당시 예술가들이 밀집해 있던 소호와 인접한 지역에 자리 잡았다. 박물관의 관람객이 증가하고 초기의 어린 아티스트들이 성장하였

뉴욕시의 대표적 예술 거리, 소호에 인접한 어린이아트뮤지엄의 전경

으며, 박물관에서는 아트 교육의 대상인 어린이의 나이를 15세 이상으로 확대하였고 커뮤니티를 활성화하기 위한 프로그램을 늘렸다. 이에 따라 박물관도 더 큰 공간을 확보할 것이 요구되었다. 2010년에 건축가 및 개발자들과 협업하면서 이전 준비를 시작하였고 2011년 현재의 위치에 10,000 sqft 규모의 박물관을 재개관하였다. 칠드런아트뮤지엄은 1만 명에 가까운 어린이와 가족에게 아트서비스를 제공해왔

으며 그중 27%는 무료로 관람할 기회를 얻었다고 한다. 이곳의 미션은 'The mission of the Children's Museum of the Arts is to introduce children and their families to the transformative power of the arts by providing opportunities to make art side-by-side with working artists'로, 예술가들과 친밀한 작업을 통해 예술의 변화 가능한 힘을 체험하게 하는 것이다. 특히 빈부의 차이나 문화적 조건에 상관 없이 누구나 평등하게 예술을 접하고 그 안에서 성장할 수 있도록 지역 커뮤니티와도 노력하고 있으며 아트 교육 외에도 지속하여 어린이들의 예술 작품을 수집하고 전시하는 일도 병행하고 있다.

이곳의 전시 공간은 Art gallery, Art studio, Clay bar, Wee arts, Ball pond, Groove tube로 구성되며 타 어린이 박물관과 비교하면 시설물 중심 박물관이라기보다 프로그램 중심 박물관의 성격이 명확하다. 대부분의 체험 코너는 어린이 관람객들이 스스로 아트 워크에 참여하거나 구성 작업을 하도록 하고 있으며, 도슨트의 안내에 따라 갤러리에 전시된 그림들을 감상하며 토론하는 방식이다. 그러나 어린이 시설답게 신체 활동을 할 수 있는 Ball pond라는 코너도 있어 정적인 활동 외에 동적인 체험 활동도 병행할 수 있도록 배려하고 있다.

⑦ 보스턴어린이박물관Boston Children's Museum

보스턴어린이박물관은 미국에서 두 번째로 오래된 역사를 가진 어린이 박물관으로 1913년에 개관했다. 보스턴어린이박물관은 과학 교사들이 과학 수업에 쓸 여러 교재를 교환하기 위한 센터를 만들면서 시작되었다. 따라서 '즐거운 발견의 경험'을 장려하는 것을 기본 취지

로 하고 있다. 전시는 과학,
미술, 문화 등 3가지 주제로
구성되어 있으며 어린이들
의 사고력을 키워주는 전시
물을 갖추고 있다. 또한 눈
으로만 관찰하는 박물관에
서 벗어나 직접 만져보고
그림을 그리는 등 체험할

보스턴어린이박물관 전경

수 있는 전시관이 많은 것이 특징이다. 비눗방울로 온몸을 감싸는 놀
이, 퍼즐 맞추기, 피난민이나 미
용사 등 다양한 역할을 해보는 놀
이, 보호안경을 착용하고 톱과 망
치 등 장비를 이용하는 놀이, 미
니 암벽 등반 등 어린이들의 호기
심을 자극하는 전시물로 가득하

도구의 사용에 대한 다양한 핸즈온 경험을 제
공하는 전시 코너

일본의 전통가옥을 그대로 옮겨와 전시실로
재현한 코너

보스턴시의 구축과정을 놀이로 체험하도록 한
보스턴 거먼 코너

다. 또한 어린이 박물관으로 드물게 컬렉션 활동도 지속하고 있는데 미국의 자연환경에 대한 컬렉션, 미국 원주민(인디언)에 대한 컬렉션, 세계 문화에 대한 컬렉션, 인형과 인형의 집에 대한 컬렉션, 일본 예술에 대한 컬렉션 등을 주요 테마로 하여 5만 점에 이르는 수집품을 소장하고 있다.

⑧ 국립민속어린이박물관

국립민속어린이박물관의 외관 전경

국립민속어린이박물관은 2003년 국립민속박물관의 전시실 형태로 개관하였다. 그 후 2008년에 민속의 다양한 주제를 다루던 기존의 전시 방식에서 어린이들의 눈높이에 맞춰 전래 동화를 스토리텔링하는 방식으로 개편되었다. 어린이 교육 및 전시의 오랜 노하우와 역량을 기반으로 2009년 대통령령에 따라 국립어린이박물관으로 승격되었으나 2010년 2월 직제 축소로 국립민속박물관 어린이 박물관과로 편입되어 현재까지 운영되고 있다.[22] 국립민속어린이박물관은 '문화의 새싹 어린이가 자라나는 박물관'이라는 미션에 따라 어린이들이 다양

---

22 국성하, 우리나라 어린이박물관의 설립과 변화에 대한 고찰, 어린이와 박물관 연구 창간호, 국립민속박물관, 참조

한 문화 경험을 통해 문화의 주체로 성장할 수 있는 환경 제공을 목표로 하고 있다. 모母박물관을 둔 부속 형태 국공립박물관으로서는 최초의 시설이며 어린이 박물관의 전시 시나리오 구성과 프로그램도 모母박물관의 민속이라는 테마를 배경으로 하나, 일찍부터 독자적인 주제와 방식 아래 전시가 개발되고 운영되어온 점이 다른 부속 형태 어린이 박물관과 차별화된 특징이다. 전시 공간은 지상 2층 규모로 전래 동화를 테마로 3년을 주기로 리뉴얼하는 상설 전시 공간과 기획전을 하는 특별전시실로 구성되어 있다.

⑨ 국립현대미술관 어린이 미술관

국립현대미술관 어린이 미술관은 1998년 원형전시장의 용도를 변경하여 어린이 미술관으로 만들었고, 2010년부터는 달토끼라는 캐릭터를 주제로 한 어린이 미술관으로 확대 운영하고 있다.[23] 2012년

국립현대미술관 어린이 미술관 전경

에 현재의 미술관으로 전시실을 이전하여 다양한 구성 작업, 워크숍, 비디오아트 검색, 인터랙티브 아트 체험 등을 할 수 있도록 콘텐츠를 재구성하였다. 모母박물관이 미술계 테마인 점을 감안 어린이들의 체

---

23   국성하, ibid, p74

험영역도 이를 적극 반영하여 예술에 대한 기초적 체험과 이해를 놀이
와 접목하는 방향으로 전시를 구성하고 있다.

⑩ 국립중앙박물관 어린이박물관

국립중앙박물관 어린이
박물관은 모(母)박물관이 용
산으로 새 건물과 함께 이
전하던 2005년에 설립되었
다. 역사계 박물관인 모(母)
박물관의 특성에 따라 이
를 주요 전시 테마로 하나
기존 상설전시실과 달리

모(母)박물관인 국립중앙박물관 전경

어린이 박물관에서는 전시된 유물을 어린이들이 직접 만져보고 즐길
수 있도록 하였고, 이러한 경험을 통해 우리 문화유산에 대한 흥미와
호기심을 갖고 보다 더 능동적으로 관찰하고 체험하며 배울 수 있는
공간을 지향한다. 이를 통해 우리 문화유산에 대한 자긍심을 길러주는
것이 설립 목적이다. 전시 공간 외 자연 에너지를 이용해 어린이들이
돌리고, 뛰고, 흔들면서 놀 수 있는 '어린이 에너지 놀이터'가 야외에 별
도로 설치되어 있다.

⑪ 국립과천과학관 어린이탐구체험관

어린이탐구체험관은 모(母)박물관인 국립과천과학관 내에 있는 어린
이 박물관이다. 국립과천과학관이 설립될 때 6개의 주제관-기초과학

관, 첨단기술관, 어린이탐구체험관, 자연사관, 전통과학관 중 하나로 계획되었다. 과학에 대한 호기심과 흥미 유발을 슬로건으로 하여 어린이들이 놀이를 통해 과학에 관한 원리를 배울 수 있는 공간을 지향한다.

모(母)박물관인 국립중앙박물관 전경

⑫ 경기도어린이박물관
세계의 다양한 어린이박물관 사례를 참고하여 건립된 국내 최초의 단독 건축 어린이 뮤지엄이다. 미래 가족 오락 공간으로 그 활용도가 높아지는 어린이 뮤지엄의 역할 확대를 고려하여 어린이뿐 아

모(母)박물관인 국립중앙박물관 전경

니라 교육자에게도 미래지향적인 교육 형태로 제안하려고 노력하고 있다. 전시는 흥미 유발과 체험을 통한 건강한 생활에 중점을 두어 '건강하고 튼튼한 어린이'의 오감 체험이라는 주제가 주된 개념으로 전체 스토리텔링을 이끌어가고 있다. 또한 발달 단계에 따른 다양한 연령대의 어린이가 이용할 수 있도록 영유아 놀이 영역을 확대하여 운영하고

있다. 다양한 주제의 기획전도 발굴 개최하고 있으며 지속적인 전시 리뉴얼과 체험물 개발로 삼성어린이박물관 이후 국내에서는 거의 유일한 종합계 독립 시설이라는 역할과 위상이 있다.

⑬ 서울상상나라

서울상상나라는 영유아를 포함한 어린이들에게 부모와 함께 놀면서 배울 수 있는 창의적인 놀이 체험 공간을 제공하기 위해 서울시가 어린이대공원 내에 건립한 기관이다. '어린이의 꿈과 상상력이 자라

어린이대공원에 있는 서울상상나라 전경(출처 : 서울상상나라 홈페이지)

는 상상나라'를 비전으로 하며, 미션은 '창의적인 전시와 프로그램을 제공하여 어린이와 가족의 건전한 삶을 지원하며 행복한 사회를 만드는 데에 기여한다'이다.

상상나라는 지하 1층, 지상 3층의 공간으로 구성되어 있다. 전시 콘텐츠는 독립형 그리고 종합주제를 다루는 어린이 뮤지엄답게 감성 놀이, 공간 놀이, 예술 놀이, 이야기 놀이, 생각 놀이, 상상 놀이, 과학 놀이, 문화 놀이 등 다양한 주제로 구성되어 있다.

이상 어린이 박물관들의 사례 동향을 살펴보았다. 미국 어린이 박물관은 긴 역사를 거치며 규모의 시작보다는 관람객의 증가와 운영의 성

공에 힘입어 증축되어 온 사례가 많았으며, 지역성이나 박물관의 특성을 살린 전시들이 개발되고 있음을 알 수 있다. 국내의 경우 이제 어린이 박물관의 태동기를 지나 양적 발전기를 맞고 있다. 미국의 사례와 달리 국내는 독립적 운영보다는 모母박물관에 소속된 형태의 어린이 박물관이 주류를 이루므로 역사계, 미술계, 과학계 등 모母박물관의 메인 테마나 운영 주체[24]와 연계한 테마에 영향을 받고 있음을 알 수 있다.

---

24 한 사례로서 (사)한국금속캔자원협회에서 운영하는 어린이 박물관인 캐니빌리지는 자연보호와 자원재활용을 메인 테마로 하고 있다.

국내 어린이 뮤지엄 현황표

운영 주체	뮤지엄명	소재지	운영유형
국립	국립민속박물관 어린이박물관	서울시 종로구 삼청로	부속형
	국립현대미술관 어린이박물관	경기도 과천시 광명로	
	국립중앙박물관 어린이박물관	서울시 용산구 서빙고로	
	국립경주박물관 어린이박물관	경북 경주시 일정로	
	국립광주박물관 어린이박물관	광주광역시 북구 하서로	
	국립진주박물관 어린이박물관	경남 진주시 남강로	
	국립부여박물관 어린이박물관	충남 부여군 부여읍 금성로	
	국립공주박물관 어린이박물관	충남 공주시 관광단지길	
	국립전주박물관 어린이박물관	전북 전주시 완산구 쑥고개로	
	국립청주박물관 어린이박물관	충북 청주시 상당구 명암로	
	국립대구박물관 어린이박물관	대구광역시 수성구 청호로	
	국립김해박물관 어린이박물관	경남 김해시 가야의길	
	국립제주박물관 어린이박물관	제주시 일주동로	
	국립춘천박물관 어린이박물관	강원도 춘천시 우석로	
	국립나주박물관 어린이박물관	전남 나주시 반남면 고분로	
	국립익산박물관 어린이박물관	전북 익산시 금마면 미륵사지로	
	국립아시아문화전당 어린이박물관	광주광역시 동구 문화전당로	
	국립한글박물관 어린이박물관	서울 용산구 서빙고로	
	국립해양박물관 어린이박물관	부산 영도구 해양로	
	대한민국역사박물관 어린이박물관	서울시 종로구 세종대로	
공립	경기도어린이박물관	경기도 용인시 기흥구 상갈로	독립형
	서울상상나라	서울시 광진구 능동로	
	경기북부어린이박물관	경기도 동두천시 평화로	
	고양시어린이박물관	경기도 고양시 덕양구 화중로	
	목포어린이바다과학관	전남 목포시 삼학로	
	어린이백제체험관	충남 청양군 대치면 장곡리	
	인천어린이과학관	인천 계양구 방축로	
	울산박물관 어린이박물관	울산시 남구 두왕로	부속형
	전쟁기념관 어린이박물관	서울 용산구 이태원로	
	서울공예어린이박물관	서울 종로구 율곡로	
	송파책박물관북키움	서울 송파구 송파대로	
사립	아해한국전통문화 어린이박물관	경기도 과천시 추사로	독립형
	헬로우뮤지엄 어린이미술관	서울 성동구 성수일로	
	현대어린이책미술관	경기 성남시 분당구 판교역로	

2. 유아 교육과 아동학에서의 중요한 발견

근접발달영역 이론과 모아 상호 작용

어린이 뮤지엄 관람 모습을 자세히 살펴보면 특기할 만한 사실을 발견하게 된다. 어린이를 주 대상으로 하나 관람객층이 어린이와 동반 보호자[25]로 구성된다는 점이다. 너무 당연해서 특기할 만한 것으로 여기지 않을 일이기도 하다. 그런데 이 당연하면서도 단순한 장면에 어린이 뮤지엄의 전시기획과 디자인과 운영의 열쇠가 담겨 있다. 특히 이들 중 높은 분포를 보이는 미취학 어린이는 반드시 보호자가 동반하여 방문해야 하며 관람 중 보호자의 조력이나 상호 작용이 중요한 관람 행태가 된다. 이는 당연하고 일반화된 현상임에도, 이를 주요한 관람 방식으로 전제하고 공간과 전시물의 디자인에 적용해야 할 어린이 박물관에서 동반 관람 특성에 대한 지원 부분을 간과하고 있음을 자

---

25 일반적으로 사용하는 부모가 아닌 보편적이면서 소수를 배려하여 동반 보호자라는 용어를
    쓰고자 한다.

주 발견하게 된다. 또한 이와 같은 관점에서 진행된 어린이 뮤지엄 연구도 부재하다.[26] 이는 단순한 동반 방문에 있어 불편의 문제가 아니라 어린이와 보호자가 관람의 과정에서 놓칠 수 있는 콘텐츠 이해 및 어린이와의 공감대 등 총체적 관람 경험과 관련되므로, 어린이 박물관으로서는 놓치면 안 되는 중요한 부분이다. 기존 연구를 살펴보면 어린이와 보호자의 상호 작용은 아동학과 교육학 부문에서 이미 연구의 역사가 오래된 만큼 어린이의 발달과 교육에 중요한 요소임을 알 수 있다. 그러므로 교육과 놀이와 육아의 연장선상인 어린이 뮤지엄에서도 이와 같은 관점의 적용이 강력히 요구됨을 유추할 수 있다.

어린이 뮤지엄에서 모아母兒 상호 작용 접목의 필요성에 대한 근거 이론으로 비고스키Vygotsky의 근접발달영역 이론과 이를 발전시킨 비계설정 이론을 살펴보면 좋겠다. 앞서 언급하였듯 피아제Piaget를 위시하여 오랫동안 교육 및 심리학 분야의 지배적 견해는 '학습은 발달에 의존하며 어린이는 스스로 주변 세계를 발견해 갈 수 있다'라는 것이었다. 이에 비해 비고스키Vygotsky는 어린이의 사회적 세계와 심리적 세계와의 관계를 강조하면서 언어 등 기호 체계의 사용을 통한 성인과 어린이, 혹은 더 유능한 어린이와 어린이 간의 상호 작용은 어린이의 발달을 선도하는 교육을 가능케 한다고 보았다.[27] 어린이가 스스로 자

---

26 어린이-어머니 상호 작용 또는 모아(母兒) 상호 작용을 키워드로 선행 연구를 검색해보면 1982년에 이를 주제로 한 논문이 등장하여 꾸준히 연구되어왔으며 2000년대 들어서면서 급격히 연구가 많아짐을 알 수 있다. 이들은 대부분 교육 및 아동학 그리고 간호학 관점에서의 연구이며 현재까지 발표된 207편의 연구 중 전시 관람 상황에서 모아 상호 작용을 다룬 연구는 1편이 있다.
27 한순미, 비고츠키와 교육, 교육과학사, 1999, p139

라면서 스스로 모든 것을 배우고 깨우치면 얼마나 좋겠는가. 물론 그렇게 자라는 어린이도 있을 것이다. 그러나 아이를 키우면서-특히 바쁜 워킹맘이던 내게-주변의 어른들이 해주신 이야기 중 '아이는 낳으면 저절로 자란다'라는 말이 최고의 거짓말임을 알게 됐다. 육아 경험자들은 다 공감할 것이다. 아이를 한 명 키우는 데는 온 마을이 필요하다는 아프리카 격언처럼 어린이는 사회가 함께 키워야 한다. 즉 거시적으로는 사회적 시스템, 미시적으로는 보호자의 보살핌이라는 비계가 필요하다.

어린이 뮤지엄에서 보호자 행태

 VS

어린이의 체험 활동 전시물에 걸터앉아 휴대전화를 보거나 다른 보호자와 대화를 나눔

체험 세트에서 놀고 있는 아이와 적극적인 상호 작용을 하고 있음

이는 어린이 뮤지엄의 상황에 견주어서도 주목할 만한 견해다. 콘텐츠와 체험물의 경험 못지않게 정보의 전달 방식 즉 체험 방식의 중요성을 시사한다. 특히 이는 어린이 뮤지엄 구축에 있어 중요한 패러다임으로 연구의 필요성이 제기되는 부분이다.

비고스키Vygotsky는 자신의 고유한 문제의식과 개념들을 통해서 인

간의 지식과 지식의 발달을 설명하고자 하였다. 지식이 인식 주체와는 별도로 외부에서 주어지지 않으며, 인식 주체의 적극적이고 능동적인 활동이 지식의 원동력이라고 보았다. 인간의 지식은 어떻게 형성되는가 혹은 정신기 능이나 인지능력은 어떻게 발달하는가의 문제, 즉 지식의 발달에 대해서 비고스키는 '내면화Internalization'라는 개념을 통해 설명한다. 비고스키Vygotsky에게 지적인 발달은 사회적 상호 작용의 결과이다. 특히 어린이와 더 발달한 사람 간의 상호 작용에 초점을 맞춘다.[28] 효과적인 교수-학습 방법에 관한 연구를 하였던 비고스키는 '근접발달영역'이라는 개념을 제시하였는데, 이는 기존 심리학에서 어린이의 발달 수준을 측정할 때 타인의 도움 없이 스스로 문제 해결을 할 수 있는 능력만을 측정하는 것에 의문을 제기하며 '실제적 발달 수준' 뿐 아니라 타인의 도움을 통해 문제 해결이 가능한 '잠재적 발달 수준' 까지 염두에 둔 '근접발달영역'이라는 개념을 제시했다.

윤남순(2010)은 비고스키Vygotsky의 발달이론이 유아 교육에 주는 시사점을 상호 작용, 물리적 환경, 상호 교수, 협동 학습, 혼합연령, 평가라고 정의한다. 이들의 내용을 더 구체적으로 정리한 것이 아래 표 '비고츠키 이론이 유아 교육에 주는 시사점'[29]이다. 이들 중 상호 작용, 물리적 환경, 상호 교수는 일반적인 유아 교육에서뿐 아니라 학령전기 어린이를 대상으로 한 어린이 뮤지엄에서도 맥락적 유사성을 가진다고 할 수 있다.

---

28   윤남순, 비고츠키의 발달이론이 유아교육에 주는 시사점, 강원대 석사 논문, 2010, p11
29   윤남순, ibid, pp. 24-39 : 본문 내용을 표로 요약 정리한 것임을 밝힘.

비고츠키 이론이 유아 교육에 주는 시사점

구분	주요 연구내용
상호 작용	개인별 유아들이 다양한 교구와 상호 작용하며 다른 사람들과 대화를 통해 얻은 이해나 기술을 자신의 문화와 관련된 의견 나누기로 표현하도록 해야 한다. 또한 책과 의견 나누기를 위한 시간, 공간, 자료들은 유아 발달 초기부터 마련되어야 하며, 이를 통한 다른 사람과의 대화는 평생 새로운 지식과 상징적인 도구를 획득하게 한다. 이를 위한 가장 보편적인 학습 활동 형태는 유아들과 상호 작용하는 것이다. 비고츠키 사상의 영향을 받은 교수 프로그램의 특징은 교사들이 상호 작용적 교수에 몰입하려 노력하는 자세이며, 이 과정에서 유아들은 학습에 능동적으로 참여하고 통제하며 촉진을 시킨다.
물리적 환경	학습자는 혼자보다 또래와 함께 학습할 때 어려운 과제를 더 잘 성취할 수 있다. 그러한 상황에서 학습자들은 본질적으로 서로의 노력에 대해 발판을 제공하기 때문에 유아 단독보다는 협력하여 활동하는 또래와의 상호 작용이 더 효과적이다. 활동 영역 활동들은 유아들이 주제에 대해 배우는 데에 제한점이 없도록 소품이나 자료들이 잘 구성되어야 하며, 각 영역에서 할 수 있는 활동이 다양하므로 영역 간 통합을 잘 구성해야 한다. 이 활동 영역은 의사소통과 사고를 높은 수준의 문해 형태로 발달시키며 풍부한 학급 대화를 통해 공동으로 의미 있는 목표를 구성해 가는 데에 이상적이다. 그러므로 물리적 환경은 매우 중요한 기능을 한다.
상호 교수	상호 교수는 비고스키에 기초한 교육의 개입 방법 중 가장 구조적이다. 초등학교 고학년을 대상으로 했으나 최근에는 유아에게까지 확대되고 있는 접근법으로, 유아들이 학습 집단을 형성하고 대화와 토론을 통해 몰입하게끔 이끈다. 질문하기, 요약하기, 명료화하기, 예측하기 4가지 인지적 전략들이 사용된다. 유아들이 점점 능숙하게 참여하게 되면 교사는 토론에서 자신의 역할을 점차 줄이고 계속 유아를 지지하고 반응을 제공한다. 이와 같은 교육은 자기 생각을 정교화할 수 있고 새로운 문제들을 해결하는 데 사용될 수 있다.
협동 학습	비고스키는 인지발달이 또래들과의 협동에 기인하는 것으로 보았으며 협동이 가능한 시기를 정해놓지는 않았지만 모든 연령에서 유아와 유아 간의 상호 작용으로 구성될 수 있다고 믿었다. 혼합 연령 집단의 중요성은 유아가 자신보다 더 많이 알고 있는 동료를 만날 수 있으며 자신이 다른 사람들을 위해 전문적인 자원으로 기여하는 것임을 강조했다. 궁극적으로 한 유아가 다른 유아의 근접발달지역 내에서 도움을 제공하는 동안 또래 들은 서로의 발달을 이끌어줄 수 있다.
혼합연령	유아의 놀이를 관찰하면 혼합연령 학급의 놀이가 단일 연령 집단보다 더 복잡하게 나타나지는 않지만 좀 더 극적인 놀이가 많이 나타나며, 이러한 놀이가 어린이의 발달을 도와줌을 알 수 있다. 다른 연구 결과에서도 혼합연령 집단이 더 긍정적이고 친사회적인 놀이 방식을 가짐을 알 수 있다. 그리고 혼합연령 간 상호 작용의 성패는 교사가 어린이들의 학급 활동을 얼마나 잘 조직하고 지원하느냐에 달려 있다.
평가	비고츠키의 역동적 평가는 지능이나 성취 점수와 같이 사전에 획득된 지식을 강조하는 고정적 평가 절차와는 대조적으로 검사 상황에서도 의도적인 교수가 이루어진다. 이는 표준화된 검사를 통해 측정된 유아의 분명한 발달 수준과 잠재적인 발달 수준을 구분하는데, 두 수준 간의 차이가 바로 유아의 근접발달지역이라고 할 수 있다. 역동적 평가에서 교수에 대한 유아들의 반응이나 그들이 배운 것을 새로운 과제로 적용하는 능력은 미래 수행의 예측에서 매우 중요하며 과거의 전통적 평가 방법보다 훨씬 많은 도전을 보여준다. 평가자가 유아의 현재 지식보다 주변의 도움으로 현저한 발달을 가져올 근접발달지역의 폭을 판단하려 노력하기 때문이다.

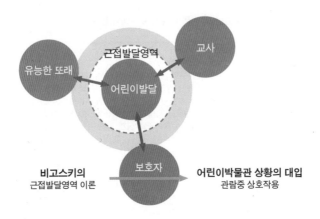

근접발달영역 이론에 대한 개념도

여기서 비계설정이라는 개념이 고안된다. 이는 비고스키의 이론을 적용하여 우드Wood, K, 브루너Bruner, J. C., 로스Ross, G에 의해 제안된 개념이다. 비계설정의 사전적 의미는 '건물을 건축하거나 수리할 때 인부들이 건축 재료를 운반하며 오르내릴 수 있도록 건물 주변에 세우는 장대와 두꺼운 발판을 세우는 것'이다. 건물을 지을 때 비계를 설치하는 것과 마찬가지로 성인과 어린이가 상호 작용할 때 학습자인 어린이가 새로운 능력을 발달시키고 구축해 가도록 성인이나 유능한 또래가 지원해 주는 비계 체계가 되는 것을 의미한다. 비계설정은 어린이의 근접발달영역에서 잠재적 발달이 가능하도록 설계된 교수-학습 환경을 만드는 일이라고 할 수 있다.[30]

장혜정(2008)은 근접발달영역을 고려한 교수 학습에서 교사의 역할을 다음과 같이 정리하였다. 첫째, 교사는 언어를 통해 어린이와 인지 활

---

30 김민선, 비계설정이론의 유아 교육적 함의, 경상대 석사 논문, 2010, p23

동의 매체인 교구나 수학적 표기 등을 공유한다. 그리고 어린이의 인지가 발달하면 상호 작용으로 식이나 기호 같은 추상적 지지물의 의미를 형성해가도록 한다. 둘째, 언어에 의한 의사소통을 통해서 개념이 발달하도록 경로나 도달 지점의 방향을 잡아준다. 셋째, 근접발달영역 내에서 적절한 비계설정을 함으로써 학습을 전개한다. 넷째, 어린이와 공유된 이해에 도달하는 상호주관성을 형성해야 한다. 학습자의 근접발달영역은 실제적 발달 수준과 잠재적 발달 수준 간의 간격으로, 간격의 크기와 성격을 규명하는 것은 전적으로 교사의 역량에 달려 있다.[31] 결국 이는 어린이의 발달에 있어 조력자의 역할이 얼마나 중요한지를 가늠하게 하며, 어린이 뮤지엄의 관람 상황으로 대치했을 때 전시 관람의 조력자이면서 동반 참여자인 보호자의 역할 즉 상호 작용이 얼마나 중요한지에 대한 시사점을 제공하는 연구 결과라 할 수 있다.

동반 보호자의 조력 중요성을 뒷받침하는 주목할 만한 인접 분야의 선행 연구로 '모아 상호 작용' 연구가 있다. '모아 상호 작용母兒相互作用'이란 어머니와 어린이가 서로 주고받는 행동이며 어린이 발달을 격려하는 방향으로 나아가는 과정으로(박성희, 방경숙, 2011) 정의할 수 있다. 부모와 어린이 사이에 상호 작용을 처음으로 연구한 시어스Sears(1951)는 부모의 행동이 어린이 행동의 원인이 될 수도 있고 결과도 될 수 있음을 밝혔다. 즉 부모의 칭찬, 신체적 체벌, 그리고 무시하기 등의 행동이 어린이의 행동에 영향을 미칠 수도 있지만 어린이의 애정적 포옹

---

31   김민선, op. cit, p46

이나 지속적인 울음과 같은 행동도 부모의 행동에 영향을 미쳐 부모의 행동을 긍정적 또는 부정적으로 바꿀 수 있다고 하여, 기존 선행 연구에서 나타난 어머니의 행동만이 어린이의 행동에 영향을 미친다는 주장과 달리 서로 영향을 주고받는 상호 작용 연구의 시초를 밝혔다. 모아 상호 작용은 좋은 부모-자녀 관계를 형성하고 서로에 대한 이해도를 높이는 데 매우 중요한 개념이며, 두 사람에게 서로 만족스러우면서도 어린이 발달을 촉진할 수 있는 방향으로 이루어져야 한다. 그러므로 모아 상호 작용의 과정에는 어린이의 발달을 촉진하는 행동이 포함되어야 한다.[32] 어린이 뮤지엄은 앞서 언급한 바와 같이 어린이만의 방문이나 관람이 아닌 보호자와 함께 이루어지며, 이런 동반 보호자의 분포에 있어 개인 관람객의 경우 부모가 대부분이라고 해도 과언이 아니므로 기존 아동학이나 간호학에서 다루는 모아 상호 작용은 어린이 뮤지엄 연구에서도 관람자 연구로서 중요한 개념이라 할 수 있다.

박성희(2011)는 이 모아 상호 작용 측정 도구의 구성 개념을 도출하기 위해 애착 이론, 아동 발달 이론, 교류 모델이라는 세 가지 이론을 고찰하였다. 이는 어린이 뮤지엄에서 어린이-동반 보호자의 상호 작용 개념을 구성함에 있어서도 맥락적 유사성을 가지는 것으로, 전시 관람이라는 어린이 뮤지엄에서의 상황 대입을 전제로 한 고찰의 필요성이 요구되는 부분이다. 이들 모아 상호 작용과 관련한 이론을 표로 정리하면 다음과 같다.[33]

---

32 박성희, 학령전기 아동과 어머니의 상호 작용 측정 도구 개발, 서울대 박사 논문, 2011, pp. 5-6
33 앞서 박성희 논문에서 논의된 내용을 표로 요약 정리한 것임을 밝힘

모아 상호 작용과 관련된 이론

구분		주요 연구내용
애착 이론		• Bowlby(1969)에 의해 정립된 이론으로 부모와 분리된 아이들에게서 나타난 부정적 영향력을 근거로 부모 특히 주 양육자인 어머니와 어린이의 근본적 유대 관계를 애착(Attachment)이라고 명명함. • Ainsworth(1964, 1967)에 의해 연구의 저변이 확대됨. 어머니의 민감성에 따라 안정 애착, 불안정 애착, 미분화 애착으로 유형화함. 자녀에게 많은 자극을 제공하는 어머니의 영아는 안정적 애착을 형성하는 반면 낮은 신체접촉과 자극을 제공한 어머니의 영아는 미분화 애착을 형성함을 밝힘. 또한 어머니가 얼마나 적절하고 신속하게 영아의 신호에 반응하는가에 따라 영아 반응에 상당한 개인차가 있음을 밝힘.
아동 발달 이론	사회 심리적	• Ericson(1959)에 의하면 어린이의 심리적 발달 8단계 중 학령전기 발달 단계의 주요 과업은 주도성 대 죄의식이라고 함. • Santrock(2006)은 학령전기 어린이는 신체 능력과 언어 능력의 발달로 적극적으로 외부 세계를 탐색하고 활동하기 위해 목표나 계획을 세우고 그것을 달성하고자 하는 욕구가 강한 시기로, 주도적으로 행동을 수행하는 시기라고 하였다. 그러나 어린이가 자신의 목표나 계획이 이루어질 수 없음을 깨달으면 위기가 오게 되며 주도성이 발달하지 못하고 죄의식이 발달하게 된다고 함. • 조복희(2010)는 학령전기 부모가 어린이의 주도적 행동을 격려하고 어린이의 질문에 충실히 답변해주면 주도성이 발달하지만 반대로 주도적인 활동을 제재하거나 처벌하고 질문을 귀찮게 여기면 어린이는 좌절을 느끼면서 죄책감을 느끼게 된다고 함. 이와 같이 욕구가 좌절되거나 실패를 경험한 적이 많은 어린이는 자신이 원하는 것은 언제나 잘못된 것이라는 부정적 사고를 갖게 되기도 한다고 밝힘.
	인지와 언어	• Vygotsky(1978)는 어린이는 자신이 속하는 문화에서 다른 사람과 상호 작용하여 인지 및 언어 능력이 발달한다고 함. 부모는 상호 작용을 통해서 어린이의 언어와 인지 능력 발달이 촉진되도록 돕는 역할을 한다고 함. 또한 학령전기 어린이는 문제 해결을 위해 사적 언어인 혼잣말을 많이 사용하며 사회적으로 유능한 어린이일수록 자기 행동을 스스로 통제하기 위해 혼잣말을 많이 사용한다는 연구 결과를 발표함. • Baundura(2000)는 인지적 과정을 통해 인간은 타인의 행동을 모방하고 모델링하여 자기 행동으로 받아들이고 수행한다고 하였으며, 어린이의 인지 능력이 잘 발달하기 위해서는 부모의 이상적 행동 모델링이 중요하다고 함.
	정서	• 조복희(2010)는 어린이는 성장하면서 다른 사람과의 관계에서 자신의 감정을 표현할 줄 알게 된다고 하였음. • 이순형(2010)은 특히 부모-자녀 관계는 다른 어떤 관계보다도 긍정적, 부정적 감정이 다양하고 강하게 경험될 수 있는 친밀한 관계이며, 감정이 제대로 표현되지 못하고 해결되지 못한 상태가 지속되면 건강한 부모-자녀 관계 유지에 걸림돌이 될 수 있다고 하였음. 그러므로 어린이가 부정적 감정을 표현할 때 수용하기보다 억제하게 하거나 부적절한 행동으로 여겨 꾸짖으면 어린이는 거부당한 것으로 느끼게 되고, 이런 경험이 누적되면 부모-자녀 관계에 부정적 영향을 미침. • Kuebli(1994)는 학령전기 어린이의 정서 발달에서 가장 중요한 변화는 자신의 정서와 감정에 대해 스스로 얘기할 수 있는 능력과 정서에 대한 이해도가 증가하는 것이라고 함. • Santrock(2006)는 부모는 상호 작용을 통해서 스트레스·슬픔·분노·죄책감 등의 부정적 감정에 어린이가 적절하게 대처할 수 있도록 정서를 통제하고 이해하도록 도울 수 있다고 하였음. 특히 정서적으로 안정된 부모는 자녀와 상호 작용 시 칭찬과 격려를 더 사용하는 등 어린이의 정서에 더욱 긍정적으로 대하게 되며 정서 발달을 촉진할 수 있다고 밝힘.
교류 모델		• Sameroff(2002)는 교류(Transaction)는 어디에나 존재하는 현상으로 모든 사람은 상호 영향을 주고받는 관계를 맺는다고 하였으며 어린이 발달 측면에서 상호 작용 모델을 최초로 주장함. 그는 인간의 발달은 선천적으로 타고난 천성적 유전인자와 후천적으로 획득되는 양육환경의 상호 작용을 통해 이루어지게 된다고 주장하면서 교류 모델에 있어 양방향적 교류를 강조함. 어린이의 주변 환경은 지속하여 변화하는 역동적 환경이므로 변화하는 환경과 적절하게 상호 작용이 중요하다고 강조하면서, 교류를 통해 사고의 틀 변화와 적응을 도출할 수 있다고 주장함.

영유아의 지적, 언어적, 사회적, 정서적 발달에 있어서 가정 환경은 가장 중요하며, 가정 환경 변인 중에서도 부모의 역할은 지대하다. 특히 영아들의 학습에 있어서 어머니 지원의 중요성은 수많은 연구자에 의해 누누이 강조되었다.[34] 앞서 언급한 근접발달영역 이론에서 고찰한 바와 같이 비고스키Vygotsky의 사회적 상호 작용주의 관점에 의하면 부모와 자녀 간 공유된 활동 속에서 의사소통은 유아의 언어 능력 발달을 최적으로 이끌며, 부모는 대화 상대자로서 비계 설정자의 역할을 담당하게 된다(Bodrova & Leong, 1996)고 한다. 모아 상호 작용은 언어 능력 발달뿐 아니라 어린이의 정서 및 행태에 전반적인 영향력을 가짐을 선행 연구(박성희, 방경숙, 2011; 최윤희, 2006)들에서 확인할 수 있다. 이와 같은 맥락으로 보울비Bowlby(1971)도 가정 환경 변인 중 어머니의 중요성을 강조하면서 어머니의 상호 작용적 역할, 어머니의 양육 태도 및 방법, 언어모형 등이 영유아의 언어 능력 발달을 결정짓는 중요한 변수임을 주장하였다. 올슨Olson(1974) 또한 부모와 영아 간의 상호 작용 수준은 초기 영아의 인지, 언어 능력 발달에 중요한 역할을 한다고 말하였다. 이와 같은 견지에서 모아 상호 작용의 중요성을 확인할 수 있으며 일상 활동의 연장이면서 또 비제도적이기는 하나 교육의 성격을 가진 어린이 뮤지엄 체험 활동에 있어서도 모아 상호 작용은 간과할 수 없는 중요한 행태 요인이라고 할 수 있다.

---

34 김금주, 영아-어머니 상호 작용 유형과 영아의 언어발달에 관한 연구, 덕성여대 박사 논문, 1999, p.11

주요 관람 행태로서 상호 작용과 어린이 관람 행동 특징

일상에서 어린이의 성장과 발달에 있어 상호 작용, 특히 모아 상호 작용이 중요하다는 점을 살펴봤는데, 뮤지엄 관람에서도 상호 작용은 질적 경험을 제고하는 중요한 요소로 연구됐다. 미국에서 관람객 형태와 본질에 관한 연구는 1970년대 교육심리학 이론에 대한 본격적인 관심으로 시작되어 전시와 대중프로그램 현장의 접목이 시작되며 본격적으로 시도되었다. 포크와 디어킹Falk & Dierking(1992)의 '박물관 체험'의 상호 작용 체험 이론은 관람객의 뮤지엄 체험의 성격을 잘 설명하고 있으며, 전시 해석의 체계를 중요하게 인식할 수 있도록 제시하여 많은 전시의 질이 향상되는 효과를 낳았다. 포크와 디어킹의 상호 작용 체험 모델은 뮤지엄 체험을 형성하는 맥락Context과 뮤지엄 체험의 복잡성, 뮤지엄과 관람객 사이의 유사성 이치에 맞도록 하기 위한 틀이다. 다양한 종류의 관람객과 박물관, 방문하는 이유, 뮤지엄 내부에서의 행위, 그리고 관람 후의 기억 등을 이해하기 위한 노력에서 시작되었다. 관람객의 관점에서 접근한 개인적, 사회적, 물리적 맥락 안에서

포크와 디어킹의 상호 작용적 경험모델

의 상호 작용과 관련된 것으로 뮤지엄 체험을 개념화하였다.

박지현[2005]은 이 상호 작용 경험 이론의 세 가지 맥락을 다음과 같이 정리하였다. [35]

상호 작용 경험 이론의 세 가지 맥락

구분	주요 연구내용
개인적 맥락 (personal context)	관람객의 배경과 경험을 말한다. 관람에 대한 기대와 예상된 결과와 관련하며, 박물관의 내용과 디자인에 대한 경험 및 지식의 다양성을 포함하는 다양한 경험 및 지식과 병합한다. 개개인이 지닌 박물관에 관한 내용에 대한 이해와 지식, 경험과 동기, 관심사 등을 포함하며 박물관을 어떠한 방법으로 즐기고 시간을 보내고자 하는 자기 성취를 추구하는 경험을 완성하게 한다.
사회적 맥락 (social context)	관람객이 관람하러 오는 행위를 비롯하여 관람하는 동안 박물관 직원과 혹은 다른 사람들과의 사회적인 접촉 등에 관한 것이다. 같이 관람하러 온 그룹이나 개인, 박물관 내의 관람객 밀도, 박물관 직원 및 자원봉사자와의 상호 작용 등이 관람객의 관람 행위에 변수로 작용하여 박물관 체험에 영향을 미친다.
물리적 맥락 (physical context)	건축과 건물의 느낌과 그 안에 포함된 전시물과 사물 모두를 포함한다. 관람객이 전시장 안에서 어떻게 행동하며, 무엇을 관찰하며, 무엇을 기억하는지 등의 행위는 전시장 환경, 전시의 기획 의도와 제공되는 정보 등의 물리적 상황에 크게 영향을 받는다.

즉 관람자에게는 개인적 맥락, 사회적 맥락, 물리적 맥락의 세 가지가 서로 맞물려 작용하는데, 각각의 맥락들이 상보적 관계가 있으며 상호 작용을 통해 관람의 경험을 완성해 간다는 것이 상호 작용 체험 모델의 핵심이다. 이는 다양한 변인을 가진 어린이 뮤지엄에서도 관람

---

35 박지현, 관람객의 적극적인 참여를 유도하는 체험 전시물의 연구, 이화여대 석사 논문, 2005, pp. 27-29의 내용을 표로 정리.

효과의 배가 및 관람 만족도 제고를 위해 다양한 변인을 가진 관람 행태 고찰의 필요성을 뒷받침한다고 할 수 있겠다. 위와 같은 세 가지 문맥을 어린이 뮤지엄 상황에 적용, 영향 요소를 도출해 보면 아래 표와 같다. 이 중 물리적 맥락과 사회적 맥락(도슨트, 운영 요원과 같은 부분)은 제공자인 뮤지엄이 상호 작용의 질적 제고를 가능하게 할 수 있는 부분으로 판단되며 실제로 이에 관한 연구도 많이 이루어지고 있다. 사회적 맥락에서 동반 관람객과 타 관람객은 관람 상황에서 상호 작용이 사전 예측이나 통제가 어려운 요소지만, 관람에 영향을 주는 요인이면서 또 중요한 부분이다.

문맥에 따른 어린이 박물관 내 상호 작용에 영향을 주는 요소

	문맥(context) 구분		
	개인적 맥락	사회적 맥락	물리적 맥락
상호 작용에 영향을 주는 요소	• 연령 • 성별 • 관람 빈도 • 선행경험	• 동반 관람객(보호자) • 타 관람객 • 도슨트, 운영 요원	• 전시 공간 • 전시물 (상호 작용 유발성 유/무)

그렇다면 상호 작용에 대해 좀 더 생각해볼 필요가 있다. 상호 작용이 내포하는 의미 속성은 어린이 뮤지엄에서 공간 또는 전시물과 관람객과의 접점에서 발생하는 다양한 상황과 행동 양상을 표현하는 핵심적인 키워드라 할 수 있기 때문이다. 이정민(2007)은 상호 작용이라는 용어는 서로 영향을 미치는 작용을 의미하는 것으로, 현대에는 HCIHuman-Computer Interaction 분야에서 비롯된 인터랙션Interaction이라는 용어로 더 친숙하게 사용되고 있다고 정의했다. 이 인터랙션(상호 작용)

은 인터페이스Interface와 커뮤니케이션Communication의 이해를 기반으로 본질적인 의미 파악이 가능하다. 인터페이스는 두 가지 물질이 접촉한 다는 의미의 화학 용어에서 탄생하였고, 일반적으로 서로 다른 두 종류의 세계가 상호 교섭하는 장을 의미한다. 이를 바탕으로 '사용자 인터페이스'란 용어가 파생되었고 사람과 도구, 기계와 대상과의 접점을 의미하는 표현으로 쓰이기 시작하였다.[36] 사회학에서 말하는 커뮤니케이션은 기호를 매개 수단으로 하는 정신적, 심리적인 전달과 교류를 의미한다. 가장 기초적인 커뮤니케이션 방법으로는 사람과 사람 사이의 대화인 언어적 커뮤니케이션Verbal Communication이 있으며 몸짓, 표정과 같은 비언어적 커뮤니케이션Non-Verbal Communication도 있다. 어린이 뮤지엄 관람의 과정에서도 인터페이스식 상호 작용과 커뮤니케이션식

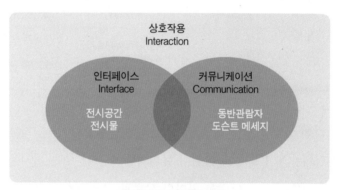

박물관에서 상호 작용 양상

---

36 카이호 히로유키, 하라다 에츠코, 쿠로스 마사아키, 박영목·이동연 역, 인터페이스란 무엇인가, 지호출판사, 1998

상호 작용이 발생한다. 〈그림-박물관에서 상호 작용 양상〉에서 보이는 것처럼 전시 공간 및 전시물과의 상호 작용이 인터페이스식이라면 관람자와의 관계, 정보의 인지와 수용 등은 커뮤니케이션식 상호 작용이라고 할 수 있다.

이와 같은 상호 작용의 두 가지 요소는 융합 또는 상보적 형태로 존재한다. 그런데 어린이라는 대상적 특성과 연속적 가치를 내포한 문맥론적 관점의 관람 행동 고찰을 위해서는 인터페이스적 측면보다 관람 과정에서 발생하는 커뮤니케이션 측면의 상호 작용에 주목할 필요가 있다.

위의 도식과 같이 뮤지엄에서 상호 작용은 정보의 장, 전시물, 관람 행동이라는 선행 구성 요소와 이에 대한 피드백을 통해 생성되는 전달 매체, 제공 메시지 그리고 인지 메시지로 구성된다. 이는 관람 행동 관점에서 고찰되는 것으로, 아래 〈도식-관람 속 상호 작용 행태 프로세

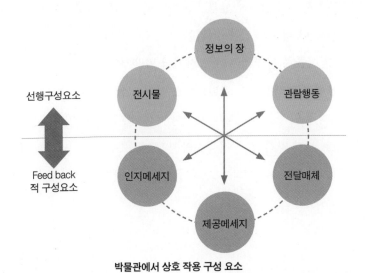

박물관에서 상호 작용 구성 요소

스〉[37]와 같이 어린이 관람자는 동반 보호자와 일정한 행태 프로세스 안에서 지속적 자극과 인지 또는 수용 행동을 반복하면서 기억과 체험 이라는 총체적인 관람 경험을 형성하기 때문이다.

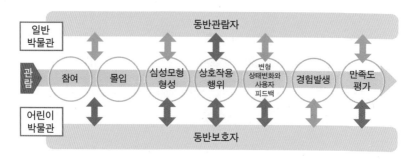

관람 속 상호 작용 행태 프로세스

앞서 언급한 어린이 뮤지엄의 특징이 체험 전시를 통한 자발적 동기 유발과 관람행위의 직접적 설계라고 한다면 그러한 과정에서 상호 작용 은 중요한 관람 행태가 된다. 이러한 상호 작용은 어린이 뮤지엄에서 공 간 또는 전시물과 관람객과의 접점에서 발생하는 다양한 상황과 행동 양상을 표현하는 핵심적인 키워드[38]로, 앞서 고찰한 바와 같이 인터페이 스Interface적 측면과 커뮤니케이션Communication적 측면 두 가지 양상을 가 진다. 바로 전시 공간 및 전시물과의 인터페이스식 상호 작용과 관람자 및 정보의 인지와 수용이라는 커뮤니케이션식 상호 작용이다. 이 두 가

---

37 노먼(D. A. Norman)의 상호 작용 행태 프로세스를 기초로 동반자와의 영향을 추가한 박물
  관 관람 프로세스로 재구성
38 최미옥·임채진, 어린이박물관의 관람행동 분석방법 고찰, 한국문화공간건축학회 논문집
  통권 제43호, 2013, p40

지 상호 작용은 융합 또는 상보적 형태로 존재한다. 어린이 관람객들은 공간화된 전시 또는 체험 전시물과 지속적인 인터페이스식 상호 작용을 하게 되며, 그 과정에서 유형화된 관람 행동들이 관찰된다. 동반 관람자와 커뮤니케이션식 상호 작용도 인터페이스식 상호 작용과 동시에 이루어진다. 특히 커뮤니케이션식 상호 작용의 측면에서 동반 보호자와 어린이 관람객의 관람 행동은 동반 관람 유형에 따라 어린이 관람 이해와 만족도 상관성에 유의미한 차이가 있어[39] 동반 보호자와 상호 작용이 관람 전반에 영향을 주는 주요한 요소라는 점에 주목할 필요가 있다. 어린이 뮤지엄에서 관찰되는 동반 관람 양상은 다음 표와 같다.

표에서 보이는 바와 같이 전반적으로 어린이와 보호자의 동반 관람은 밀착도와 참여 방식으로 특징지을 수 있으며, 상황에 따라 밀착도와 상호 작용이 높아지기도 낮아지기도 함을 알 수 있다. 여기서 특기할 만한 사실은 이와 같은 관람 패턴이 모든 전시 즉 관람 상황 내내 일관되기보다는 계속 변화한다는 점이다. 이와 같은 행태 변화에는 다양한 환경적 변인이 있을 것으로 예상된다. 이러한 사실은 본 연구 초기에 제시한 연구 문제에서도 주요한 고찰 지점임을 확인할 수 있다. 우선 다양한 동반 관람 행태양상을 유형화해 볼 필요가 있겠다. 행태 분류에 있어서 근거는 보호자의 관람 참여 방식 및 지원 방식으로, 이는 관람 중 어린이와 보호자의 동반 관람 밀착도와 상호 작용 정도에 가장 영향을 주는 요인이라 할 수 있겠다. 이러한 행태 특성에 준해 동반 관람의 양상을 분류하기로 한다.

---

39 최미옥·임채진, op. cit., 2014

어린이 뮤지엄에서 관찰되는 동반 관람 양상

<table>
<tr>
<td rowspan="3" style="writing-mode:vertical">밀착도 높음</td>
<td>

체험 활동을 가까이에서 보조하기 위해 높은 밀착을 보이나 어린이 중심의 체험 코너로 상호 작용 빈도는 낮음
</td>
<td>

어린이가 퍼즐을 하는 것을 밀착 주시하며 진행에 조언을 주기도 하며 어려워하면 보호자가 함께 퍼즐 맞추기에 참여함
</td>
<td>

어린이와 보호자가 함께 구성 작업을 하는 과정에서 높은 밀착과 상호 작용이 이루어짐
</td>
</tr>
</table>

별실 형태의 유아 코너로 보호자들은 간간이 어린이를 지원하지만 주로 어린이가 혼자 놀도록 둠

휴대 전화를 보는 행위가 관찰되었으나 어린이에게 근접해 있어 도움을 요청하자 바로 지원함

터치스크린의 내용을 지속하여 대화하며 함께 탐색함

밀착도 낮음

보호자들은 거리를 두고 떨어져 관람을 지켜봄으로서 밀착도와 상호 작용 빈도 모두 낮음

보호자의 어린이의 직접적 접촉은 없으며 눈빛 교류, 구두 대화 정도의 상호 작용이 오고 감.

체험과정에서 지속적인 질문과 답변이 오가며 눈빛과 감정을 교감하는 상호 작용이 이루어짐

상호 작용 낮음   상호 작용 높음

동반 보호자의 동반 관람 유형 및 특징

구분	밀착 여부	관람 주체	주요 행태 양상
밀착 동반 관람	○	어린이=보호자	어린이와 적극적 전시 참여
보조 동반 관람	○	어린이>보호자	어린이의 전시 체험 지원
단순 주시 관람	△	어린이 보호자	어린이 혼자 체험하나 보호자는 주변에 머묾
유아 방치 관람	×	어린이 보호자	어린이 혼자 체험

어린이 뮤지엄에서 관찰되는 동반 관람 방식, 관람 지원 방법은 크게 네 가지-밀착 동반 관람, 보조 동반 관람, 단순 주시 관람, 유아 방치 관람-로 유형화할 수 있다. 각각 유형화된 행태의 특징을 살펴보면, 밀착 동반 관람의 경우 어린이와 동반 보호자가 동시에 관람의 주체로서 적극적 상호 작용을 가지며 관람 혹은 체험에 참여하며, 보조 동반 관람의 경우 어린이는 관람의 주체지만 보호자는 보조자로서 상호 작용을 하며 체험에 참여한다. 단순 주시 관람은 어린이가 참여하고 있는 전시에 대해 보호자는 거리를 두고 바라보고 있는 경우를 이르며, 유아 방치 관람은 어린이 혼자 관람에 참여하며 보호자는 어린이의 관람과 별개의 행동을 취하는 경우를 이른다. 이와 같은 행태는 어린이 박물관 동반 관람에서 자주 관찰되는 행동 양상들을 범주화하여 추출하였으며, 상호 작용이 관람 효과 및 만족도 제고에 어떠한 상관성을 갖는지에 대한 연구에서 행태 지표로서 유용한 분류이기도 하다.

그렇다면 어린이와 보호자의 관람 중 상호 작용의 행태를 살펴보기로 하자. 전영석·이연주(2010)는 어린이의 주요 관람 행태를 지나침, 바

라봄, 단순 조작, 조작 및 관찰, 의사소통으로 분류하고 '조작 및 관찰', '의사소통'을 유의미한 행동으로 규정하였다. 어린이 전시는 이러한 유의미한 행동이 발생할 수 있도록 행태 요소를 반영하고 있다. 다양한 단위 행태는 아래 그림과 같이 범주화된다. 분류 내용은 관찰 및 주시 행위, 신체 활동, 구성 및 창작 활동이다.

또한 이미 많은 선행 연구에서 관람자 연구 일환으로 어린이 관람 행동을 고찰하였는데, 어린이 관람 행동은 일정한 규칙을 가지기보다 흥미 위주의 탐색 활동이 주를 이루며 흥미를 느낀 대상에 대해서는 반복 관람, 재관람이 이루어지고 있음을 알 수 있다. 그러므로 제시된 권장 동선이 무의미한 경우가 많으며, 체험물의 조작에 있어서는 직관적인 능력이 있으나, 직관에 의한 조작법이 파악되지 않으면 쉽게 흥미를 잃고 다음 코너로 이동하고 있음을 알 수 있다. 이 부분에서 특히 어린이의 상호 작용적 행동 특징은 보편적으로 관람 중 동반 관람객 그리고 전시물을 포함한 주변 환경과 지속적인 상호 작용의 욕구가 있음을 내포한다. 이를 바탕으로 어린이 관람 행동 특징을 정리하여 다음과 같이 <표-어린이 관람 행동 특징[40]>로 나타냈다.

---

40 관람 행동 부분은 공혜진(2005), 승재연(2006), 최진실(2011)의 논문 내용을 참고로 재구성한 것임을 밝힘.

어린이 관람 행동 특징

구분	관람 행동 특징	
관람 시선	몸의 방향을 계속 돌려가며 흥밋거리를 찾으며 전시물의 높이와 위치에 따른 다양한 행태를 유발함	
	흥미가 있거나 마음에 드는 것을 발견했을 경우 그곳을 떠나지 않고 한동안 쳐다봄	
	대체로 평면 전시보다는 입체물에 시선이 가며 고정식보다는 움직이는 전시물에 흥미가 있음	
관람 거리	전시물에 가까이 가려는 욕구가 강해서 관람 거리는 유지되지 않음. 이를 위해 손을 뻗거나 쪼그려 앉거나 대상이 높으면 부모에게 들어 달라고 요구하기도 함	
관람 동선	흥밋거리를 찾아 분주히 움직이므로 일정한 동선이 없으며 주어진 동선이 있다 하더라도 무의미한 경우가 많음	
참여 및 조작 행위	전시물에 흥미가 없더라도 전시 체험물을 작동해보며 지나가거나 전시 내용 이해와 상관없이 여러 번 반복 작동함	
	전시 연출이 단조로운 경우 흥미를 보이지 않고 그냥 지나치거나 단순 조작 후 다른 전시물로 급히 이동함	
	마음에 드는 전시 코너는 여러 번 다시 와서 반복 관람 또는 조작	
	곤충, 생물 등의 관찰 코너나 가상 입체 영상물 같은 경우 손을 뻗어 만져보려 하거나 반대로 무서워하며 피하려 함	
	전시물에 대해 직관적인 반응을 해서 일단 누르거나 두드리거나 들춰보는 행동을 함	
	인터랙션에 즐거워하며, 조작이 뜻대로 되지 않거나 고장 등으로 반응이 없으면 계속하여 반응을 요구하는 행동을 함	
상호 작용	다른 어린이가 체험 중인 전시물에 흥미를 느끼거나 또래 집단과 같이 관람하면 조작에 더 적극적으로 참여함	
	관심이 있는 전시물의 이름이나 지침을 크게 읽거나 주변 사람에게 전시물에 관해 이야기하려 함	
	전시물을 혼자 독점하려 하기도 해 다른 어린이가 만지거나 함께 하려고 하면 거부함	
	원하는 전시물이 있으면 보호자나 친구를 부르거나 함께 할 것을 요구함	

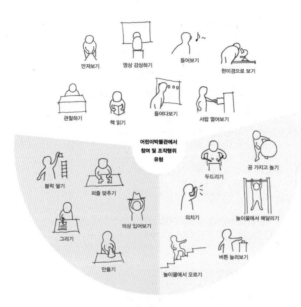

어린이 박물관에서 어린이의 참여 및 조작 행위 유형

그렇다면 어린이와 동반 보호자는 관람 중 어떠한 상호 작용 행태 유형이 있을까? 이는 관람 행동을 분석하기 위한 기본 틀로서뿐 아니라 관람의 대상인 체험 전시물 연구에서도 행위를 유발하는 정도에 따른 상호 작용성을 가늠할 수 있는 지표가 될 수 있으므로 중요하다.

관람 중 동반 보호자와 어린이의 상호 작용 행태는 박물관적 선행 연구의 사례가 없다. 따라서 이미 오랜 연구의 역사를 가진 아동학이나 교육학 등 다른 학문 분야에서 어린이와 어머니의 상호 작용 연구 사례를 박물관적 상황에 적용해 봐야 했다. 일상의 놀이나 학습에서 추출된 어머니와 어린이의 상호 작용 행태들은 어린이 뮤지엄 적용에도 행태 문맥적 맥락이 통한다고 판단되기 때문이다. 추출된 상호 작용

의 유형을 살펴보면 동반 보호자, 어린이, 양자 세 측면으로 기존의 선행 연구에서 추출된 행태들에서 뮤지엄 관람이라는 상황적 측면에 부적절한 행태 요인은 삭제한 후, 유사한 의미가 있는 단어들을 그루핑grouping 하고 중복되거나 혼합할 수 있는 단어들을 정리하여 키워드를 뽑아내었으며, 같은 의미·맥락에서 관람 측면적 용어로 추출할 수 있는 요소는 새로이 도출하여 보호자 측면 8가지, 어린이 측면 7가지, 양자 측면 3가지 요소를 정리하였다. 아래 표[41]는 이들을 정리한 것이다. 위에서 추출된 표현 요소들을 구체적으로 살펴보면, 동반 보호자 측면의 표현 요소는 관람 과정에서 어린이에 대한 동반 보호자의 관람 행동(놀이) 지원 행동들을 중심으로 도출되었다. 어린이 부분은 적극적 관람을 위해 동반 보호자에게 요청하는 행동과 동반 보호자의 행동에 대한 반응적 행동으로 구분하여 도출되었다. 양자 측면 부분은 어린이와 동반 보호자 사이에서 동시에 이루어지는 상호 작용 행동을 중심으로 추출하였으며, 서로의 행동에 대한 피드백feedback적 행동이 아닌 특정 순간에 감정 또는 행동의 일치를 갖게 하는 가장 높은 정점의 상호 작용 표현 요소라고 할 수 있겠다. 실제 이러한 상호 작용 행동들이 관람 중 얼마나 일어나는지 어떻게 전시 관람에 기여하거나 영향을 주는지에 대한 고찰이 필요하겠다.

---

41   최미옥·임채진, op. cit., 문화공간건축학회 논문집 통권 제42호, p.7

어린이 동반 보호자 상호 작용 표현 요소와 내용

범주화	상호 작용 표현 요소	내용
동반 보호자 측면	질문하기	관람의 선택이나 전시의 내용을 묻는 행동
	설명하기	관람 방법 또는 전시 내용을 알려주는 행동
	시범 보이기	체험 또는 조작 방법을 보호자가 먼저 해보는 행동
	권유/설득하기	어린이에게 보호자의 의사를 개진하는 행동
	칭찬/격려하기	어린이의 행동에 대한 칭찬 또는 격려
	피드백하기	어린이의 요구나 행동에 대한 반응 행동
	귀담아듣기	어린이의 언어적 표현 내용을 잘 들어주는 행동
	관찰/지켜보기	어린이의 관람 행동에 지원이나 개입 없이 바라보는 행동
어린이 측면	요청/제안하기	보호자에게 무언가를 바라거나 요구하는 행동
	질문하기	보호자에게 궁금증을 물어보는 행동
	의사 표현하기	자기 생각이나 의도를 표현하는 행동
	수긍/반응하기	보호자의 행동에 대한 수용적 피드백 행동
	따라 하기	보호자의 행동을 보고 따라 하는 행동
	대답하기	보호자의 질문에 대답하는 행동
	만족·성취감 표현하기	본인이 완수한 내용에 대해 보호자에게 공감을 구하는 행동
양자 측면	감정에 공감하며 대화하기	어린이와 보호자가 슬픔 기쁨 반가움 등의 감정을 교류하는 행동
	웃거나 눈을 맞추며 대화하기	어린이와 보호자가 마주 보며 웃거나 대화하는 행동
	중재와 수용하기	어린이가 또래 그룹과 다툼이 있을 때 보호자가 이를 원만히 해결하도록 어린이를 설득하고 이를 받아들이는 행동

위의 표에서 정리된 항목들은 연구를 위해 추출한 표본으로 객관화된, 그리고 관찰된 행위의 요소들이다. 실제 육아를 하면서 어린이 뮤지엄을 방문했을 때 이 표에 근거해서 나와 아들의 관람 행태를 대입해 보기도 했고 새로운 고민도 하게 되었다. 상호 작용을 연구하고 강

조하는 엄마는 얼마나 저런 상호 작용을 했을까. 심지어 어떤 항목의 상호 작용이 있는지 알고 있는데도 말이다. 여기서 또 하나의 연구과제가 나왔다. 상호 작용을 자연스럽게 유발할 수 있는 체험물과 공간이 고안 및 제공되어야 한다는 점이었다. 상호 작용 관찰연구의 결과를 요약하면 보호자와 상호 작용이 활발한 그룹이 그렇지 않았던 그룹보다 관람의 만족도가 높았기 때문이다. 어린이의 관람 효과뿐 아니라 보호자의 관람 만족도도 높았다는 점은 주목할 가치가 있다. 그러나 실제로 보호자가 어린이 뮤지엄에서 활발한 상호 작용을 하기가 환경 면으로든 성향 면으로든 상황적으로든 여러 이유로 어려울 수 있다. 그러므로 전문가 그룹은 공간이나 체험물 자체가 자연스럽게 상호 작용을 유발할 수 있도록 지원하기 위한 고민이 필요하다. 또 보호자 그룹에는 상호 작용의 유용성을 환기할 필요가 있다.

제2장

어린이, 놀이, 조력자 그리고 놀이 환경

3. 어린이와 놀이, 그 필연의 관계

놀이 개념적 접근의 필요성: 어린이는 놀면서 체험하고 성장한다.

이 장에서 이야기해 볼 주제는 '어린이들은 어떤 어린이 뮤지엄을 좋아할까?'이다.

앞서 어린이 뮤지엄에서 어린이와 보호자는 동반 관람에 대해 높은 만족도를 보이며, 또한 지속적인 상호 작용을 하고 있고 상호 작용이 관람의 이해와 만족에도 영향을 준다는 것을 확인하였다. 관람객이 인식하는 어린이-동반 보호자 상호 작용의 주요 영향 요인은 체험 전시물이었다는 사실도 주목할 만하다. 사실 체험 전시는 어린이 박물관 전시를 대변하는 연출 방식이면서 동시에 관람 방식이라 할 수 있다. 그러므로 일반 박물관과 구별되는 어린이 뮤지엄의 특성이자 어린이 뮤지엄 전시의 특성은 곧 체험 전시의 구성과 유형을 통해 파악할 수 있다고 해도 과언이 아니다. 어린이 뮤지엄의 특징이 자발적으로 동기를 유발하며 관람객 스스로 전시관 현장에서 자신의 관람행위를 직접

설계하면서 전시품과 상호 작용[42]하는 것이라고 한다면, 어린이 뮤지엄 전시의 핵심은 결국 전시 관람의 대상이며 도구인 체험 전시에 있다고 할 수 있다. 체험 전시는 어린이 관람 행태와 함께 어린이 뮤지엄 고찰의 핵심이다. 이러한 체험 전시는 관람자나 이용자가 직접 체험 혹은 경험하여 주제에 대한 올바른 이해와 올바른 인식을 할 수 있도록 연출하는 전시[43]를 의미한다. 어린이 뮤지엄 외에도 과학계열 전시관 연출에 많이 적용되고 있으며 최근에는 관람객의 적극적 참여를 유도하기 위해 미디어 아트를 활용하는 등 미술계 뮤지엄에도 적용을 확대하고 있다.

어린이 뮤지엄의 체험 전시는 〈그림-어린이 행동 치수〉[44]와 같이 어린이 휴먼스케일 적용과 인지발달 및 행동 특성에 준해 조작의 방식이 단순하고 직감적이다. 이는 일반 뮤지엄 체험 전시와 차별화되는 점이며, 〈그림-어린이 뮤지엄 특성 포지셔닝〉과 같이 정보와 교육을 위한 콘텐츠를 가진다는 점이 단순 조작되는 장난감 또는 놀이터의 기구와 구별되는 특징이다. 특히 어린이 뮤지엄 체험 전시물은 정보 전달에 중점을 둔 일반 뮤지엄에 비해 다양한 행태를 지원하거나 흥미 유발을 유도하기 위한 시지각적 장치가 고안되고 있다. [45]

---

42 최현익·서지은·이정호, 어린이 박물관의 전시주제에 따른 전시매체유형에 관한 연구-국내 어린이박물관을 중심으로, 대한건축학회지회연합회 학술발표대회논문집, Vol. 2007 No. 1, 2007, p313

43 이윤경, 체험학습을 위한 과학관 전시공간 계획에 관한 연구, 홍익대 석사 논문, 1990, p27

44 김진호, 어린이박물관의 전시공간 규모산정 계획에 관한 연구, 국민대 석사 논문, 2009, p51

45 최미옥, 놀이관점으로 접근한 어린이박물관 체험 전시 분류, 한국문화공간건축학회 논문집 통권 제46호, 2014, p87

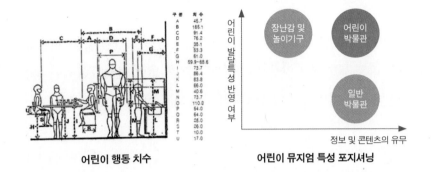

어린이 행동 치수　　　　　　　**어린이 뮤지엄 특성 포지셔닝**

　어린이-동반 보호자의 관람 중 상호 작용 관점에서도 체험 전시물은 중요한 매개가 된다. 핸즈온 체험을 장려하는 어린이 뮤지엄의 관람이란 결국 체험 전시물과의 접촉과 활동이므로, 그 안에서 어떻게 상호 작용이 일어나며 그것이 상호 작용에 영향을 주는지에 대한 고찰이 필요하기 때문이다. 즉, 어린이 뮤지엄의 관람은 공간(환경)과 전시물 그리고 동반 관람자와의 총체적 상호 작용을 의미한다고 할 수 있겠다. 특히 이러한 부분이 공간 계획과 디자인적 측면에서 제어 가능하다면 상호 작용을 개인의 기질 문제로만 전가하는 것이 아닌 관람 환경적 측면에서 증진과 장려를 할 수 있을 것이다. 이와 같은 관점에서 체험 전시에 대한 심도 있는 고찰이 요구된다. 그러므로 동반 보호자와 상호 작용 관점에서 어린이 뮤지엄 체험 전시 고찰에 앞서 연구의 구조적 접근을 위한 체험 전시 유형화가 필요하다. 또한 '구현 및 체험 방법'과 '공간 레이아웃' 두 가지 관점에서 이들의 유형화를 진행해 보았다. 두 관점에서의 고찰이 필요한 이유는 체험 전시가 어떠한 방식으로 구현되고 이용되는지와 그것을 구현하는 공간 형태가 어린이와 보호자의 상호 작용을 어떻게 지원하고 있는지에 대한 두 가지 측면이

동시에 고찰되어야 하기 때문이다. 이렇게 진행된 전시의 유형화 결과
는 '전시 현황 고찰' 및 '관람 행동과 전시물 간의 상관관계', '전시물 유
형에 따른 상호 작용 양상' 등 본 연구 진행에 있어 어린이 뮤지엄 체험
전시와 어린이-보호자의 상호 작용 관계를 파악하는 데 주요한 분석
틀이 될 것으로 기대되었다.

체험 전시물은 이미 직간접적인 연구의 대상으로 선행 연구들에
서 유형화되었다. 대표적인 분류기준은 '연출매체 및 체험 방법'(지환수,
2003, 전영석·이연주, 2010)이며, 그 외 '감각 체험 방식'(고유정, 2010)에 따른 사
례도 찾아볼 수 있다. 지환수(2003)는 어린이 뮤지엄 체험 전시를 간접
체험 전시와 직접 체험 전시로 크게 분류하고 이에 따라 세부적인 연
출 방식을 규명하였다. 간접 체험 전시로는 영상, 모형, 특수연출 전
시가 있으며, 직접 체험 전시로는 조작식, 인터랙티브, 시연, 실연, 놀
이, 현장 체감 전시가 해당한다. 이 분류법은 어린이 뮤지엄 연구뿐 아
닌 일반 뮤지엄 연구에서도 자주 인용되었다. 또 전영석과 이연주(2010)
는 체험 주체의 관점에서 수동적 전시와 능동적 전시로 체험 전시를
이분화하였다. 또한 전시 방식을 수동적 전시는 패널, 모형, 영상 전시
로, 능동적 전시는 조작, 체험 전시로 각각 세분화 및 유형화하였다. 이
에 반해 고유정(2010)은 매체 중심이 아닌 감각 체험 방법에 따라 체험
전시를 유형화하였는데, 전시를 체험하는 감각 방식을 Visual, Sense,
Action, Think로 분류하고 이들의 조합방식에 따라 해당되는 전시 유
형을 분류하였다. 이들 내용을 표로 정리하면 다음과 같다.

어린이 박물관 전시 체험물의 유형 분류 사례

연구자	지환수(2003)			전영석·이연주(2010)		고유정(2010)	
분류기준	체험 방법과 연출 매체					감각 체험 방법	
유형 분류	간접 체험 전시	영상	수동적 전시	패널 전시	Visual	패널(Panel)
		모형, 디오라마		모형 전시		모형(Model)
		특수연출전시		영상 전시	Visual + Sense	비디오(Video)
	직접 체험 전시	조작식 (Hands-on)	능동적 전시	조작전시		오디오(Audio)
		인터랙티브 (Interactive)			Visual + Sense + Action	조작 (Hands-on)
		참여 (Participatory)				놀이(Playing)
		시연 (Performance)		체험 전시	Visual + Sense + Action + Think	경험 (Experience)
		실현 (ActualExperience)				
		놀이(Playing)				시연 (Performance)
		현장 체감형 (Field Experience)				

그러나 선행된 유형화의 세부 분류는 결국 일반 뮤지엄에서 사용하는 매체 중심 분류로, 어린이 뮤지엄 연구를 위한 완전 분류로서는 모호한 부분이 있다. 어린이 전시는 이미 핸즈온hands-on 방식을 전제로 하며, 복합적인 매체를 사용하거나 행위 중심의 체험물이 많아 매체 분류가 세분화하거나 단순한 단위 행태로는 특성을 표현하기에 부적합하기 때문이다. 이러한 현실에서 어린이 뮤지엄의 특성에 맞는 새로운 체험 전시의 유형화가 요구된다. 이를 위해 본 연구에서는 어린이 전시 관람 행태와 행위적 유사성을 갖는 어린이 놀이 개념에 주목하였다. 어린이 체험 전시는 결국 '놀이'라는 기본 행태를 함의하므로, 이를 적용한다면 어린이를 위한 체험 전시물의 완전 분류가 가능할 것으로 예상되기 때문이다.

본 연구의 구조적 접근을 위해 어린이 뮤지엄 체험 전시의 유형화를 다음과 같이 진행하였다. 체험 전시에서 전시 체험 방식 및 콘텐츠 전달 방법에 대한 놀이적 관점의 고찰을 위해서는 우선 놀이 개념에 대한 고찰이 선행되어야 한다. 이미 많은 학자가 연구를 진행하였고 다양한 준거를 통한 놀이 유형을 분류하였다. 예를 들면 에릭슨 Erikson(1963)은 유아들이 놀이를 통해 자기중심적인 개인에서부터 여러 가지 갈등을 해결할 수 있는 사회적이며 집단 지향적인 개인으로 발달하여 간다고 보고 자아 발달의 심리-사회적 이론을 제시하면서 유아의 놀이를 자기 세계의 놀이, 미시영역 놀이, 거시영역 놀이로 구분하였다.[46] 또한 뷜러Bühler는 감각 운동과 지적 활동면을 기준으로 기능 놀이, 가장 및 환상 놀이, 수동적 놀이, 구성 놀이로 분류하였다. 로웬펠드Lowenfeld는 유아 놀이의 다양한 형태를 관찰하여 놀이 형태를 신체적 활동으로서의 놀이, 경험의 반복으로서의 놀이, 공상의 표현으로서의 놀이, 환경의 현실화로서의 놀이, 인생에 대한 준비로서의 놀이로 분류하였다.[47] 이러한 일련의 연구는 크게 파튼Parten의 이론을 기초로 한 사회 발달적 입장과 피아제Piaget의 이론을 기초로 하는 인지 발달적 입장으로 구분된다. 유아들의 교육 환경을 연구한 파튼Parten이 6단계로 분류한 몰입하지 않는 행동, 혼자 놀이, 쳐다보는 행동, 병행 놀이, 연합 놀이, 협동 놀이는 오늘날까지 사회 발달 관점 분류의 준거가 되고 있다. 또한 기존의 정서적 측면에 초점을 둔 연구와 달리 새롭게 인

---

46   Erickson. E, Childhood and Society, New York ; W. W. W. Norton, 1963
47   최진, 취학전 아동의 놀이행태 분석, 연세대 석사 논문, 1983

지적 측면에 초점을 두고 어린이 놀이를 연구한 피아제[Piaget][48]는 반복 놀이, 상징 놀이, 규칙이 있는 게임으로 어린이 놀이를 분류하였다. 후에 스밀란스키[Smilansky]가 피아제[Piaget]의 이론을 재정립하여 기능 놀이, 구성 놀이, 상징 놀이, 규칙이 있는 게임이라는 4단계 분류를 제시하였고 이는 인지적 측면 분류의 준거가 되고 있다. 이들을 종합한 것이 아래 〈표-학자들의 관점에 따른 어린이 놀이 유형〉이다.

학자들의 관점에 따른 어린이 놀이 유형

학자	Bühler	Lowenfield	Erikson	Parten	Howes	Piaget	Smilansky
기준	감각 운동과 지적 활동	놀이 행태	문화 제도와 자아 발달	사회 놀이 행동		인지 발달 행동	
놀이 유형 분류	1. 기능 놀이	1. 신체적 활동 놀이	1. 자기 세계 놀이	1. 몰입하지 않는 행동	1. 몰입하지 않는 행동	1. 반복 놀이	1. 기능 놀이
		2. 경험의 반복 놀이		2. 혼자 놀이	2. 혼자 놀이		
	2. 가장 및 환상 놀이	3. 공상의 표현 놀이	2. 미시 영역 놀이	3. 쳐다보는 행동	3. 쳐다보는 행동	2. 상징 놀이	2. 구성 놀이
		4. 환경의 현실화 놀이		4. 병행 놀이	4. 단순 병행 놀이		
	3. 수동적 놀이				5. 상호 의식 병행 놀이		3. 상징 놀이
				5. 연합 놀이	6. 연합 놀이		
	4. 구성 놀이	5. 인생의 준비로서 놀이	3. 거시 영역 놀이	6. 협동 놀이	7. 단순 사회 놀이	3. 규칙이 있는 게임	4. 규칙이 있는 게임
					8. 상호 의식 사회 놀이		
					9. 상호 역할 사회 놀이		

---

48 피아제(Piaget)에 따르면 아동 초기의 인지 발달로 말미암아 어린이는 단순히 반복적이고 실천적인 놀이에서 상징적인 놀이, 그리고 규칙이 있는 게임 놀이와 같은 것으로 진보하게 된다고 한다. 이러한 좀 더 복잡한 놀이의 행태는 역으로 더욱 높은 수준의 인지발달을 촉진한다. ;안영진, 아동심리학, 1993

또한 이러한 결과에 기초하여 어린이 놀이 행동을 연구하기 위한 새로운 분류표가 제시되기도 하였는데, 루빈Rubin과 그의 동료들(1976)은 피아제/파튼Piaget/Parten 척도를 준거로 분석 틀을 고안하였다.[49]

Rubin과 그의 동료들이 고안한 어린이 놀이의 사회/인지적 놀이 준거

사회/인지적 놀이		사회적 놀이		
		혼자 놀이	평행 놀이	집단 놀이
인지적 놀이	기능 놀이	혼자-기능 놀이	평행-기능 놀이	집단-기능 놀이
	구성 놀이	혼자-구성 놀이	평행-구성 놀이	집단-구성 놀이
	역할 놀이	혼자-역할 놀이	평행-역할 놀이	집단-역할 놀이
	규칙 있는 게임	혼자-규칙 있는 게임	평행-규칙 있는 게임	집단-규칙 있는 게임

이들 중 본 연구에서는 위의 표[50]와 같이 루빈Rubin과 그의 동료들 (1976)이 고안한 분류를 준거로 하였다. 이는 어린이 놀이의 인지적 측면과 사회적 측면을 상호 보완, 조합하여 놀이 행동 관찰에 유용한 틀로 널리 활용되고 있으며 이러한 분석 틀은 정보와 지식의 전달, 인터랙션 및 상호 작용의 증진이라는 어린이 뮤지엄 체험 전시의 특성을 고찰하기에도 적합한 구조로 판단되기 때문이다. 이에 따라 도출된 각 놀이 범주의 조작적 정의를[51] 살펴보면 아래와 같다.

---

49 최미옥, op. cit, 2014, pp.85-86
50 전남련·김재환·이혜배, 아동행동연구 및 관찰평가, 창지사 2007, p.243
51 전남련 외 ibid, p.243-244의 내용을 표로 정리함.

파튼^{Parten}의 어린이 놀이의 분류와 내용

구분		내용
인지적 놀이	기능 놀이 (Functional Play)	사물을 가지고 혹은 사물 없이 운동의 움직임을 계속 반복하는 놀이. 뛰기, 달리기, 모으기, 쌓기, 부스기, 조작하거나 만지작거리기 등이 포함된다.
인지적 놀이	기능 놀이 (Functional Play)	사물을 가지고 혹은 사물 없이 운동의 움직임을 계속 반복하는 놀이. 뛰기, 달리기, 모으기, 쌓기, 부스기, 조작하거나 만지작거리기 등이 포함된다.
	구성 놀이 (Cognitive Play)	적목, 레고 블록, 모래, 점토, 물감 등의 재료를 가지고 무엇인가 만들고 구성하는 놀이이다.
	역할 놀이 (Dramatic Play)	어린이가 상상을 통하여 신체 또는 사물로 가장 및 전환하여, 무엇인가 제3의 역할을 자신에게 부여하는 놀이이다.
	규칙 있는 게임 (Game with rules)	규칙을 정하고 그 규칙에 따라 놀이하는 것으로 말뚝박기, 카드놀이, 과녁 맞히기 등이 포함된다.
사회적 놀이	혼자 놀이 (Solitary play)	사물과 함께 혹은 사물 없이 혼자 하는 놀이로 다른 유아들과의 사회적 접촉 또는 어떤 대화도 이루어지지 않는다.
	평행 놀이 (Parallel Play)	다른 아이들과 근접한 거리에서 또는 비슷한 활동에 참여하는 놀이. 상대를 인식하고 있지만 같이 놀이하려 시도하지 않고 상호 작용하지 않는다.
	집단 놀이 (Group Play)	다른 아이들과 함께 사회적 상호 작용을 하면서 놀이하는 것으로, 공통의 목표에 따른 역할 분담이 일어난다.

다음으로 놀이 개념에서 추출한 유형화 틀에 전시 관람적 상황을 접목하여 기본 틀을 도출하였다. 사회적 놀이 부분을 전시 관람적 상황에 대입해 보면 혼자 놀이는 개인화된 체험, 평행 놀이는 다자多者참여형 체험, 집단 놀이는 상호 대응형과 상호 협동相互協同형 체험으로 대치될 수 있으며, 인지적 놀이 분류는 용어 자체가 체험 전시물의 관람 내용 및 행태를 포괄한 행위 유사성을 가지므로 분류명에 '-형形'이라는 접미사가 붙는 정도로 직접 대입이 가능하겠다. 이를 정리하면 아래와 같다.[52]

---

[52] 최미옥, op. cit, 2014, p.88: 기존 연구에서 제시한 사회적 놀이 부분의 집단 놀이는 상호 대응형과 상호 협동형으로, 독립형 체험은 용어의 해석에 있어 포괄적인 개념을 갖고 있어 개인화된 체험으로 수정하는 등 전시 관람 상황에 준해 보완되었다.

놀이 개념을 적용한 체험 전시물 분류 기본 틀

구분		체험 인원에 따른 방식			
		개인화된 체험형	상호 대응형	다자 참여형	상호 협동형
체험 내용 방식	기능 놀이형	개인화된- 기능 놀이 체험물	상호 대응- 기능 놀이 체험물	다자 참여- 기능 놀이 체험물	상호 협동형- 기능 놀이 체험물
	구성 놀이형	개인화된- 구성 놀이 체험물	상호 대응- 구성 놀이 체험물	다자 참여- 구성 놀이 체험물	상호 협동형- 구성 놀이 체험물
	역할 놀이형	개인화된- 역할 놀이 체험물	상호 대응- 역할 놀이 체험물	다자 참여- 역할 놀이 체험물	상호 협동형- 역할 놀이 체험물
	규칙 게임형	개인화된- 규칙 게임 체험물	상호 대응- 규칙 게임 체험물	다자 참여- 규칙 게임 체험물	상호 협동형- 규칙 게임 체험물

놀이 개념을 적용해 도출한 위 표의 분류를 기본으로 어린이 뮤지엄 체험 전시를 유형화하기로 한다. 체험이라는 용어가 해석의 여지를 가지고 있으나 신체적 행위뿐 아니라 시지각적 인지認知도 체험의 한 부분으로 간주하였을 때 행위 유발이나 상호 작용이 없는 평면적 전시 방식도 전시 체험물의 일부로 유형화되어야 한다. 따라서 관람 행위를 곧 놀이 행위라 간주한 전제에 준해 위 표에서 도출한 유형에서 포함되지 않는 관람 행위를 위한 추가 분류가 필요하다. 이에 MECE 사고법[53]을 도입, 체험 전시는 놀이형과 비非놀이형으로 분류를 시작하기로 한다. 비놀이형 체험 전시는 놀이 형식이 아닌 방식으로, 만들어진 체험물로 기존의 간접적 체험 또는 수동적 체험으로 분류된 패널, 영상물과 같이 관람객과 행위적 상호 작용이 없거나 직접적 조작이 배제된

---

[53] MECE 사고법이란 Mutually Exclusive, Collectively Exhaustive의 약자로 '중복이나 누락 없이' 사물을 분류하는 방법을 일컫는다. (배지수, 2014)

전시물 유형과 학습적 행태에 가까운 시연, 실험, 관찰 등의 유형으로 다시 분류될 수 있다. 이들은 각각 주시·관람형 전시와 관찰·학습형 전시로 명명하였다. 놀이형 체험 전시는 체험 내용 및 방식에 따라 앞서 분류한 기능 놀이형, 구성 놀이형, 역할 놀이형, 규칙 게임형의 4가지로 구분되고, 총 6개의 유형으로 분류된 전시는 관람 방식에 따라 각각 개인화된 체험형, 다자 참여형, 상호 대응형, 상호 협력형으로 세분화할 수 있다.

아래 도식과 같이 이들을 조합하면 전체 24개의 유형으로 분류되는데, 이를 종합하여 표로 정리하면 〈표-놀이 관점의 어린이 박물관 전시 체험물 분류〉와 같다.

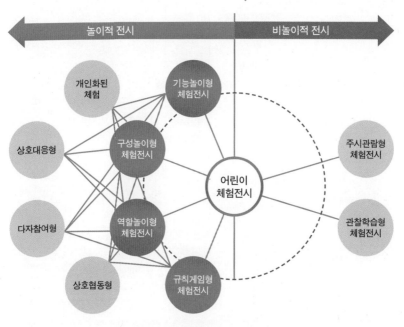

어린이 뮤지엄 체험 전시의 유형화 도식

놀이 관점의 어린이 뮤지엄 전시 체험물 분류

구분	전시 체험물 분류 및 내용				
	분류명		분류 코드	체험 방식	체험 내용
놀이적 체험 전시 Playful Exhibition	기능 놀이형 Functional Play Exhibition	개인화형(Solitary)	FP-So	1:1 개별 체험	오브제 또는 신체를 가지고 조작과 반복 행위를 하는 체험 유형. 뛰기, 쌓기, 조작하기. 만지기, 관찰하기 등이 해당함.
		상호 대응형(Partnership)	FP-Ps	두 사람이 짝을 이뤄서 체험	
		다자 참여형(Parallel)	FP-Pa	개별 체험이나 둘 이상 동시 체험	
		상호 협동형(Group)	FP-Gr	협력형 체험으로 여럿이 함께 체험	
	구성 놀이형 Cognitive Play Exhibition	개인화형(Solitary)	CP-So	1:1 개별 체험	재료로 만들고 구성하는 체험 유형. 블록 조립하기, 종이접기, 모래성 만들기, 실험하기 등이 해당함.
		상호 대응형(Partnership)	CP-Ps	두 사람이 짝을 이뤄서 체험	
		다자 참여형(Parallel)	CP-Pa	개별 체험이나 둘 이상 동시 체험	
		상호 협동형(Group)	CP-Gr	협력형 체험으로 여럿이 함께 체험	
	역할 놀이형 Dramatic Play Exhibition	개인화형(Solitary)	DP-So	1:1 개별 체험	상상을 통해 사물이나 본인에게 제3의 가상역할을 부여하는 체험 유형. 병원 놀이 체험, 민속 의상 입기, 우주인 되어보기 등이 해당함.
		상호 대응형(Partnership)	DP-Ps	두 사람이 짝을 이뤄서 체험	
		다자 참여형(Parallel)	DP-Pa	개별 체험이나 둘 이상 동시 체험	
		상호 협동형(Group)	DP-Gr	협력형 체험으로 여럿이 함께 체험	
	규칙 게임형 Game with Rules Exhibition	개인화형(Solitary)	GR-So	1:1 개별 체험	일정하게 정해진 규칙에 따라 체험에 참여하는 유형. 윷놀이 체험하기, 틱톡 게임, 과녁 맞히기 등이 해당함.
		상호 대응형(Partnership)	GR-Ps	두 사람이 짝을 이뤄서 체험	
		다자 참여형(Parallel)	GR-Pa	개별 체험이나 둘 이상 동시 체험	
		상호 협동형(Group)	GR-Gr	협력형 체험으로 여럿이 함께 체험	
비놀이적 체험 전시 Non-Playful Exhibition	주시·관람형 Watchful Exhibition	개인화형(Solitary)	Wa-So	1:1 개별 체험	패널, 영상물과 같이 관람객의 직접적 조작이나 행위적 상호 작용이 없는 유형.
		상호 대응형(Partnership)	Wa-Ps	두 사람이 짝을 이뤄서 체험	
		다자 참여형(Parallel)	Wa-Pa	개별 체험이나 둘 이상 동시 체험	
		상호 협동형(Group)	Wa-Gr	협력형 체험으로 여럿이 함께 체험	
	관찰·학습형 Observational learning Exhibition	개인화형(Solitary)	OL-So	1:1 개별 체험	자연물을 살펴보거나 과학 실험들의 시범을 보여주는 체험으로 관찰, 시연 등의 프로그램이 해당함.
		상호 대응형(Partnership)	OL-Ps	두 사람이 짝을 이뤄서 체험	
		다자 참여형(Parallel)	OL-Pa	개별 체험이나 둘 이상 동시 체험	
		상호 협동형(Group)	OL-Gr	협력형 체험으로 여럿이 함께 체험	

어린이 뮤지엄을 다니면서 관찰한 결과, 어린이 뮤지엄에서 어린이들이 선호하는 체험물 유형은 대체로 몸으로 하는 기능 놀이형이다. 체류하는 시간이 가장 길고 움직임도 가장 활발하다. 그런데 어린이의 행동 발달 특성을 생각하면 당연한 결과이기도 하다. 아이를 키워보니 더 분명해진다. 어린이들은 몸으로 에너지를 발산해야 한다. 그래서 어린이 뮤지엄을 계획할 때는 꼭 이런 콘텐츠와 공간의 안배가 필요하다. 2장에서 소개할 뉴욕어린이아트뮤지엄의 사례가 아주 훌륭한데, 이곳은 다소 정적인 페인팅이나 아트 워크 작업이 주요 프로그램이지만 아트와 전혀 상관이 없는 볼풀 놀이터가 제법 큰 규모로 운영되며 어린이 관람객에게 인기도 높다. 끊임없이 에너지를 발산해야 하는 어린이들은 이와 같은 신체 놀이 코너가 필요하다.

어린이를 위한 체험 전시물과 공간 유형

지금까지 '구현 및 체험 방법'의 유형을 살펴봤다면, 이러한 체험 전시의 공간 유형은 어떠한지도 궁금하다. 이는 어린이 뮤지엄 전시의 특징을 공간디자인 관점에서 살피기 위해서도 중요하며, 체험 전시의 공간이 관람객의 상호 작용 행동에 어떤 영향을 주는지를 알기 위한 분석 틀로써도 필요한 부분이다. 박물관 또는 전시 공간에 관한 연구에 비해 어린이 뮤지엄 혹은 체험 전시 유형에 관해서는 선행 연구가 그리 많지 않은 현실이므로 유사한 선행 연구들을 살펴보기로 하자.

공간 관점에서 전시의 유형화 내용을 살펴보면 신혜진(2003)[54]은 전시

---

54 신혜진, 자연과학계 박물관의 전시내용구성체계와 공간구조 상관성에 관한 연구, 홍익대 석사 논문, 2003, p. 46

배치 방식에 따라 개실형(연속적 개실형, 선택적 개실형), 개방형, 복합형으로 분류한다. 김민아(2006)[55]는 주제 구성과 관람 동선 형식의 연결 관계를 기반으로 관람 유도형과 관람 선택형으로 공간을 유형화하였다. 최정은(2008)[56]은 전시 연출에 따라 장치 중심, 공간 중심, 시나리오 중심, 환경 중심으로 공간을 유형화하였다.

전시 공간의 유형화 사례

연구자	신혜진(2003)		김민아(2006)		최정은(2008)
기준	전시 배치 방식		주제 구성과 관람 동선 관계		전시 연출
전시 공간 유형 분류	1.개실형	연속적 개실형	1.관람 유도형	대주제, 소주제 모두 유도형	1.장치 중심
		선택적 개실형		대주제 유도형/ 소주제 선택형	2.공간 중심
	2.개방형		2.관람 선택형	대주제 선택형/ 소주제 유도형	3.시나리오 중심
	3.복합형			대주제, 소주제 모두 선택형	4.환경 중심

기존의 전시 공간 유형화의 경우, 대부분 동선 관점에서 단위 전시실

55 김민아, 시시나리오구조와 관람행동 특성 : 자연과학계박물관을 중심으로, 홍익대 석사 논문, 2006, p.72
56 최정은, 어린이 기획전시의 유형별 특징에 따른 체험프로그램 연구, 국민대 석사 논문, 2008, pp.39-40

과 관계를 유형화하거나 전체 건축 공간과의 배치 관계를 중심으로 고찰되었다. 이와는 다르게 최정은의 유형화는 전시 연출을 기준으로 진행하였으나 공간 구성 방법 측면의 분류이므로, 본 연구에서 고찰하고자 하는 체험 전시 단위 유닛에서 관람객의 행태 유발 또는 지원 관점에서 공간 구조를 파악하기에는 다소 무리가 있다. 어린이 뮤지엄의 경우 어린이 관람 행태 특징[57]상 기존 뮤지엄과 같은 동선 중심 분류가 무의미하며, 단위공간에서의 체험, 즉 핸즈온hands-on적인 행태 부분이 강조된다. 특히 동반 관람자와의 상호 작용을 고찰하기 위해서는 미시적 공간의 레이아웃lay-out에 준한 분류가 요구된다. 이에 체험 전시를 공간 레이아웃lay-out 특성에 따라 각각 벽부형, 독립 가구형, 체험 세트형, 독립 개실형의 네 가지 레이아웃lay-out으로 분류하였다. 각 분류된 내용을 살펴보면 다음과 같다. 벽부형 레이아웃은 체험 전시가 벽면을 따라 구성된 유형이다. 벽화 그리기, 쇼케이스, 조작식 입체 그래픽 등이 해당한다. 독립 가구형 레이아웃은 공간 내에 아일랜드형 구조물 또는 벤치나 테이블 같은 가구처럼 구성된 체험 전시이다. 체험 세트형 레이아웃은 역할 놀이를 위한 특정 장면의 재현 또는 연출, 정글짐과 같은 신체 체험 놀이물, 물놀이 수조 또는 모래 놀이터 같은 놀이 시설이 조성된 체험 전시를 일컫는다. 독립 개실형 레이아웃은 식물원, 유아 놀이방 등과 같이 일반 전시실에서 분리되어 별도로 구획된 실room로 이루어진 체험 전시를 의미한다. 이들을 표로 정리하면 아래와 같다.

---

57 순로에 따른 관람이 아닌 호기심을 가진 대상을 찾아 두리번거리며 분주하게 불규칙적으로 옮겨 다녀 관람 동선이 무의미하며, 전시물에 가까이 가려는 욕구가 강해 관람 거리가 유지되기 어려움. 또한 흥미를 느끼는 전시에 대해서는 반복 또는 독점 관람을 고집하기도 함.

구분	내용	공간 유형 평면	구분	내용	공간 유형 평면
벽부형 (Wall type)	벽을 따라 구성된 벽화 그리기, 쇼케이스, 조작식 입체 그래픽 등과 같은 체험 전시		체험 세트형 (Set type)	역할 놀이를 위한 장면 연출공간 또는 놀이 시설이 조성된 체험 전시	
독립 가구형 (Furniture type)	아일랜드형 구조물 또는 테이블, 의자와 같은 가구로 구성된 체험 전시		개별실형 (Room type)	전시관 내 식물원, 유아 놀이방 등과 같이 별도의 구획된 실에서 이루어진 체험 전시	

유형별 전시물 사례는 〈표-레이아웃 유형별 체험 전시 사례〉와 같다. 구현되는 전시의 내용과 방식에 따라 벽부형 체험 전시는 평면 및 입체 패널, 조작 및 체험대, 영상, 벽면 구성 놀이, 쇼케이스로 분류된다. 단순 주시에서부터 조작, 체험까지 다양한 행태가 만들어지며, 전달하는 정보의 내용과 양도 다른 유형에 비해 광대하다고 할 수 있다. 또 체험 전시의 점유 면적도 작은 패널에서부터 전면 그래픽 월, 쇼케이스까지 다양한 양상을 보이며 동시에 대응할 수 있는 관람 인원도 일부 조작식 혹은 체험식 전시물을 제외하면 대체로 동시에 다수를 대상으로 하는 방식으로 제한이 없다. 독립 가구형 전시는 어린이 뮤지엄에서 가장 높은 분포를 보이면서 전시물의 구성에 있어 선호되는 유형이다. 구현되는 방식을 살펴보면 체험 스탠드, 탈것, 체험 기구, 게임 기구, 디지털 테이블, 구성 작업 테이블, 작업대, 관찰 학습 테이블로 분류되며, 한정된 수용 능력을 갖춘 가구형 구조의 특성상 관람 방식은 독립 체험이나 일정 수의 다자 참여가 주를 이룬다. 체험 세트형 전

시는 가장 입체적이고 상대적으로 넓은 면적을 점유하는 유형의 레이아웃이다. 놀이터·볼풀·정글짐·물놀이·모래놀이 등 신체나 감각 체험을 중심으로 한 체험 세트와 병원·슈퍼마켓·레스토랑·소방서 등 역할 놀이를 위한 일상 환경 재현 세트, 자연 및 생물을 관찰하기 위한 자연환경 재현 세트, 스토리의 배경이나 분위기를 연출하기 위한 서사구조 세트, 연구실이나 실험 등을 위한 세트로 분류된다. 전시가 점유하는 규모가 대체로 큰 만큼 동시 수용 인원도 제한이 없으며, 관람 행태도 독립참여에서부터 상호 대응, 상호 협동까지 가장 다양하다. 특히 역할 놀이형 카테고리는 체험의 형태가 다양한 상호 작용의 가능성을 내포한다고 할 수 있겠다. 개별실형 레이아웃은 콘텐츠의 내용에 따라 영상실, 식물원이나 lab과 같은 관찰실험실, 역할 놀이나 아트 작업실과 같은 체험 작업실, 놀이방으로 분류된다. 어린이 박물관 전체 공간 구조에 의해 개실 구조가 되기도 하지만 유아 놀이방과 같이 차별화되고 안전한 체험을 위해 연령에 따른 공간 분리가 요구되거나, 식물원 또는 lab과 같이 온·습도나 일광 등 고려해야 하는 특수한 환경조건 때문에 차별화된 공간을 구성하는 경우 주로 이용되는 레이아웃 방식이다. 그러므로 전시의 내용과 조건에 따라 수용 인원이나 관람 방식도 차별화를 갖는 유형이라 할 수 있겠다.

레이아웃 유형별 체험 전시 사례

	평면 패널/그래픽	입체 패널/그래픽	조작/체험대		
벽부형 (W)	K1-Wa-Pa	A2-Wa-Pa	A1-Wa-So	A3-GP-So	A4-DP-Pa
	영상	벽면 구성 놀이		쇼케이스	
	A6-Wa-Pa	K3-CP-Pa	A5-CP-Pa	A5-Wa-Pa	A2-Wa-Pa
독립가구형(F)	체험 스탠드	영상 스탠드	체험 기구	게임 기구	디지털 테이블
	A5-CP-So	A5-Wa-So	A1-FP-So	A1-GP-Ps	A1-GP-So
독립가구형(F)	구성 작업 테이블	관찰 학습 테이블		이젤, 작업대	탈것
	A6-CP-Pa	A2-OL-So	A3-OL-So	A2-OL-So	A5-DP-So
체험세트형 (S)	신체/감각 놀이 세트-정글짐, 볼풀, 물놀이, 모래놀이 등				
	A3-FP-Pa	A6-FP-Pa	A5-FP-Pa	A1-FP-Pa	A2-FP-Pa
	일상, 환경 재현-역할 놀이 및 관찰 세트			서사 구조 세트	실험/ 시연 세트
	A5-DP-Pa	A3-DP-Gr	A2-OL-Pa	K1-FP-Pa	A3-OL-Pa
개별실형 (R)	영상실	놀이방	관찰실험실	역할 놀이, 아트-체험 작업실	
	K1-Wa-Pa	A2-FP-Pa	A2-OL-Pa	A2-DP-Pa	A2-CP-So

국내외 어린이 뮤지엄 체험 전시물 구성 사례

그렇다면 위의 이론적 고찰을 바탕으로 실제 국내외 어린이 뮤지엄의 체험 전시물이 어떻게 구성되는지 살펴보면 더욱 이해가 명확해질 것이다. 이를 위해 대표 어린이 뮤지엄 중 9곳[58]을 선정하였으며 이들이 가지고 있는 체험 전시물 557점을 앞서 진행한 유형화 틀을 기준으로 분류해 보았다. 그리고 체험 전시물의 구성 분포와 특성을 분석하여 각 대상관의 체험 전시 현황을 파악하였다. 참고로 이 분석은 2015년에 쓴 기존 논문을 연구한 내용으로, 전시물의 교체와 보완이 잦은 어린이 뮤지엄의 현황을 고려할 때 현재 시점에서 분석 대상관의 전시물이나 연출 방식이 변경되었을 수 있음을 미리 주지 드린다.

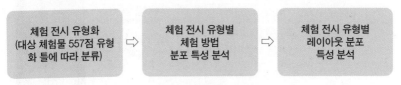

체험 전시 분석 과정

---

58 미국 소재 어린이 뮤지엄의 경우 대부분 종합계이며 중대형 규모를 가지므로 독립건물형, 기존 건물의 리뉴얼형, 건물 부속형의 사례를 2곳씩 선정하였다. 국내는 종합계 독립형 건물을 가진 뮤지엄, 모(母)박물관 부속 독립전 시실형, 모(母)박물관 내 전시실형을 각각 1곳씩 선정하였다.

국내외 소재 고찰 대상 어린이 뮤지엄 개요

코드	박물관명	세부 사항	시설 개요	해당 이미지
A-1	Manhattan Children's Museum	미국 뉴욕시 맨해튼 설립 연도 : 1973년 지하 1층, 지상 4층 전시 아이템 : 약 55개	다양한 캐릭터와 문화예술을 접목한 전시를 보여주는 뉴욕시 맨해튼에 소재하고 있는 어린이 박물관	
A-2	Brooklyn Children's Museum	미국 뉴욕시 브루클린 설립 연도 : 1899년 지하 1층, 지상 4층 전시 아이템 : 약 78개	건축적 공간도 어린이의 사고처럼 유연성과 창의성을 담고 있는 백 년 역사의 세계 최초 어린이 박물관	
A-3	Children's Museum of Houston	미국 텍사스주 휴스턴 설립 연도 : 1980년 지하 1층, 지상 2층 전시 아이템 : 약 110개	다양한 주제 영역과 전시법들이 개발 및 운영되고 있는 미국 내 우수 어린이 박물관 중 한 곳으로 선정된 곳	
A-4	Staten island Children's Museum	미국 뉴욕시 설립 연도 : 1974년 지하 1층, 지상 3층 전시 아이템 : 약 89개	스태튼 아일랜드의 역사와 입지에 맞춰 탐험과 개척을 체험하는 전시가 잘 특화된 어린이 박물관	
A-5	Please Touch Children's Museum	미국 필라델피아 설립 연도 : 1976년 지하 1층, 지상 1층 전시 아이템 : 약 88개	이름에서도 알 수 있듯 어린이 핸즈온 전시의 효시와 같은 곳으로 1800년대 박람회장을 어린이박물관으로 리뉴얼해 운영	
A-6	Children's Museum of the Arts	미국 뉴욕시 맨해튼 설립 연도 : 1988년 지상 1층, 메자닌[59] 전시 아이템: 약 9개	아트를 주제로 한 다양한 체험 활동이 이루어지는 박물관으로 시설 기반이 아닌 프로그램 기반의 어린이 박물관	
K-1	국립 민속어린이 박물관	한국 서울시 종로구 설립 연도 : 2003년 지상 2층 전시 아이템 : 약 37개	민속을 주제로 한 모(母) 박물관과 별도의 독립적 콘텐츠를 개발, 운영하는 국내 국공립 최초의 어린이 박물관	
K-2	서울 상상나라	한국 서울시 광진구 설립 연도 : 2013년 지하 1층, 지상 3층 전시 아이템 : 약 89개	국내 최초 어린이 박물관인 삼성어린이박물관이 위탁 운영하는, 가장 최근에 건립된 시립 어린이 박물관	
K-3	국립 현대미술관 어린이 박물관	한국 경기도 과천시 설립 연도 : 2004년 지상 1층 전시 아이템 : 약 10개	현대미술을 주제로 한 모(母)박물관에 있는 부속 시설로서, 어린이의 눈높이에서 다양한 아트 체험을 할 수 있도록 기획됨	

59　건물 1층과 2층 사이의 중간층

맨해튼어린이뮤지엄 공간 구성 및 전시 분석

A-1	맨해튼어린이뮤지엄		전경 사진
박물관개요	소재지	미국 뉴욕시 맨해튼	
	설립 연도	1973년	
	전시 공간 규모	지하 1층, 지상 4층 (중규모)	
	건축 공간 유형	독립 시설, 기존 건물 입주형	
	전시 존	5 zone	
	조사 아이템 수	약 55개	

	평면도 및 zone		뮤지엄 개요 및 전시 유형 분석
1층	Jazzed!	Eat sleep play	전시는 아날로그 체험물 중심으로 구성되어 있다. 관람자도 학령전기 어린이의 분포가 높다. 이에 따라 관찰 학습형이나 주시 관람형의 전시는 없고 조작과 신체 활동 중심의 기능 놀이형과 역할 놀이형이 주를 이루고 있다.
2층		Adventure with Dora and Diego Learning lab	**전시 매체 분포** 아날로그 77.8% 디지털 14.8% 복합 7.4%
3층	Adventures with Dora & Diego	Play works Play works for early learning Discovery	**전시 유형별 분포** 기능 놀이형 48.1% 구성 놀이형 5.5% 역할 놀이형 24.0% 규칙 게임형 7.4% 주시 관람형 13.0% 관찰 학습형 0.0%
4층	PlayWorks™ PlayWorks Classroom Discovery Classroom	New York city's little apple little west side	**전시물 공간 레이아웃별 분포** 벽부형 20.3% 독립 가구형 44.4% 세트형 33.3% 개별실형 0.0%

첫 번째 분석 대상은 맨해튼어린이뮤지엄 Mahatten Children's Museum 이다. 맨해튼어린이뮤지엄 체험 전시는 〈표-맨해튼어린이뮤지엄 공간 구성 및 전시 분석〉에서 보여주듯 아날로그 유형의 분포가

기능 놀이형이면서 개인화된 체험 전시의 대표 유형인 High energy play : 자전거 페달을 밟아 에너지를 생성하는 체험물

74.5%로 우세하며, 기능 놀이형(FP) 전시가 49%로 거의 과반수에 가깝게 분포한다. 또한 관찰 학습형 전시는 0%다. 이와 같은 결과는 앞서 고찰한 대로 맨해튼어린이뮤지엄이 학령전기 어린이에게 더욱 집중되어 있어서 전시 구현에서도 이러한 특성이 반영된 것으로 분석된다. 전시 유형별 체험 방식 분포도를 보면 기능 놀이형(FP) 전시는 개인화된 체험 방식(So)과 다자 참여형 방식(Pa) 각각 22.2%와 24%로 높은 분

기능 놀이형이면서 다자 참여 방식 전시의 대표 체험물인 Plat it : 계단이나 슬라이드를 오르내리고 작은 통로를 통화하는 등 대표적 신체 놀이 체험 세트

역할 놀이형이면서 다자 참여 방식 전시의 대표 체험물인 FDNY : 소방관이 되어보는 체험 놀이 세트

포를 보였으며, 구성 놀이형(CP) 전시는 역시 개인화된 체험 방식(So)과 다자 참여형 방식(Pa)에서 약간의 분포(1.8%와 3.7%)를 보였다. 역할 놀이형(DP) 전시는 다자 참여형 방식(Pa)이 20.3%로 월등히 높은 분포를 보였고, 게임 규칙형(GP) 전시는 개인화된 체험 방식(So)과 상호 대응형 방식에 약간의 분포가 있었다(5.5%와 1.8%). 주시 관람형 전시는 개인화된 체험 방식(So)에 15.1%의 분포가 있었다.

종합하면 맨해튼어린이뮤지엄에서 높은 빈도 분포를 보인 체험 전시 유형은 '기능 놀이형-개인화된 체험 방식'과 '기능 놀이형-다자 참여 방식', '역할 놀이형-다자 참여 방식'이다. 이들의 대표적인 체험 전시 사례는 그림과 같다.

맨해튼어린이뮤지엄 체험 전시 세부 아이템 분석

맨하튼어린이박물관 전시분석

이미지	아이템명	전시유형								매체방식
		FP	CP	DP	GP	Wa	OL	-	-	
		So	Ps	Pa	Gr	W	F	S	R	

Eat sleep play

이미지	아이템명	FP/So	CP/Ps	DP/Pa	GP/Gr	Wa/W	OL/F	-/S	-/R	매체방식
	Green cart	√			√			√		■아날로그 □디지털 □복합
	Welcome to the Brain	√			√			√		□아날로그 □디지털 ■복합
	What's for lunch	√			√					■아날로그 □디지털 □복합
	Choices change your world			√	√					□아날로그 ■디지털 □복합
	Your decisions add up	√						√		■아날로그 □디지털 □복합
	The truth behind advertising	√			√					■아날로그 □디지털 □복합
	Healthy heart	√	√				√			■아날로그 □디지털 □복합
	Healthy artery vs unhealthy artery	√	√				√			■아날로그 □디지털 □복합
	Fiber helps clean your intestines	√		√			√			■아날로그 □디지털 □복합
	Obesity:take a look inside				√	√		√		□아날로그 ■디지털 □복합
	Get your heart moving				√			√		□아날로그 □디지털 ■복합
	While you sleep	√			√					■아날로그 □디지털 □복합
	Sleep affects how fast your brain talks to yourbody		√		√			√		■아날로그 □디지털 □복합

(continued)

이미지	아이템명	FP/So	CP/Ps	DP/Pa	GP/Gr	Wa/W	OL/F	-/S	-/R	매체방식
	Losing sleep crews big problem	√		√	√					■아날로그 □디지털 □복합
	Avoid the bedtime strugle	√			√					■아날로그 □디지털 □복합
	Royal flush	√		√	√					■아날로그 □디지털 □복합
	High energy play	√	√					√		□아날로그 □디지털 ■복합
	Low energy play	√						√		□아날로그 □디지털 ■복합
	Good balance							√		■아날로그 □디지털 □복합
	Dance stretch jump	√		√					√	■아날로그 □디지털 □복합

Adventure with Dora and Diego

이미지	아이템명	FP/So	CP/Ps	DP/Pa	GP/Gr	Wa/W	OL/F	-/S	-/R	매체방식
	Fruit and vegetable			√	√		√			■아날로그 □디지털 □복합
	Kitchen			√	√			√		■아날로그 □디지털 □복합
	Family photo			√	√		√			■아날로그 □디지털 □복합
	Dora's friend calling to leave message	√		√						■아날로그 □디지털 □복합
	Happy birthday	√	√					√		■아날로그 □디지털 □복합
	Dora's room			√	√			√		■아날로그 □디지털 □복합
	Tico's ear			√	√		√			■아날로그 □디지털 □복합
	Rainbow bridge	√			√			√		■아날로그 □디지털 □복합
	Let's build the nest	√	√				√			■아날로그 □디지털 □복합

		1	2	3	4	5	6	7	8
	Animal care center			√					
				√				√	
		■아날로그 □디지털 □복합							
	Animal rescuers respect the envir-onment			√					
				√				√	
		■아날로그 □디지털 □복합							
	Let's clean the beach and save the sea turtles				√				
		√					√		
		■아날로그 □디지털 □복합							
	Ice cave			√					
				√				√	
		■아날로그 □디지털 □복합							
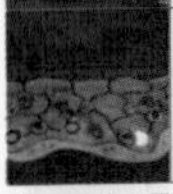	Come on we've got to get am adillo to his family				√				
		√					√		
		■아날로그 □디지털 □복합							

Play works -The little apples

		1	2	3	4	5	6	7	8
	FDNY			√					
				√				√	
		■아날로그 □디지털 □복합							
	Super-market			√					
				√				√	
		■아날로그 □디지털 □복합							
	MTB			√					
				√			√		
		■아날로그 □디지털 □복합							

-Alphie's letter garden

		1	2	3	4	5	6	7	8
	Movers and shakers	√							
				√				√	
		■아날로그 □디지털 □복합							
	Evolution of convert sation					√			
				√				√	
		■아날로그 □디지털 □복합							
	Move it	√							
				√				√	
		■아날로그 □디지털 □복합							
	Build it	√							
				√		√			
		■아날로그 □디지털 □복합							
	Air tube construction	√							
				√			√		
		■아날로그 □디지털 □복합							
	Play it	√							
				√				√	
		■아날로그 □디지털 □복합							

-The lab

		1	2	3	4	5	6	7	8
	Creative art mural		√						
				√		√			
		■아날로그 □디지털 □복합							
	Buckets of science	√							
				√				√	
		■아날로그 □디지털 □복합							

		1	2	3	4	5	6	7	8
	Puzzle play works for early learning	√							
				√			√		
		■아날로그 □디지털 □복합							

-Baby steps

		1	2	3	4	5	6	7	8
	Ready set c'awl	√							
				√			√		
		■아날로그 □디지털 □복합							
	Musical harp	√							
		√					√		
		□아날로그 □디지털 ■복합							
	Have a ball	√							
				√			√		
		□아날로그 □디지털 ■복합							
	Peek-a-boo	√							
		√					√		
		□아날로그 □디지털 ■복합							
	Wind blow-ers	√							
		√					√		
		□아날로그 ■디지털 □복합							
	Little artisys' paint palette		√						
		√				√			
		□아날로그 ■디지털 □복합							

Nework city's little apple/Little west side

		1	2	3	4	5	6	7	8
	Nework city's little apple			√					
				√					
		■아날로그 □디지털 □복합							
	Little west side		√						
				√			√		
		■아날로그 □디지털 □복합							

② 브루클린어린이뮤지엄 Brooklyn Children's Museum

브루클린어린이뮤지엄 공간 구성 및 전시 분석

A-2	브루클린 어린이 뮤지엄		전경 사진
박물관 개요	소재지	미국 뉴욕시 브루클린	
	설립 연도	1899년	
	전시 공간 규모	지하 1층, 지상 3층	
	건축 공간 유형	독립 시설, 신축형	
	전시 존	7 zone	
	조사 아이템 수	약 78개	

	평면도 및 zone	전시 유형 분석
1F & Lower level	Neighborhood Nature Science Inquiry Center Sensory Room Totally Tots World Brooklyn Global beats Green Threads	대상관 중 전체 체험 전시에서 유형별 분포가 가장 고르다. 타 어린이 박물관과 비교할 때 관찰 학습형 전시물의 분포가 매우 높고 상대적으로 기능 놀이형이 적은 분포로 구성되어 있다.

전시 매체 분포

아날로그 92.3%
디지털 6.4%
복합 1.3%

2층	Everett children's library Chase gallery

전시 유형별 분포

기능 놀이형 16.7%
구성 놀이형 16.7%
역할 놀이형 17.9%
규칙 게임형 3.8%
주시 관람형 12.9%
관찰 학습형 32.0%

전시물 공간 레이아웃별 분포

벽부형 28.2%
독립 가구형 39.7%
세트형 24.3%
개별실형 9.0%

두 번째는 브루클린어린이뮤지엄Brooklyn Children's Museum이다. 이곳은 92%로 매우 높다. 그리고 전시 유형별 분포에 있어서는 관찰 학습형(OL)이 32%로 가장 높고, 다음으로 역할 놀이형(DP)이 19%, 기능 놀이형(FP)과 구성 놀이형(CP) 전시가 16.6%를 차지한다. 가장 분포가 높은 관찰 학습형과 가장 분포가 낮은 규칙 게임형 외의 전시 유형은 분포가 고른 편이다. 전시 유형별 체험 방식과의 분포를 보면 관찰 학습형-다자 참여 방식이 21.79%로 가장 높았고, 기능 놀이형-다자 참여 방식이 14.1%, 구성 놀이-개인화된 체험 방식이 11.53%로 높은 분포를 보였다. 대규모 뮤지엄답게 다양한 연령대의 어린이를 위한 콘텐츠와 전시 방식을 도입하고 있는데, 특히 학령전기 어린이인 유아를 위한 별도의 전시 코너를 두고 있는 점과 영아를 주 대상으로 하는 별실을 운영하는 점은 어린이 체험 특성을 성장기에 따라 잘 반영하고 있다고 할 수 있다. 또한 어린이 중심의 체험 코너에서는 보호자가 편안하게 주시 및 관람할 수 있는 벤치를 배치한다거나, 쇼케이스 앞에 스케치용 이젤과 보호자용 스툴을 배치해 두는 점, 도슨트와 함께 생물

유아용 전시 구역의 물놀이 코너로 두 번째로 많은 분포를 보인 기능 놀이형-다자 참여 방식 전시물이다.

역시 높은 분포를 보인 구성 놀이형-개인화된 체험 방식으로, 물고기의 모양의 퍼즐을 맞추면서 부분별 설명을 볼 수 있게 한 전시물이다.

가장 많은 유형 분포를 보인 관찰 학습형-다자
참여형 전시의 사례. 자연을 재현한 세트에서
다양한 생물들의 모습을 투명한 구에 얼굴을
넣어보거나 작은 통로에 기어들어 가는 등의
재미있는 요소를 도입하여 관찰해볼 수 있다.

생물의 표본이나 박제를 전시한 쇼케이스 앞
에 이젤을 두어 관찰 스케치를 할 수 있게 하
여 심화 관람을 지원한다.

을 직접 만져보고 질의 질문을 할 수 있는 입체적 체험 코너를 운영하
는 점 등이 특기할 만하다.

브루클린어린이뮤지엄 체험 전시 세부 아이템 분석

브룩클린어린이박물관 전시분석

전시유형 구분 칼럼: FP · CP · DP · GP · Wa · OL · - · -
체험방법: So · Ps · Pa · Gr / 레이아웃: W · F · S · R / 매체방식

Totally Tots (5세 이하 영유아코너)

아이템명	구분	FP/So	CP/Ps	DP/Pa	GP/Gr	Wa/W	OL/F	-/S	-/R	매체방식
Water splash	전시유형	√								■아날로그 □디지털 □복합
	방법·레이아웃			√				√		
Art studio	전시유형		√							■아날로그 □디지털 □복합
	방법·레이아웃	√							√	
Sound around	전시유형	√								■아날로그 □디지털 □복합
	방법·레이아웃			√				√		
Toy town	전시유형	√								■아날로그 □디지털 □복합
	방법·레이아웃			√				√		
Sand play	전시유형	√								■아날로그 □디지털 □복합
	방법·레이아웃			√				√		
Reading nook	전시유형					√				■아날로그 □디지털 □복합
	방법·레이아웃			√				√		
Baby hub	전시유형	√								■아날로그 □디지털 □복합
	방법·레이아웃			√				√		
Building zone	전시유형	√								■아날로그 □디지털 □복합
	방법·레이아웃			√				√		
Little theater	전시유형			√						■아날로그 □디지털 □복합
	방법·레이아웃			√				√		

World brooklyn

아이템명	구분	FP/So	CP/Ps	DP/Pa	GP/Gr	Wa/W	OL/F	-/S	-/R	매체방식
Bobye list stream	전시유형	√								■아날로그 □디지털 □복합
	방법·레이아웃			√				√		
MTA	전시유형			√						■아날로그 □디지털 □복합
	방법·레이아웃			√		√				
World journal book store	전시유형			√						■아날로그 □디지털 □복합
	방법·레이아웃			√					√	
The new moon brings in chinese new year	전시유형					√	√			■아날로그 □디지털 □복합
	방법·레이아웃			√		√				
Clever lanterns for new year	전시유형		√							■아날로그 □디지털 □복합
	방법·레이아웃	√						√		

(오른쪽)

아이템명	구분	FP/So	CP/Ps	DP/Pa	GP/Gr	Wa/W	OL/F	-/S	-/R	매체방식
Writing chinese	전시유형		√							□아날로그 ■디지털 □복합
	방법·레이아웃	√						√		
What's your sign?	전시유형		√							■아날로그 □디지털 □복합
	방법·레이아웃	√				√				
Mexican bakery / Measure like a baker	전시유형			√						■아날로그 □디지털 □복합
	방법·레이아웃	√				√				
Bakes rise early in sunset part	전시유형			√						■아날로그 □디지털 □복합
	방법·레이아웃	√						√		
International grocery	전시유형			√						■아날로그 □디지털 □복합
	방법·레이아웃	√							√	
Owa african market	전시유형				√					■아날로그 □디지털 □복합
	방법·레이아웃			√						
Make a mask	전시유형		√							■아날로그 □디지털 □복합
	방법·레이아웃			√		√				
It's a wrap	전시유형				√					■아날로그 □디지털 □복합
	방법·레이아웃	√				√				
Stamp an adinkra pattern	전시유형			√						■아날로그 □디지털 □복합
	방법·레이아웃			√		√				
Caribbean travel	전시유형			√						■아날로그 □디지털 □복합
	방법·레이아웃			√					√	
Match the flags	전시유형				√					■아날로그 □디지털 □복합
	방법·레이아웃		√			√				
Design your mas costume	전시유형		√							■아날로그 □디지털 □복합
	방법·레이아웃			√		√				
Be a costume maker	전시유형		√							■아날로그 □디지털 □복합
	방법·레이아웃			√		√				
Play the pan	전시유형	√								■아날로그 □디지털 □복합
	방법·레이아웃	√				√				
Celebrate carnival with same flyers	전시유형			√						■아날로그 □디지털 □복합
	방법·레이아웃	√				√				
Pizzeria restaurant	전시유형			√						■아날로그 □디지털 □복합
	방법·레이아웃			√					√	

	Bocce bowls big in brooklyn			√					
				√				√	
		■아날로그 □디지털 □복합							

Global beats

	Instrument exhibition					√			
				√		√			
		■아날로그 □디지털 □복합							
	Come dance with us!			√					
		√						√	
		■아날로그 □디지털 □복합							

Green Threads

	Recycles					√			
		√					√		
		■아날로그 □디지털 □복합							
	Talk about it					√			
		√					√		
		□아날로그 ■디지털 □복합							

LL-Neighborhood Nature

	Help our garden grow	√							
				√				√	
		■아날로그 □디지털 □복합							
	Make a mural		√						
				√		√			
		■아날로그 □디지털 □복합							
	Design garden		√						
		√					√		
		■아날로그 □디지털 □복합							
	Create sound landscape		√						
		√					√		
		□아날로그 ■디지털 □복합							
	Observe flower						√		
		√					√		
		■아날로그 □디지털 □복합							
	Green house						√		
				√					√
		■아날로그 □디지털 □복합							
	Can you imagine?						√		
		√					√		
		□아날로그 ■디지털 □복합							
	How do animal hide						√		
				√		√			
		■아날로그 □디지털 □복합							
	Trees are terrific!						√		
				√			√		
		■아날로그 □디지털 □복합							
	Imagine you're animal			√					
				√				√	
		■아날로그 □디지털 □복합							
	Daytime animal sounds						√		
		√					√		
		□아날로그 ■디지털 □복합							
	Who lives at the pond?-1						√		
				√				√	
		■아날로그 □디지털 □복합							
	Who lives at the pond?-2						√		
		√						√	
		■아날로그 □디지털 □복합							
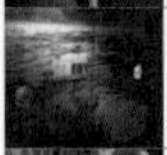	Look at these amazing pond insects!						√		
				√		√			
		■아날로그 □디지털 □복합							
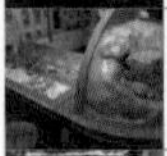	Have you seen this bug?						√		
		√					√		
		■아날로그 □디지털 □복합							
	Tell a tree stump story			√					
				√			√		
		■아날로그 □디지털 □복합							
	Be a nature detective						√		
		√					√		
		■아날로그 □디지털 □복합							
	What lurks under a log?						√		
				√			√		
		■아날로그 □디지털 □복합							
	Sand dune homes						√		
				√		√			
		■아날로그 □디지털 □복합							
	Beaches hold clues to life in the sea		√						
		√					√		
		■아날로그 □디지털 □복합							
	Search for seashell clues	√							
				√				√	
		■아날로그 □디지털 □복합							
	Living under a dock			√					
				√				√	
		■아날로그 □디지털 □복합							
	Sea creatures hide and seek			√					
				√				√	
		■아날로그 □디지털 □복합							
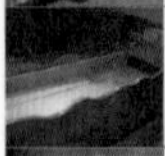	Watch out for waves!						√		
				√				√	
		■아날로그 □디지털 □복합							
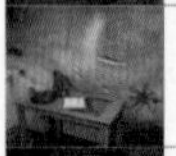	Help protect nature in nyc						√		
		√					√		
		■아날로그 □디지털 □복합							
	Meet in touch with your sea floor neighbors						√		
				√				√	
		□아날로그 □디지털 ■복합							
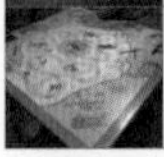	The terrapin turtle				√				
			√				√		
		■아날로그 □디지털 □복합							

Science Inquiry Center

	Are these animal real?						√		
				√		√			
		■아날로그 □디지털 □복합							

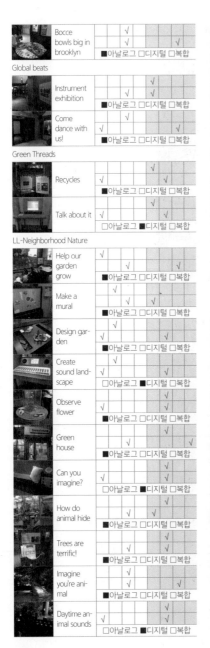

Double crested basilisk				√	
		√	√		
	■아날로그 □디지털 □복합				
Why do animal have spots? stripes? colors?				√	
		√	√		
	■아날로그 □디지털 □복합				
Helping animals in danger				√	
		√	√		
	■아날로그 □디지털 □복합				
Create a colorful animal		√			
	√			√	
	■아날로그 □디지털 □복합				
Bony fish puzzle		√			
	√			√	
	■아날로그 □디지털 □복합				
Shell game			√		
	√			√	
	■아날로그 □디지털 □복합				
Round table				√	
	√			√	
	■아날로그 □디지털 □복합				
Boneless bug puzzle		√			
	√			√	
	■아날로그 □디지털 □복합				

Eastern mud turtle				√	
		√	√		
	■아날로그 □디지털 □복합				
Tarantula				√	
		√	√		
	■아날로그 □디지털 □복합				
Which x-ray matches?				√	
		√	√		
	■아날로그 □디지털 □복합				
Sun conure				√	
		√	√		
	■아날로그 □디지털 □복합				
Red-tailed boa consrtictor				√	
		√	√		
	■아날로그 □디지털 □복합				
What is geothermal energy?				√	
		√	√		
	■아날로그 □디지털 □복합				

Sensory Room

Sensory room	√				
		√			√
	■아날로그 □디지털 □복합				

③ 휴스턴어린이뮤지엄 Children's Museum of Houston

휴스턴어린이뮤지엄 공간 구성 및 전시 분석

A-3	휴스턴어린이뮤지엄		전경 사진
박물관 개요	소재지	미국 텍사스주 휴스턴	
	설립 연도	1980년	
	전시 공간 규모	지하 1층, 지상 2층(대규모)	
	건축 공간 유형	독립 시설, 신축형	
	전시 존	11 zone	
	조사 아이템 수	약 110개	

평면도 및 zone		전시 유형 분석
지하층	Invention Convention Power play-1 Cyberchase	기능 놀이형이 가장 분포가 높으며, 나머지 유형은 고른 분포를 보인다. 체험 방법에서 개인화된 체험과 다자 참여형이 비슷하게 높은 분포를 보이며 상호 대응형도 다른 박물관보다 비중이 있다. 이는 타 어린이 뮤지엄과 비교할 때 규칙 게임형 전시물의 분포가 높은 점에서 기인한다.

전시 매체 분포

아날로그 92.7%
디지털 5.5%
복합 1.8%

1층	Power play-2 Think tank How does it work Matter factory Kidtropolis Eco station Weather station Flow Works

전시 유형별 분포

기능 놀이형 41.6%
구성 놀이형 20.0%
역할 놀이형 13.6%
규칙 게임형 6.7%
주시 관람형 12.7%
관찰 학습형 5.4%

2층	Tot*spot

전시물 공간 레이아웃별 분포

벽부형 23.7%
독립 가구형 40.9%
세트형 34.5%
개별실형 0.9%

세 번째 분석 대상은 휴스턴어린이 뮤지엄Children's Museum of Houston이다. 이 곳의 전시 구성 현황을 살펴보면 역시 아날로그형 전시가 92.7%로 높은 분포를 보였다. 유형별로는 기능 놀이형(FP) 전시가 41.8%로 월등히 높은 분포를 보였으며 구성 놀이형(CP)과 역할 놀이(DP), 관찰 학습(OL) 및 주시 관람형(Wa)은 유사하게 고른 분포를 하고 있다. 특기할 사실은 규칙 게임형(GP) 전시가 6.36%로 타 뮤지엄에 비해 높게 분포한다는 점이다. 전시 관람 방식과의 매칭에서는 기능 놀이형 전시-개인화된 체험 방식이 24.5%로 가장 높았다. 다음으로는 역시 기능 놀이형-다자 참여 체험 방식으로 15.4%를 차지했다. 특기할 사실은 역할 놀이형(DP) 전시가 규모의 구역을 점하면서 각각 테마별·개별실형 공간으로 조성되어 역할 놀이

체험하도록 한 기능 놀이-개인화된 체험 방식의 대표 사례

규칙 게임형-상호 대응 방식의 전시 사례로서 규칙에 따라 보드 위의 말을 옮겨서 가장 많이 가지는 사람이 우승하는 체험물이다.

기능 놀이형-다자 참여형 전시의 대표 사례로서 암벽 타기 체험물 코너

형 전시-상호 협동 체험 방식도 12.7%로 높은 분포를 나타냈다. 앞서 언급했듯 어린이 뮤지엄은 대부분 적극적인 상호 작용이 관람 행동의 전제 방식인 규칙 게임형(GP) 전시가 거의 없거나 적은 분포를 보이는 데 반해, 휴스턴어린이뮤지엄의 경우는 7점의 체험물이 있다.

휴스턴어린이뮤지엄 체험 전시 세부 아이템 분석

휴스턴어린이박물관 전시분석

이미지	아이템명	전시유형 (FP CP DP GP Wa OL) / 체험방법 (So Ps Pa Gr) / 레이아웃 (W F S R) / 매체방식

Invention convention

아이템명	매체방식
wind towers	■아날로그 □디지털 □복합
cranks and cams	■아날로그 □디지털 □복합
animation station	■아날로그 □디지털 □복합
stop motion animation	■아날로그 □디지털 □복합
widget wall	■아날로그 □디지털 □복합
inventor's workshop	■아날로그 □디지털 □복합
made it your mind	■아날로그 □디지털 □복합
launch cage	■아날로그 □디지털 □복합
airplane launcher	■아날로그 □디지털 □복합
test tracks	■아날로그 □디지털 □복합
lego table	■아날로그 □디지털 □복합

Cyber chase

아이템명	매체방식
playing with patterns	□아날로그 □디지털 ■복합
meet the good guys	□아날로그 ■디지털 □복합
restore the power	□아날로그 ■디지털 □복합

(우측 상단)

아이템명	매체방식
jimayan mystery	■아날로그 □디지털 □복합
aim is the game in penguin hockey	■아날로그 □디지털 □복합
kahuna huna race a route	■아날로그 □디지털 □복합
launch stopped	■아날로그 □디지털 □복합
recon-struye eureeka	■아날로그 □디지털 □복합
welcome to poddleville	■아날로그 □디지털 □복합
dragon dilema	■아날로그 □디지털 □복합

How does it work

아이템명	매체방식
phone	■아날로그 □디지털 □복합
centripedal force	■아날로그 □디지털 □복합
resistance force	■아날로그 □디지털 □복합
auto alley	■아날로그 □디지털 □복합
kid lift	■아날로그 □디지털 □복합
gears!	■아날로그 □디지털 □복합
science station	■아날로그 □디지털 □복합
circuits	■아날로그 □디지털 □복합
rock kits	■아날로그 □디지털 □복합

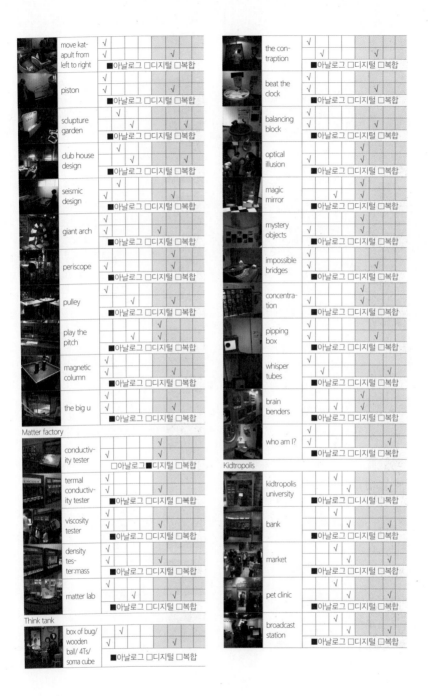

Matter factory

move katapult from left to right	■아날로그 □디지털 □복합
piston	■아날로그 □디지털 □복합
sclupture garden	■아날로그 □디지털 □복합
club house design	■아날로그 □디지털 □복합
seismic design	■아날로그 □디지털 □복합
giant arch	■아날로그 □디지털 □복합
periscope	■아날로그 □디지털 □복합
pulley	■아날로그 □디지털 □복합
play the pitch	■아날로그 □디지털 □복합
magnetic column	■아날로그 □디지털 □복합
the big u	■아날로그 □디지털 □복합

Matter factory

conductivity tester	□아날로그 ■디지털 □복합
termal conductivity tester	■아날로그 □디지털 □복합
viscosity tester	■아날로그 □디지털 □복합
density tester:mass	■아날로그 □디지털 □복합
matter lab	■아날로그 □디지털 □복합

Think tank

box of bug/ wooden ball/ 4Ts/ soma cube	■아날로그 □디지털 □복합

the contraption	■아날로그 □디지털 □복합
beat the clock	■아날로그 □디지털 □복합
balancing block	■아날로그 □디지털 □복합
optical illusion	■아날로그 □디지털 □복합
magic mirror	■아날로그 □디지털 □복합
mystery objects	■아날로그 □디지털 □복합
impossible bridges	■아날로그 □디지털 □복합
concentration	■아날로그 □디지털 □복합
pipping box	■아날로그 □디지털 □복합
whisper tubes	■아날로그 □디지털 □복합
brain benders	■아날로그 □디지털 □복합
who am I?	■아날로그 □디지털 □복합

Kidtropolis

kidtropolis university	■아날로그 □디지털 □복합
bank	■아날로그 □디지털 □복합
market	■아날로그 □디지털 □복합
pet clinic	■아날로그 □디지털 □복합
broadcast station	■아날로그 □디지털 □복합

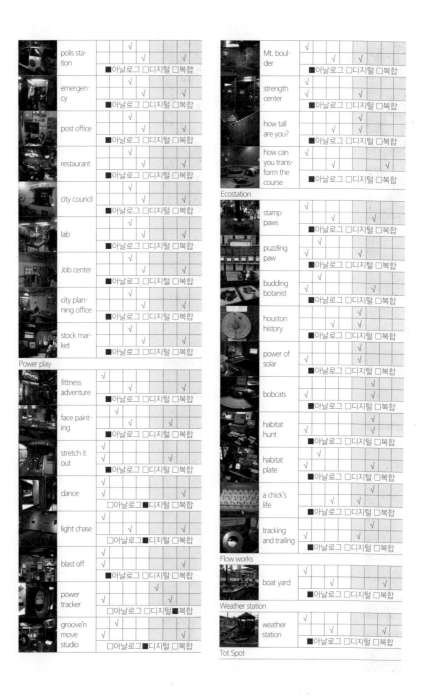

polis station	■아날로그 □디지털 □복합
emergency	■아날로그 □디지털 □복합
post office	■아날로그 □디지털 □복합
restaurant	■아날로그 □디지털 □복합
city council	■아날로그 □디지털 □복합
lab	■아날로그 □디지털 □복합
Job center	■아날로그 □디지털 □복합
city planning office	■아날로그 □디지털 □복합
stock market	■아날로그 □디지털 □복합

Power play

fittness adventure	■아날로그 □디지털 □복합
face painting	■아날로그 □디지털 □복합
stretch it out	■아날로그 □디지털 □복합
dance	□아날로그 ■디지털 □복합
light chase	□아날로그 ■디지털 □복합
blast off	■아날로그 □디지털 □복합
power tracker	□아날로그 □디지털 ■복합
groove'n move studio	□아날로그 ■디지털 □복합

Mt. boulder	■아날로그 □디지털 □복합
strength center	■아날로그 □디지털 □복합
how tall are you?	■아날로그 □디지털 □복합
how can you transform the course	■아날로그 □디지털 □복합

Ecostation

stamp paws	■아날로그 □디지털 □복합
puzzling paw	■아날로그 □디지털 □복합
budding botanist	■아날로그 □디지털 □복합
houston history	■아날로그 □디지털 □복합
power of solar	■아날로그 □디지털 □복합
bobcats	■아날로그 □디지털 □복합
habitat hunt	■아날로그 □디지털 □복합
habitat plate	■아날로그 □디지털 □복합
a chick's life	■아날로그 □디지털 □복합
tracking and trailing	■아날로그 □디지털 □복합

Flow works

boat yard	■아날로그 □디지털 □복합

Weather station

weather station	■아날로그 □디지털 □복합

Tot Spot

puppet palace	√							
	√					√		
■아날로그 □디지털 □복합								
window	√							
	√					√		
■아날로그 □디지털 □복합								
track	√							
	√				√			
■아날로그 □디지털 □복합								
ball velly		√				√		
■아날로그 □디지털 □복합								
house	√							
			√		√			
■아날로그 □디지털 □복합								
light column		√						
	√			√				
■아날로그 □디지털 □복합								
spectrum flower	√							
	√			√				
■아날로그 □디지털 □복합								

library	√							
		√				√		
■아날로그 □디지털 □복합								
ball play								
		√		√				
■아날로그 □디지털 □복합								
slide	√							
	√				√			
■아날로그 □디지털 □복합								
mini cars		√						
	√				√			
■아날로그 □디지털 □복합								
art work		√						
		√			√			
■아날로그 □디지털 □복합								
block matt	√							
		√			√			
■아날로그 □디지털 □복합								

④ 스태튼아일랜드어린이뮤지엄 Staten island Children's Museum

스태튼아일랜드어린이뮤지엄 공간 구성 및 전시 분석

A-4	스태튼아일랜드어린이뮤지엄		전경 사진
박물관개요	소재지	미국 뉴욕시 스태튼 아일랜드	
	설립 연도	1974년	
	전시 공간 규모	지하 1층, 지상 3층	
	건축 공간 유형	독립 시설, 기존 건물 입주형	
	전시 존	8 zone	
	조사 아이템 수	약 89개	

	평면도 및 zone	전시 유형 분석
지하층	 Block harbor	전시 유형별 고른 분포를 보인다. 그중 역할 놀이형이 가장 많았고 다음으로 구성 놀이형과 기능 놀이형이 높은 분포를 보인다. 게임 규칙형도 타 박물관과 비교해 분포가 높다는 것이 특징이다.

		전시 매체 분포
1층	 Ladder 11 Big games Great explorations Portia's playhouse	아날로그 88.8% 디지털 1.1% 복합 10.1%

		전시 유형 분포
2층	 Walk-in! workshop	기능 놀이형 20.2% 구성 놀이형 21.4% 역할 놀이형 25.8% 규칙 게임형 7.9% 주시 관람형 16.8% 관찰 학습형 7.9%

		전시물 공간 레이아웃 분포
3층	 House about it Bugs & other insects	벽부형 15.8% 독립 가구형 61.8% 세트형 18.0% 개별실형 3.4%

네 번째는 스태튼아일랜드어린이뮤지엄Staten island Children's Museum이다. 이곳은 아날로그형 전시가 88.7%를 차지하며, 디지털과 아날로그가 복합된 방식이 10.1%로 다소 높은 분포를 보인다. 전시 유형별 분포에 있어서는 역할 놀이형(DP) 전시가 25.8%로 가장 많고 다음으로 구성 놀이형(CP) 전시가 21.3%, 기능 놀이형(FP) 전시가 20.2%이다. 앞서 조사한 다이어그램에서도 확인할 수 있듯 특정 전시 유형에 편중없이 고른 분포를 보이는 점도 이곳 전시 구성의 특징이라 할 수 있다. 상호 대응형 규칙 게임 코너도 7점이 있어 다른 대상관에 비해 비중이 크다. 체험 방식별 분포를 살펴보면 주시 관람형 전시-다자 참여형 체험 방식이 15.7%로 가장 높았으며, 역할 놀이형 전시-다자 참여형 체험 방식이 13.4%, 기능 놀이형 전시-개인화된 체험 방식이 12.3%였다.

구성 놀이형-다자 참여형 전시물로 철판 위에 파이프를 연결하면서 공이 지나갈 수 있는 동로를 만드는 놀이판.

Harbor block이라는 이름으로 배를 타고 항해하는 역할 놀이 체험 세트로, 역할 놀이-다자 참여 체험 방식의 대표 사례.

역할 놀이-다자 참여 방식의 대표 사례로, 소방차와 소방서를 재현하여 소방관이 되어보고 이와 관련된 다양한 체험 활동을 할 수 있는 코너.

주시 관람형-다자 참여 체험 방식의 사례 중 하나로, 탐험기를 보여주는 코너에서 역사상 다양한 탐험을 시도했던 탐험가들을 영상과 그래픽으로 소개하고 있다.

스태튼아일랜드어린이뮤지엄 체험 전시 세부 아이템 분석

스테이튼아일랜드 어린이박물관 전시분석

이미지	아이템명	FP	CP	DP	GP	Wa	OL	So	Ps	Pa	Gr	W	F	S	R	매체방식
						전시유형				체험방법				레이아웃		

Block harbor

이미지	아이템명	FP	CP	DP	GP	Wa	OL	So	Ps	Pa	Gr	W	F	S	R	매체방식
	Block harbor			√											√	■아날로그 □디지털 □복합
	big lego			√				√			√					■아날로그 □디지털 □복합
	wood block			√				√			√					■아날로그 □디지털 □복합
	table of train	√							√		√					■아날로그 □디지털 □복합
	table of town	√						√								■아날로그 □디지털 □복합

Ladder 11

이미지	아이템명	FP	CP	DP	GP	Wa	OL	So	Ps	Pa	Gr	W	F	S	R	매체방식
	fire engee-ine			√						√				√		■아날로그 □디지털 □복합
	video simulator			√				√								□아날로그 ■디지털 □복합
	uniform			√						√	√					■아날로그 □디지털 □복합

Big games

이미지	아이템명	FP	CP	DP	GP	Wa	OL	So	Ps	Pa	Gr	W	F	S	R	매체방식
	light coloum			√						√	√					■아날로그 □디지털 □복합
	builder boards			√						√	√					■아날로그 □디지털 □복합
	make a ball bridge			√						√	√					■아날로그 □디지털 □복합
	connect four			√						√						■아날로그 □디지털 □복합
	dominoes	√								√	√					■아날로그 □디지털 □복합

이미지	아이템명	FP	CP	DP	GP	Wa	OL	So	Ps	Pa	Gr	W	F	S	R	매체방식
	chess						√		√					√		■아날로그 □디지털 □복합
	card games						√		√					√		■아날로그 □디지털 □복합
	checkers						√		√					√		■아날로그 □디지털 □복합
	tick-tack-toe						√		√					√		■아날로그 □디지털 □복합
	bowling game						√	√						√		■아날로그 □디지털 □복합

Great explorations

이미지	아이템명	FP	CP	DP	GP	Wa	OL	So	Ps	Pa	Gr	W	F	S	R	매체방식
	try creating a simple adventure story together!			√				√						√		■아날로그 □디지털 □복합
	Great explorations						√			√				√		■아날로그 □디지털 □복합
	wexp						√			√					√	■아날로그 □디지털 □복합
	Today's featured explorer						√	√						√		□아날로그 □디지털 ■복합
	forest preparation station						√			√				√		■아날로그 □디지털 □복합
	be prepared						√		√					√		■아날로그 □디지털 □복합
	featured explorers						√							√		■아날로그 □디지털 □복합
	what do you need to pack for an explorers	√						√						√		□아날로그 □디지털 ■복합
	pack your back pack for a one week adventure	√						√		√						■아날로그 □디지털 □복합
	rainforest canopy research station		√												√	■아날로그 □디지털 □복합
	across the river with a raft		√					√							√	■아날로그 □디지털 □복합

tool check	√								□아날로그 □디지털■복합
	√					√			
empty the insect trap						√			■아날로그 □디지털 □복합
	√					√			
speak with other explorers			√						■아날로그 □디지털 □복합
	√					√			
spotting scope			√						■아날로그 □디지털 □복합
		√							
do you hear a frog a jagure? what else do you hear?			√						■아날로그 □디지털 □복합
	√					√			
cave of courage			√						□아날로그 □디지털■복합
			√				√		
can you put the necklace back together?		√							■아날로그 □디지털 □복합
	√					√			
decode this ancient message						√			■아날로그 □디지털 □복합
	√					√			
what do you need to pack for an ocean dive?	√								□아날로그 □디지털■복합
	√					√			
pick up your underwater discoveries and take a closer look	√								■아날로그 □디지털 □복합
	√					√			
wearing ocean diving suit			√						■아날로그 □디지털 □복합
	√					√			
turn on the dive light to see what deep ocean fish look like	√								■아날로그 □디지털 □복합
	√					√			
can you communicate without speaking?			√						■아날로그 □디지털 □복합
		√				√			
box of treasure		√							■아날로그 □디지털 □복합
	√					√			
polar bears home			√						■아날로그 □디지털 □복합
			√				√		
woolly mam-moth reserch station					√				□아날로그 □디지털■복합
	√				√				
pack the dog sled			√						□아날로그 □디지털■복합
	√						√		

rules for climbing	√								■아날로그 □디지털 □복합
			√				√		
wearing snow shoes			√						■아날로그 □디지털 □복합
	√					√			
what do you need on a jour-ney the frozen tundra?	√								□아날로그 □디지털■복합
	√					√			
build an igloo using the blocks		√							■아날로그 □디지털 □복합
	√					√			
featured explorers					√				■아날로그 □디지털 □복합
			√			√			
Portia's playhouse									
Portia's playhouse			√						■아날로그 □디지털 □복합
			√					√	
Walk-in! workshop									
Walk-in! workshop		√							■아날로그 □디지털 □복합
			√					√	
House about it									
can you lay bricks in patterns like these or create your own?		√							■아날로그 □디지털 □복합
				√			√		
bolts and nuts	√								■아날로그 □디지털 □복합
			√			√			
meet the trades					√				■아날로그 □디지털 □복합
			√		√				
seesaw	√								■아날로그 □디지털 □복합
			√			√			
digger and truck			√						■아날로그 □디지벌 □복합
			√				√		
house about it	√								■아날로그 □디지털 □복합
	√					√			
we need work-ers to build the house	√								■아날로그 □디지털 □복합
			√				√		
build your neighbor-hood		√							□아날로그 □디지털■복합
			√			√			
can you build a medal house?			√						■아날로그 □디지털 □복합
	√					√			

	can you finish the walls with the panel colors and patterns you like?		√						
					√		√		
		■아날로그 □디지털 □복합							
	what is enegry?					√			
				√				√	
		■아날로그 □디지털 □복합							
	green room					√			
				√				√	
		■아날로그 □디지털 □복합							
	animal clinic			√					
				√				√	
		■아날로그 □디지털 □복합							
	make a match	√							
		√				√			
		■아날로그 □디지털 □복합							
	parrot and snake					√			
				√		√			
		■아날로그 □디지털 □복합							
	book of animal					√			
				√		√			
		■아날로그 □디지털 □복합							
	cage for animal patients			√					
				√		√			
		■아날로그 □디지털 □복합							

Bugs & other insects

	the toddler garden			√					
				√				√	
		■아날로그 □디지털 □복합							
	the arthropod zoo						√		
				√			√		
		■아날로그 □디지털 □복합							
	hiberna-tion						√		
				√			√		
		■아날로그 □디지털 □복합							
	blue death feigning beetle						√		
				√			√		
		■아날로그 □디지털 □복합							
	painled lady	√							
		√					√		
		■아날로그 □디지털 □복합							
	metamor-phosis		√						
		√					√		
		■아날로그 □디지털 □복합							
	butterfly wings		√						
		√					√		
		■아날로그 □디지털 □복합							
	build a bug		√						
				√			√		
		■아날로그 □디지털 □복합							
	the pol-lination game				√				
		√					√		
		■아날로그 □디지털 □복합							
	insect orchestra		√						
					√		√		
		■아날로그 □디지털 □복합							
	sorting ar-thropods		√						
		√					√		
		■아날로그 □디지털 □복합							
	spider webs						√		
				√			√		
		■아날로그 □디지털 □복합							
	take a closer look						√		
		√					√		
		■아날로그 □디지털 □복합							
	camou-flage & mimicry					√			
				√		√			
		■아날로그 □디지털 □복합							
	phylum ar-thropoda					√			
				√			√		
		■아날로그 □디지털 □복합							
	be a bug			√					
				√		√			
		■아날로그 □디지털 □복합							
	evolution of arthro-pods					√			
				√		√			
		■아날로그 □디지털 □복합							
	the ant hill					√			
				√		√			
		■아날로그 □디지털 □복합							
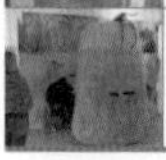	home sweet home	√							
				√				√	
		■아날로그 □디지털 □복합							

⑤ 플리즈터치어린이뮤지엄 Please Touch Children's Museum

플리즈터치어린이뮤지엄 공간 구성 및 전시 분석

A-5	플리즈터치어린이뮤지엄		전경 사진
박물관개요	소재지	미국 펜실베이니아주 필라델피아	
	설립 연도	1976년	
	전시 공간 규모	지하 1층, 지상 1층	
	건축 공간 유형	독립 시설, 기존 건물 입주형	
	전시 존	8 zone	
	조사 아이템 수	약 88개	

평면도 및 zone	전시 유형 분석

<table>
<tr><td rowspan="2">지하층</td><td>

City Capers
Roadside Attractions
Wonderland
Centennial Exploration

</td><td>

역할 놀이형 전시가 전체 전시 유형 중 가장 큰 비중을 차지하며, 컬렉션 전시도 병행함에 따라 타 박물관과 비교했을 때 주시 관람형 또한 높은 분포를 둔다. 그리고 관찰 학습형 전시가 없는 것도 주목할 만한 특징이다.

전시 매체 분포

아날로그 94.3%
디지털 1.1%
복합 4.6%

</td></tr>
<tr><td>

Liberty Arm and Torch
Flight Fantasy
River Adventures
Carousel

</td><td>

전시 유형 분포

기능 놀이형 25.0%
구성 놀이형 12.5%
역할 놀이형 39.8%
규칙 게임형 0.0%
주시 관람형 22.7%
관찰 학습형 0.0%

전시물 공간 레이아웃 분포

벽부형 25.0%
독립 가구형 31.8%
세트형 43.2%
개별실형 0.0%

</td></tr>
</table>

다섯 번째는 플리즈터치어린이뮤지엄Please Touch Children's Museum이
다. 전시 구성을 살펴보면 아날로그형 전시가 94.3%로 타 어린이 뮤지
엄보다 높은 분포를 보였다. 전체적인 전시 유형 분포에 있어서는 역
할 놀이형(DP) 전시가 39.7%로 가장 높으며, 다음으로는 주시 관람형
(Wa) 전시가 22.7%였다. 이는 일반적인 핸즈온Hands-on을 지향하는 어린
이 뮤지엄에서 이례적인 결과라 할 수 있다. 실제 플리즈터치어린이뮤
지엄은 이름에서도 알 수 있듯 조작식 체험물 중심으로 구성되나 앞서
현황을 고찰한 내용처럼 어린이 관련 컬렉션도 중요하게 여기며, 전시
코너마다 많은 컬렉션 쇼케이스의 배치를 체험 전시와 병행하고 있어
이런 높은 분포 결과가 나온 것으로 분석된다. 전시 유형별 체험 방식
의 매칭에 있어서는 주시 관람형 전시-다자 참여형 방식이 19.3%, 역
할 놀이형 전시-다자 참여형 방식과 역할 놀이형 전시-개인화된 체험
방식이 17.0%와 15.9%로 높은 분포를 보였고, 다음으로 기능 놀이형
전시-개인화된 체험 방식과 기능 놀이형 전시-다자 참여형 방식이 각
각 12.5%의 분포를 보였다. 플리즈터치어린이뮤지엄에서 특기할 사실
은 전반적으로 아이템의 구성에 있어 규모의 공간을 점유하여 어린이
뿐만 아니라 가족 관람객들 모두가 여유롭게 관람할 수 있는 공간 지
원성이 우수하였다는 점이다. 또한 Carousel 코너와 같이 1920년대 만
들어진 회전목마를 인근 공원에서 옮겨와 박물관에서 활용하여 컬렉
션이면서 동시에 체험물이게 한 점은 어린이 관람객뿐 아니라 과거 공
원에서 회전목마를 이용하였을 보호자들에게도 향수와 감동을 주는
훌륭한 사례라 할 수 있다.

기능 놀이-다자 참여 방식의 대표 사례. 개방
형 구조의 넓은 면적과 다양한 체험 요소가 있
는 물놀이 체험 공간.

해당 코너 전시의 특징과 보호자의 놀이 지원
방식에 대한 tip을 설명하는 안내문.

모험가가 되어보는 역할 놀이 코너. 탐험대의
기지인 통나무집을 연출하여 그 안에서 다양
한 놀이 활동을 가능하게 하였다.

주시 관람-다자 참여형 전시의 사례인 인형 극
장. 어린이뿐 아니라 동반한 보호자 모두가 즐
겁게 관람할 수 있는 콘텐츠.

구성 놀이-개인화형 전시의 대표 사례인 그림 그리기 코
너. 어린이들이 자유롭게 원하는 주제의 그림을 그려볼
수 있도록 하고 있다.

플리즈터치어린이뮤지엄 체험 전시 세부 전시 아이템 분석

플리즈터치미어린이박물관 전시분석

전시유형: FP / CP / DP / GP / Wa / OL
체험방법: So / Ps / Pa / Gr — 레이아웃: W / F / S / R
매체방식

City Capers

아이템명	FP	CP	DP	GP	Wa	OL	So	Ps	Pa	Gr	W	F	S	R	매체방식
Follow the butterfly			√							√			√		■아날로그 □디지털 □복합
Front step			√							√					■아날로그 □디지털 □복합
Children's hospital of philadelpia			√							√					■아날로그 □디지털 □복합
Captain Noah and his magical ark			√				√								□아날로그 □디지털 ■복합
Can you match the hand puppets?		√					√				√				■아날로그 □디지털 □복합
Pat's shoe store			√							√					■아날로그 □디지털 □복합
Buger shop			√							√			√		■아날로그 □디지털 □복합
Delivery car			√				√						√		■아날로그 □디지털 □복합
Betsy's kitchen			√							√			√		■아날로그 □디지털 □복합
Shop rite			√				√								■아날로그 □디지털 □복합
Busy build	√									√			√		■아날로그 □디지털 □복합

Roadside Attractions

아이템명	FP	CP	DP	GP	Wa	OL	So	Ps	Pa	Gr	W	F	S	R	매체방식
SEPTA			√							√			√		■아날로그 □디지털 □복합
Please touch garage			√							√					■아날로그 □디지털 □복합
Road construction			√				√						√		■아날로그 □디지털 □복합

(우측 표)

아이템명	FP	CP	DP	GP	Wa	OL	So	Ps	Pa	Gr	W	F	S	R	매체방식
Truck			√				√						√		■아날로그 □디지털 □복합
Gas up			√				√						√		■아날로그 □디지털 □복합
Car wash			√				√						√		■아날로그 □디지털 □복합
Car repair			√							√				√	■아날로그 □디지털 □복합
Car rebuild			√										√		■아날로그 □디지털 □복합
Doll house				√									√		■아날로그 □디지털 □복합
Car driving			√										√		■아날로그 □디지털 □복합
City park			√										√		■아날로그 □디지털 □복합
TM express			√											√	■아날로그 □디지털 □복합
Mural art			√								√	√			■아날로그 □디지털 □복합
Rocket express monorail			√											√	■아날로그 □디지털 □복합
Figure				√								√	√		■아날로그 □디지털 □복합
Touch screen				√			√						√		□아날로그 ■디지털 □복합

Wonderland

아이템명	FP	CP	DP	GP	Wa	OL	So	Ps	Pa	Gr	W	F	S	R	매체방식
Be explorer			√				√						√		■아날로그 □디지털 □복합
Watch out			√				√						√		■아날로그 □디지털 □복합
Raising flag			√				√						√		■아날로그 □디지털 □복합

Plan your map	■아날로그 □디지털 □복합
Observe insects	■아날로그 □디지털 □복합
Make a sound	■아날로그 □디지털 □복합
Communication by	■아날로그 □디지털 □복합
Way of wonderland	■아날로그 □디지털 □복합
Dry clothes	■아날로그 □디지털 □복합
Riding cow	■아날로그 □디지털 □복합
Boat	■아날로그 □디지털 □복합
Rainbow	■아날로그 □디지털 □복합
Harp	■아날로그 □디지털 □복합
Castle	■아날로그 □디지털 □복합
Poo	■아날로그 □디지털 □복합
Apple tree	■아날로그 □디지털 □복합
Xylophone	■아날로그 □디지털 □복합
Please help paint the roses red!	□아날로그 □디지털 ■복합
Tea time	■아날로그 □디지털 □복합
Lost way	■아날로그 □디지털 □복합
Cottage	■아날로그 □디지털 □복합
Root slide	■아날로그 □디지털 □복합
Can you hear me?	■아날로그 □디지털 □복합
Green storm	■아날로그 □디지털 □복합
The rabbit sands	■아날로그 □디지털 □복합
Running train	■아날로그 □디지털 □복합

Centennial Exploration

Motel of the centennial exhibition of 1876	■아날로그 □디지털 □복합
Centennial exhibition facts	■아날로그 □디지털 □복합
Train station	■아날로그 □디지털 □복합
Train	■아날로그 □디지털 □복합
Globe hotel	■아날로그 □디지털 □복합
Toy train	■아날로그 □디지털 □복합
Travel bag	■아날로그 □디지털 □복합
Froebel blocks	■아날로그 □디지털 □복합
Kindergarden	■아날로그 □디지털 □복합
Fun new foods to the fair in 1876	■아날로그 □디지털 □복합
Stereoscopes	■아날로그 □디지털 □복합

Liberty Arm and Torch

Liberty arm and torch — ■아날로그 □디지털 □복합

Liberty statue — ■아날로그 □디지털 □복합

Flight Fantasy

Spaceship — ■아날로그 □디지털 □복합

Pipping wall — ■아날로그 □디지털 □복합

Rocket-1 — ■아날로그 □디지털 □복합

Rocket-2 — ■아날로그 □디지털 □복합

Space station — ■아날로그 □디지털 □복합

The hamster wheel — ■아날로그 □디지털 □복합

Cloud hopscotch — ■아날로그 □디지털 □복합

Flight stage — □아날로그 □디지털 ■복합

Passion control — □아날로그 □디지털 ■복합

Showcase — ■아날로그 □디지털 □복합

Launch station — ■아날로그 □디지털 □복합

Sense station — ■아날로그 □디지털 □복합

Parallel bar — ■아날로그 □디지털 □복합

River Adventures

Water works — ■아날로그 □디지털 □복합

Rubber duck — ■아날로그 □디지털 □복합

log slide — ■아날로그 □디지털 □복합

Lotus leaf — ■아날로그 □디지털 □복합

Nest of swan — ■아날로그 □디지털 □복합

Life of butterfly — ■아날로그 □디지털 □복합

Wood house — ■아날로그 □디지털 □복합

Carousel

Big elephant — ■아날로그 □디지털 □복합

Carousel — ■아날로그 □디지털 □복합

⑥ 어린이아트뮤지엄Children's Museum of the Arts

어린이아트뮤지엄 공간 구성 및 전시 분석

A-6	어린이아트뮤지엄		전경 사진
박물관개요	소재지	미국 뉴욕시	
	설립 연도	1988년	
	전시 공간 규모	지상 2층(10,000 sqft)	
	건축 공간 유형	독립 시설, 기존 건물 입주형	
	전시 존	3 zone	
	조사 아이템 수	약 9개	

평면도 및 zone	전시 유형 분석
1층 Art gallery Art studio Clay bar Wee arts	다른 종합계 어린이 뮤지엄과 비교해 아트 뮤지엄 특성상 구성 놀이형 전시가 반 이상을 차지한다. 그러나 어린이 뮤지엄의 특성을 반영하여 기능 놀이형 아이템도 함께 구성되어 있다. **전시 매체 분포** 아날로그 88.9% 디지털 11.1% 복합 0.0%
메자닌 Ball pond Groove tube	**전시 유형 분포** 기능 놀이형 22.2% 구성 놀이형 55.6% 역할 놀이형 0.0% 규칙 게임형 0.0% 주시 관람형 22.2% 관찰 학습형 0.0% **전시물 공간 레이아웃 분포** 벽부형 33.3% 독립 가구형 55.5% 세트형 0.0% 개별실형 11.1%

여섯 번째인 어린이아트뮤지엄Children's Museum of the Arts은 지금까지 소개된 다른 미국 내 어린이 뮤지엄과는 주제 및 공간 구성에서 차별화된 특징이 있다. 미술계 뮤지엄으로 주요 콘텐츠가 아트 워크Art work 이므로, 체험물이나 전시품으로 구성된 시설 중심 뮤지엄이 아닌 참여 활동에 기반한 프로그램 중심 뮤지엄이기 때문이다. 체험을 위한 영역이 크게 9개 존으로 구성되며 1곳의 미디어 아트 구역을 제외하면 대부분 아날로그형 체험 방식으로 이루어져 있다. 주제와 콘텐츠 성격상 구성 놀이형(CP) 전시가 55.5%로 월등히 높은 분포를 보이며, 다음으로 주시 관람형(Wa) 전시와 기능 놀이형(FP) 전시가 같은 비율로 구성되어 있다. 주를 이루는 아트 체험 외에 갤러리와 신체 놀이용 코너로 프로그램이 구성되어 있기 때문이다. 가장 분포가 높은 전시 유형과 체험 방식의 매칭은 구성 놀이형 전시-다자 참여 방식으로 44.4% 이며, 주시 관람형 전시-다자 참여 방식이 22.2%로 높은 분포를 보였다. 특기할 사실은 아트 워크 체험을 주 테마로 하지만 어린이의 특성을 감안하여 Ball pond와 같이 적극적 신체 놀이 코너도 마련하고 있다는 점이다. 또한 아티스트 도슨트로 진행되는 코너도 있지만 별도로 보호자와 자유롭게 이용할 수 있는 체험실도 운영되고 있다. 체험실에서는 보호자와의 밀착이 높고 체험 중 많은 상호 작용이 이루어짐을 확인할 수 있다.

어린이아트뮤지엄 체험 전시 세부 아이템 분석

어린이아트뮤지엄 전시분석		전시유형							
이미지	아이템명	FP	CP	DP	GP	Wa	OL		
		체험방법				레이아웃			
		So	Ps	Pa	Gr	W	F	S	R
		매체방식							

zone1

이미지	아이템명	So	Ps	Pa	Gr	W	F	S	R
	Gallery				√		√		
	Gallery 매체방식	■아날로그 □디지털 □복합							
	Artwork1		√		√			√	
	Artwork1 매체방식	■아날로그 □디지털 □복합							
	Artwork2	√	√					√	
	Artwork2 매체방식	■아날로그 □디지털 □복합							
	Artwork3		√		√			√	
	Artwork3 매체방식	■아날로그 □디지털 □복합							

zone2

이미지	아이템명	So	Ps	Pa	Gr	W	F	S	R
	Pin art	√							
	Pin art	√				√			
	Pin art 매체방식	■아날로그 □디지털 □복합							
	Ballplay	√							
	Ballplay			√					√
	Ballplay 매체방식	■아날로그 □디지털 □복합							
	Mediaart				√				
	Mediaart			√	√				
	Mediaart 매체방식	□아날로그 ■디지털 □복합							

zone3(5세이하 영아)

이미지	아이템명	So	Ps	Pa	Gr	W	F	S	R
	Artwork4			√				√	
	Artwork4			√				√	
	Artwork4 매체방식	■아날로그 □디지털 □복합							
	Artwork5			√					
	Artwork5			√			√		
	Artwork5 매체방식	■아날로그 □디지털 □복합							

⑦ 국립민속박물관어린이박물관

국립민속어린이박물관 공간 구성 및 전시 분석

A-3	국립민속어린이뮤지엄		전경 사진
박물관개요	소재지	서울시 종로구 삼청동	
	설립 연도	2003년	
	전시 공간 규모	지상 2층	
	건축 공간 유형	부속 시설, 기존 공간 전용형	
	전시 존	5 zone	
	조사 아이템 수	약 33개	

평면도 및 zone	전시 유형 분석
1층 이야기 알기 이야기 속으로 이야기하기 오누이 놀이터 이야기 나누기	주시 관람형이 가장 높은 분포를 보이며 다음으로 조작 활동의 기능 놀이형이 우세한 분포를 보인다. 관찰 학습형 전시물은 없으며 관람 방식은 개인화된 관람과 다자 참여형이 우세하다. **전시 매체 분포** 아날로그 84.8% 디지털 12.2% 복합 3.0%
2층 기획전시실[60]	**전시 유형 분포** 기능 놀이형 33.3% 구성 놀이형 15.2% 역할 놀이형 3.0% 규칙 게임형 3.0% 주시 관람형 45.5% 관찰 학습형 0.0% **전시물 공간 레이아웃 분포** 벽부형 60.6% 독립 가구형 9.0% 세트형 27.3% 개별실형 3.0%

---

60 2023년 현재는 상설전시실2로 운영되고 있음.

주시 관람-다자 참여형 전시인 오리엔테이션 영상 코너. 전래 동화를 스토리텔링 방식으로 구현한 전시실이라 체험에 앞서 관람객들이 동화의 내용을 인지하도록 프리뷰 영상을 상영하고 있다.

구성 놀이-개인화형 전시의 사례로 전래 동화 이야기의 주제 캐릭터를 빛이 투과하는 판 위에 종이를 대고 따라 그려보는 코너.

기능 놀이-다자 참여형 전시의 사례로 스토리 텔링화 공간이다. 주인공이 밧줄을 타고 올라 가는 장면을 천장에 매달린 고무대에 매달리 는 신체 놀이로 연출한 코너.

일곱 번째 분석 대상관은 국립 민속박물관어린이박물관이다. 이곳은 중소 규모의 전시실을 운영하고 있으며 아날로그식 전시물이 88.8%, 디지털식 전시물이 12.1%로 이루어져 있다. 주시 관람형 전시가 48.4%로 과반수에 이르는 높은 분포를 보이며 다음으로 기능 놀이형 전시가 36.3%로 비교적 큰 비중을 차지한다. 또한 관찰 학습형 전시는 0%로 별도의 구성이 없다. 이와 같은 결과는 전형적인 소규모 전시에서 보이는 분포라 할 수 있다. 전시 유형과 관람 방식과의 매칭에 있어서는 주시 관람형 전시-다자 참여 관람 방식이 30.3%로 가장 높은 분포를 보였고, 기능 놀이형 전시-개인화된 체험 방식이 24.2%였다. 주로 발견되는 동반 관람 양상은 어린이의 체험을 보호자가 옆에서 주시하거나 조력하는 행동이었다. 더러는 보호자가

어린이에게 텍스트를 읽어주거나 체험을 권유하는 행동을 보였다. 이는 민속과 전래 동화라는 테마의 특성상 보호자들에게 더 익숙하며 향수나 흥미를 갖게 하기 때문으로 유추된다.

국립민속어린이박물관 체험 전시 세부 아이템 분석

국립민속어린이박물관 전시분석		전시유형							
이미지	아이템명	FP	CP	DP	GP	Wa	OL	-	-
		체험방법				레이아웃			
		So	Ps	Pa	Gr	W	F	S	R
		매체방식							

이야기알기

이미지	아이템명	So/FP	Ps/CP	Pa/DP	Gr/GP	W/Wa	F/OL	S/-	R/-
	이야기알기 -3D 영상관				√				
			√						√
	□아날로그 ■디지털 □복합								

이야기속으로

이미지	아이템명	So/FP	Ps/CP	Pa/DP	Gr/GP	W/Wa	F/OL	S/-	R/-
	해와달이야기 속으로				√				
			√					√	
	■아날로그 □디지털 □복합								
	어디있을까 찾아보세요	√			√				
	■아날로그 □디지털 □복합								
	떡하나주면 안잡아먹지	√			√				
	■아날로그 □디지털 □복합								
	가까이 들여다봐요	√			√				
	□아날로그 □디지털 ■복합								
	큰일났어요	√			√				
	■아날로그 □디지털 □복합								
	해와달이된 오누이 영상				√				
	□아날로그 ■디지털 □복합								
	장독대항아리속에는무엇이담겨있을까	√			√				
	■아날로그 □디지털 □복합								

이야기하기

이미지	아이템명	So/FP	Ps/CP	Pa/DP	Gr/GP	W/Wa	F/OL	S/-	R/-
	아궁이를 지나 부엌으로 쏘옥	√			√				
	□아날로그 ■디지털 □복합								
	일곱가지 조각을 모아서	√							
	■아날로그 □디지털 □복합								
	물건들이 어디로 갔지?	√			√				
	■아날로그 □디지털 □복합								
	민화속 호랑이	√			√				
	■아날로그 □디지털 □복합								
	내가 그리는 해와달이 된 오누이	√					√		
	■아날로그 □디지털 □복합								
	산중호걸 호랑이	√			√				
	■아날로그 □디지털 □복합								
	열두띠 이야기	√			√				
	■아날로그 □디지털 □복합								

이미지	아이템명	So/FP	Ps/CP	Pa/DP	Gr/GP	W/Wa	F/OL	S/-	R/-
	줄타고 오르기	√			√			√	
	■아날로그 □디지털 □복합								
	호랑이의 다른이야기도 있어요				√				
	■아날로그 □디지털 □복합								
	바람아 불어라	√			√				
	■아날로그 □디지털 □복합								
	미디어 테이블				√				
	□아날로그 ■디지털 □복합								
	호랑이 너 꼼짝마	√						√	
	■아날로그 □디지털 □복합								
	이안에는 무엇이 들어있을까				√				
	■아날로그 □디지털 □복합		√		√				
	어질어질 어느길로가야지	√			√				
	■아날로그 □디지털 □복합								
	수수밭속에 숨은 동아줄을 찾아주세요	√			√				
	■아날로그 □디지털 □복합								
	오누이를 위한 동아 줄을 만들어 주세요	√			√				
	■아날로그 □디지털 □복합								
	호돌이		√		√				
	■아날로그 □디지털 □복합								

이야기나누기

이미지	아이템명	So/FP	Ps/CP	Pa/DP	Gr/GP	W/Wa	F/OL	S/-	R/-
	오누이 시계		√		√				
	■아날로그 □디지털 □복합								
	닮은 요술쟁이		√		√				
	■아날로그 □디지털 □복합								
	별자리 만들기		√		√				
	■아날로그 □디지털 □복합								
	빛놀이터	√			√				
		√							
	■아날로그 □디지털 □복합								
	비춰보아요	√			√				
		√							
	■아날로그 □디지털 □복합								
	내가 그리는빛		√				√		
	■아날로그 □디지털 □복합								
	빛의 세상 속으로				√			√	
	■아날로그 □디지털 □복합								
	우리가 세상의 빛				√				
			√					√	
	■아날로그 □디지털 □복합								

⑧ 서울상상나라

서울상상나라 공간 구성 및 전시 분석

A-3	서울상상나라		전경 사진
박물관개요	소재지	서울시 광진구 자양동	
	설립 연도	2013년	
	전시 공간 규모	지하 1층, 지상 3층	
	건축 공간 유형	독립시설, 신축형	
	전시 존	12 zone	
	조사 아이템 수	약 89개	

평면도 및 zone		전시 유형 분석
지하층	감성놀이 상상나라극장 창의놀이실 요리놀이실 영유아놀이실	전시 유형별 분포가 비교적 고르지만, 기능 놀이형과 주시 관람형 분포가 높고 관찰 학습형과 규칙 게임형은 비중이 아주 작다. 체험 방법은 다자 참여형이, 레이아웃 방식은 벽부형이 매우 높은 분포를 보인다.
1층	공간놀이 예술놀이	**전시 매체 분포** 아날로그 91.0% 디지털 7.8% 복합 1.2%
2층	이야기놀이 생각놀이터 상상놀이	**전시 유형 분포** 기능 놀이형 34.8% 구성 놀이형 15.8% 역할 놀이형 18.0% 규칙 게임형 0.0% 주시 관람형 29.2% 관찰 학습형 2.2%
3층	과학 놀이 문화 놀이	**전시물 공간 레이아웃 분포** 벽부형 49.4% 독립 가구형 25.8% 세트형 24.7% 개별실형 0.0%

여덟 번째는 서울상상나라이다. 이곳은 국내 대상관 중 가장 최근에 개관한 대규모 독립 기관 어린이 뮤지엄이다. 체험 전시의 구성을 보면 아날로그 방식의 전시가 91.0%로 높은 비중을 차지하며, 디지털 방식은 7.8%이다. 전시 유형별 분포에 있어서는 기능 놀이형(FP) 전시가 34.8%로 가장 높은 분포를 보이며 다음으로 29.2%의 주시 관람형(Wa) 전시가 높은 분포를 보였다. 관찰 학습형(OL) 전시가 2.2%, 규칙 게임형(GP) 전시는 0%로 일반적으로 대규모 어린이 뮤지엄이 가지는 분포와는 다소 다른 양상을 보인다. 상상나라를 계획할 당시 대상 포커싱이 보다 저연령 어린이에 맞춰졌음을 추측할 수 있다. 전시 유형별 체험 방식 매칭에 있어서는 주시 관람형-다자 참여형 체험 방식이 23.5%로 가장 높은 분포를 보였고 다음으로 기능 놀이형 전시-다자 참여 체험 방식이 19.1%로 이어졌다. 기능 놀이형 전시-개인화된 체험 방식(11.2%), 구성 놀이형 전시-개인화된 체험 방식(10.1%), 역할 놀이형 전시-다자 참여형 체험 방식(10.1%)이 유사한 분포로 구성되어 있다.

기능 놀이-다자 참여형 전시의 사례. 물을 이용한 다양한 도구의 원리를 놀이화한 물놀이 체험 세트.

기능 놀이-다자 참여형 전시의 사례로 몸의 감각에 대해 체험해 보는 코너.

주시 관람-다자 참여의 사례로 빛과 그림자의 원리를 이용한 체험 놀이 코너.

서울상상나라 체험 전시 세부 아이템 분석

서울상상나라 전시분석		전시유형						체험방법				레이아웃				매체방식
이미지	아이템명	FP	CP	DP	GP	Wa	OL	So	Ps	Pa	Gr	W	F	S	R	
감성놀이																
	내모습이 궁금해				√			√		√						■디지털
	나의 사진일기		√						√		√					■아날로그
	내코는 킁킁킁				√											■아날로그
	무슨 소리일까				√				√		√					■디지털
	소중한 나의귀				√			√								■아날로그
	온 몸으로 느껴요	√							√		√					■아날로그
	할 수 있어요				√				√							■아날로그
	외출해요	√							√		√					■아날로그
	손으로 말해요				√				√							■아날로그
	사라진 소리	√						√								■아날로그
	점자의 세계				√				√							■아날로그
	손으로 읽어요	√							√							■아날로그
	조금은 느려요				√				√							■아날로그
	위대한 예술가				√				√		√					■아날로그
	따뜻한 극장			√				√			√					■아날로그
	모두가 챔피언	√							√		√					■아날로그
	우리는 친구			√					√		√					■아날로그
예술놀이																
	나를 표현해요!		√					√								■아날로그
	얼굴 만화경	√		√					√							■아날로그
	흔들흔들 조각	√							√		√					■아날로그
	짝꿍그림		√						√							■아날로그
	리본 춤추기	√							√		√					■아날로그
	창의력 공작소		√						√							■아날로그
	디자이너의 방			√					√							■아날로그
	가상 지휘자	√							√							■아날로그
	쿵작쿵작 공장	√							√							■아날로그
	인형극장	√							√							■아날로그
	만화영화 작업실		√						√		√					■아날로그
공간놀이																
	조명놀이	√						√			√					■아날로그
	빛이 만든길		√					√			√					■아날로그

빛상자 놀이	■아날로그 □디지털 □복합
내가 만드는 빛케이크	■아날로그 □디지털 □복합
반짝반짝 빛나무	■아날로그 □디지털 □복합
빛과 빛이 만나면?	■아날로그 □디지털 □복합
빛으로 그려요	■아날로그 □디지털 □복합
색깔 그림자	■아날로그 □디지털 □복합
그림자 숲	■아날로그 □디지털 □복합
빛의 정원	□아날로그 ■디지털 □복합

자연놀이

뒤뜰정원	■아날로그 □디지털 □복합
행복한 꽃이랑 나비랑	□아날로그 □디지털 ■복합
산들바람 놀이	■아날로그 □디지털 □복합
어디 숨었니?	■아날로그 □디지털 □복합
곤충이 되어요	■아날로그 □디지털 □복합
대형 나무집	■아날로그 □디지털 □복합
통나무 교실	■아날로그 □디지털 □복합
발자국 미로	■아날로그 □디지털 □복합
누가누가 키재기	■아날로그 □디지털 □복합

동물의 우리집	■아날로그 □디지털 □복합
먹이탐색	■아날로그 □디지털 □복합
강 속 세상	■아날로그 □디지털 □복합
자연 지킴이	□아날로그 ■디지털 □복합

이야기 놀이

용왕님이 아파요	■아날로그 □디지털 □복합
용궁 신하들	■아날로그 □디지털 □복합
토끼가 궁금해	■아날로그 □디지털 □복합
해초숲	■아날로그 □디지털 □복합
자라야 가자	■아날로그 □디지털 □복합
파도 넘기	■아날로그 □디지털 □복합
토끼의 간	■아날로그 □디지털 □복합
그림자 놀이	■아날로그 □디지털 □복합

상상놀이

상상놀이	■아날로그 □디지털 □복합
우주행진	■아날로그 □디지털 □복합
그림을 맞혀요	■아날로그 □디지털 □복합
우리 속삭여요	■아날로그 □디지털 □복합
그림으로 말해요	□아날로그 ■디지털 □복합

왼쪽

	1	2	3	4	5	6
공을 옮겨라	√					
		√		√		
■아날로그 □디지털 □복합						
우주 비행사		√				
	√			√		
■아날로그 □디지털 □복합						
우주선 여행		√				
	√			√		
□아날로그 ■디지털 □복합						
내가 상상하는 외계인		√				
	√		√			
■아날로그 □디지털 □복합						
우주로 보내는 편지		√				
	√			√		
■아날로그 □디지털 □복합						

과학놀이

	1	2	3	4	5	6
물놀이 연못	√					
		√			√	
■아날로그 □디지털 □복합						
아기연못	√					
		√			√	
■아날로그 □디지털 □복합						
통통 바람공	√					
	√		√			
■아날로그 □디지털 □복합						
붕붕 떠 있는 공	√					
	√			√		
■아날로그 □디지털 □복합						
경사를 오르는 공	√					
	√		√			
■아날로그 □디지털 □복합						
바람 술래잡기	√					
	√					
■아날로그 □디지털 □복합						

문화놀이

	1	2	3	4	5	6
안전을 지켜요				√		
		√	√			
■아날로그 □디지털 □복합						

오른쪽

	1	2	3	4	5	6
나르고 도와요	√					
		√		√		
■아날로그 □디지털 □복합						
집을 지어요	√					
		√		√		
■아날로그 □디지털 □복합						
우리 모두의 집		√				
	√					
■아날로그 □디지털 □복합						
세계는 지금		√				
	√		√			
■아날로그 □디지털 □복합						
꼬마 운전사		√				
	√			√		
■아날로그 □디지털 □복합						
세계의 건축		√				
	√		√			
■아날로그 □디지털 □복합						
꼬마 요리사		√				
	√			√		
■아날로그 □디지털 □복합						
세계 의상 체험		√				
	√			√		
■아날로그 □디지털 □복합						
살림의 달인		√				
	√		√			
■아날로그 □디지털 □복합						
장난감 벼룩시장		√				
	√		√			
■아날로그 □디지털 □복합						
동물병원 수의사		√				
	√					
■아날로그 □디지털 □복합						
미래 명함			√			
	√		√			
□아날로그 ■디지털 □복합						
거리 축제		√				
	√		√			
■아날로그 □디지털 □복합						

⑨ 국립현대미술관 내 어린이 뮤지엄

국립현대미술관 내 어린이 뮤지엄 공간 구성 및 전시 분석

A-3		국립현대미술관 내 어린이 뮤지엄	전경 사진
박물관개요	소재지	경기도 과천시 막계동	
	설립 연도	2010년	
	전시 공간 규모	지상 1층	
	건축 공간 유형	부속 시설, 기존 공간 전용형	
	전시 존	6 zone	
	조사 아이템 수	약 10개	

평면도 및 zone	전시 유형 분석
	전시 매체는 아날로그가 대부분이다. 타 어린이 뮤지엄과 비교하여 모(母)박물관의 테마 특성상 아트 체험으로 특화되었기 때문에, 전시 유형은 구성 놀이형과 주시 관람형으로만 이루어져 있다.

1층

열림마루
상상뜰
해뜰
봄뜰
쉼뜰
놀뜰
배움뜰

전시 매체 분포

아날로그 90.0%
디지털 10.0%
복합 0.0%

전시 유형 분포

기능 놀이형 0.0%
구성 놀이형 60.0%
역할 놀이형 0.0%
규칙 게임형 0.0%
주시 관람형 40.0%
관찰 학습형 0.0%

전시물 공간 레이아웃 분포

벽부형 40.0%
독립 가구형 10.0%
세트형 20.0%
개별실형 30.0%

구성 놀이-다자 참여형 전시로 놀이와 아트 워크를 접목한 체험 놀이 코너(이미지 출처 : 국립현대미술관 홈페이지).

컬러 볼을 이용해 구성 작업을 하게 하는 코너(이미지 출처 : 국립현대미술관 홈페이지)

마지막으로 아홉 번째 분석관은 국립현대미술관 내 어린이 뮤지엄이다. 어린이아트뮤지엄과 마찬가지로 미술계 주제 어린이 뮤지엄이다. 아날로그형 전시 90%, 디지털 전시 10%로 구성되어 있다. 또한 구성 놀이형(CP) 전시가 60%에 이르며 40%는 주시 관람형(Wa) 전시로 구성되어 있다. 전시 유형과 관람 방식과의 매칭은 구성 놀이형 전시-다자 참여 체험 방식이 60%로 월등히 높게 분포하며 다음으로 주시 관람형 전시-개인화된 체험 방식이 30.3%의 분포를 보인다.

국립현대미술관 내 어린이 뮤지엄 체험 전시 세부 아이템 분석

국립현대미술관 어린이박물관 전시분석

이미지	아이템명	FP	CP	DP	GP	Wa	OL	So	Ps	Pa	Gr	W	F	S	R
	열림마루				√										√
	■아날로그 □디지털 □복합														
	상상뜰		√							√				√	
	■아날로그 □디지털 □복합														
	해뜰				√										
	■아날로그 □디지털 □복합														
	봄뜰									√		√			
	■아날로그 □디지털 □복합														
	쉼뜰				√			√							√
	□아날로그 ■디지털 □복합														
	놀뜰1								√		√				√
	■아날로그 □디지털 □복합														
	놀뜰2								√	√					
	■아날로그 □디지털 □복합														
	놀뜰3								√		√				
	■아날로그 □디지털 □복합														
	배움뜰1								√	√					√
	■아날로그 □디지털 □복합														
	배움뜰2								√						√
	■아날로그 □디지털 □복합														

이상과 같이 조사 정리한 어린이 뮤지엄 체험 전시물 사례에서 이들의 구성 특징을 살펴보면, 모든 대상관들이 아날로그 매체로 80% 이상 구성되어 있다는 점에서 어린이 뮤지엄은 핸즈온이라고도 대치할 수 있는 아날로그형 전시를 지향함을 알 수 있다. 또한 <그림-조사 대상관 규모에 따른 체험 전시 유형 분포 현황>에서 보여주듯 전시 유형별 구성은 대체로 기능 놀이형(FP)과 역할 놀이형(DP)이 분포가 높으며 관찰 학습형(OL)과 주시 관람형(Wa)은 어린이 뮤지엄에 따라 큰 편차를 보였다. 브루클린어린이뮤지엄(A-2), 휴스턴어린이뮤지엄(A-3), 스태튼아일랜드어린이뮤지엄(A-4), 서울상상나라(K-2)와 같이 대규모 어린이 뮤지엄일수록 전시 유형별 분포가 고르게 나타나며, 어린이아트뮤지엄(A-6), 국립민속어린이뮤지엄(K-1), 국립현대미술관 내 어린이 뮤지엄(K-3)처럼 소규모 어린이 뮤지엄은 기능 놀이(FP) 및 구성 놀이형(CP)가 큰 비중을 차지했다. 어린이아트뮤지엄(A-6), 국립현대미술관 내 어린이 뮤지엄(K-3)과 같이 특정 테마를 가진 어린이 뮤지엄은 테마 특성에 따라 특정 유형의 전시 분포가 높음을 알 수 있다. 이들은 미술계 어린이 뮤지엄으로 주로 구성 놀이형(CP)과 주시 관람형(Wa) 전시로 구성되어 있다. 그런데 K-3는 구성 놀이형(CP)과 주시 관람형(Wa)으로만 구성되었으나 같은 미술계 주제 뮤지엄인 A-6는 아트 체험 외에 신체 활동을 지원하는 기능 놀이형(FP) 전시도 구성된 점이 특기할 만하다.

또한, 대상관들의 전체 전시 아이템을 종합 분석해보면 기능 놀이형(FP) 전시가 30.50%로 가장 많으며, 다음으로는 역할 놀이형(DP)이 21.11%로 비중이 컸다. 그다음은 근소한 차이로 주시 관람형(Wa)이 20.39%로 높은 분포를 보였다. 이는 어린이 뮤지엄에서 가장 선호되

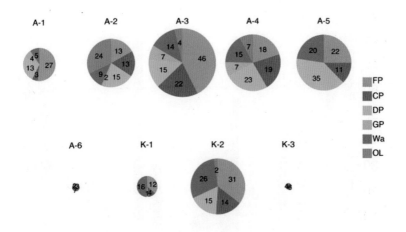

조사 대상관 규모에 따른 체험 전시 유형 분포 현황

는 방식이 조작 및 신체 활동, 즉 대근육과 소근육을 활용하는 활동을 비롯하여 다양한 역할 놀이를 통한 직접 체험임을 보여준다. 또한 영상과 패널 등 핸즈온이 아닌 관람 방식의 전시도 선호되고 있음을 확인할 수 있다. 그리고 전시 유형 및 체험 방법의 매칭도를 살펴보면 그림-전시 유형과 체험 방식의 매칭 분포도와 같이 기능 놀이형-독립 체험형(14.80%), 주시 관람형-다자 참여형(14.80%)이 같은 분석값으로 가장 높은 분포를 보였고, 기능 놀이형-다자 참여형(14.07%), 역할 놀이형-다자 참여형(10.10%) 순으로 높은 분포를 보였다.

이와 같은 결과는 또한 체험 방법에 있어서 전시 유형에 따라 선택되는 방식이 일정한 패턴이 있음을 보여준다. 가령 기능 놀이형(FP) 전시는 독립 체험형(So)과 다자 참여형(Pa)이 주류를 이루고 소수의 상호 대응형(Ps)과 상호 협동형(Gr)이 있으며, 구성 놀이형(CP)은 독립 체험형

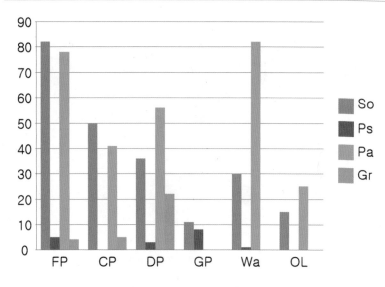

전시 유형과 체험 방식의 매칭 분포도

(So)과 다자 참여형(Pa)이 주류이며 소수의 상호 협동형(Ps)이 있다. 역할 놀이형(DP)은 모든 체험 방식에서 나타나는데, 다자 참여형(Pa)이 가장 많은 분포를 보였으며 다음으로 독립 체험형(So)과 상호 협동형(Ps)이 높은 분포를 보였다.

조사 대상관 전시 유형별 아이템 분포

구분		체험 방식별 분류											
		So			Ps			Pa			Gr		
전시 유형별 분류	FP	12 22.22	2 2.56	27 24.54			2 1.81	13 24.07	11 14.10	17 15.45	1 1.85		
		11 12.35	11 12.50	1 11.11				6 6.74	11 12.50		1 1.12		1 11.11
		8 24.24	10 11.23			3 3.37		3 9.09	17 19.10			1 1.12	
	CP	1 1.85	9 11.53	10 9.09				2 3.70	4 5.12	12 10.90			
		9 10.11	8 9.09	1 11.11				5 5.61	2 2.27	4 44.44	4 4.49	1 1.13	
		3 9.09	9 10.11					2 6.06	4 4.49	6 60.00			
	DP	1 1.85	4 5.12	1 0.90				11 20.37	8 10.25		1 1.85	2 2.56	14 12.72
		9 10.11	14 15.90		2 2.24	1 1.13		12 13.48	15 17.04			5 5.68	
			7 7.86					1 3.03	9 10.11				
	GP	3 5.55	1 1.28	5 4.54	1 1.85	2 2.56	2 1.81						
		3 3.37			4 4.49								
		1 3.03											
	Wa	5 15.15	3 3.84	7 6.36				1 1.85	7 8.97	7 6.36			
		1 1.12	3 3.40					14 15.73	17 19.31	2 22.22			
		6 18.18	4 4.49	1 10.00		1 1.12		10 30.30	21 23.59	3 30.00			
	OL		8 10.25	4 3.63					17 21.79	2 1.81			
		3 3.37						4 4.49					
									2 2.24				

[범례]
대상관별 아이템 수(ea) 및 대상관 내 분포 퍼센티지(%)

[대상관]

A-1	A-2	A-3
A-4	A-5	A-6
K-1	K-2	K-3

- 30.00% 이상
- 10.00-29.99%
- 0.01-9.99%
- 0%

게임 규칙형(GP)은 독립 체험형(So)과 상호 대응형(Ps)의 두 체험 방식으로 구성되었으며 주시 관람형(Wa) 전시와 관찰 학습형(OL) 전시는 독립 체험형(So)과 다자 참여형(Ps)의 두 유형으로 구성되어 있다. 〈표-조사 대상관 전시 유형별 아이템 분포〉는 이와 같은 빈도 분포 결과를 스펙트럼으로 보여주며, 면이 흑색에 가까울수록 높은 빈도를 보인다는 의미이다. 어린이 박물관에서 체험 방식은 다자 참여형(Ps)과 일부 독립 체험형(So)에서 높은 빈도를 볼 수 있다. 특히 전반적으로 높은 분포를 가지는 다자 참여형(Ps)은 다수의 어린이를 동시에 수용해야 하는 운영 특성상 가장 요구되고 선호되는 전시 구현 방식임을 추측할 수 있다. 한편 체험 방식 자체가 상호 작용적 관람 행동을 전제로 한 상호 대응형(Ps)과 상호 협동형(Gr)은 전체에서 그리 높지 않은 분포 빈도를 가지며 게임 규칙형(GP) 전시 유형에서만 더러 나타나고 있었다.

전시 유형별 선호 체험 방법

전시 유형 분포에 이어 어린이 뮤지엄의 체험 전시 구성 현황에 따른 공간적 구성 특성을 고찰하였다. 〈그림-조사 대상관의 체험 전시 레이아웃 유형별 분포〉에서 보이듯 각 관의 레이아웃 분포를 보면 맨해튼 어린이뮤지엄(A-1)에서 어린이아트뮤지엄(A-6)까지 미국 소재 어린이 뮤

지엄은 독립 가구형(F)과 체험 세트형(S) 레이아웃이 높은 분포를 차지함을 알 수 있으며, 국립민속어린이박물관(K-1), 서울상상나라(K-2), 국립현대미술관어린이뮤지엄(K-3) 등 한국 소재 어린이 뮤지엄은 벽부형(W)이 높게 분포함을 알 수 있다. 이는 미국 소재 어린이 뮤지엄들이 공간을 더 입체적으로 하고 있음을 확인시켜 주는 결과로 해석된다.

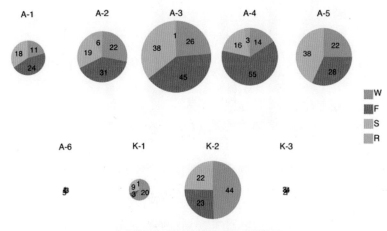

조사 대상관의 체험 전시 레이아웃 유형별 분포

실질적으로 체험 전시와 관람자 간 상관관계 고찰을 위해 우선 세부 아이템들의 공간적 구성 특성을 고찰할 필요가 있겠다. 이에 전체 대상관의 전시물을 유형별로 분류하여 각 유형에서 발견되는 공간적 특징을 고찰하였다. 전체 전시물의 레이아웃 방식을 분석해보면 <그림-전시 유형과 공간 레이아웃 유형 매칭 분포도>와 같이 독립 가구형(F)이 38.26%로 가장 많았고 벽부형(W)이 31.58%, 체험 세트형(S)이 29.60%의 분포를 보였다. 그리고 앞서 살펴본 전시 유형과 체험 방법에서의 매칭도처럼 전시 유형과 레이아웃 유형에서의 매칭 분포를 살

퍼보면 체험 방법에서만큼 두드러지게 패턴화되지는 않지만, 특정 유형 간 높은 매칭 빈도 경향을 발견할 수 있었다.

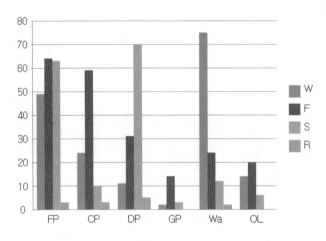

전시 유형과 공간 레이아웃 유형 매칭 분포도

〈표-조사 대상관의 전시 유형별 레이아웃 분포〉는 이와 같은 결과를 스펙트럼으로 보여주는 것으로, 전시 유형별로 우세한 레이아웃 방식을 파악하게 한다. 앞서 체험 방법과 매칭에서 기능 놀이형(FP)의 경우 개인화된 체험(So)과 다자 참여형(Pa)이 주를 이룬다. 구성 놀이형(CP)은 개인화된 체험(So)이 주류를 이루며, 규칙 게임 놀이형(GP)은 개인화된 체험(So)과 상호 대응형(Ps)이 우세하다. 이와 연계하여 기능 놀이형(FP), 구성 놀이형(CP), 역할 놀이형(DP)은 모든 레이아웃 유형에 폭넓은 구성 분포를 보이면서 기능 놀이형(FP)은 체험 세트형 레이아웃(S)에, 구성 놀이형(CP)은 독립 가구형(F)에, 역할 놀이형(DP)은 역시 체험 세트형(S)에서 더욱 두드러진 매칭 분포가 있음을 알 수 있었다. 규칙 게임형

(GP)과 관찰 학습형(OL) 전시물의 경우 벽부형(W), 독립 가구형(F), 체험 세트형(S)에 매칭 분포가 있으며, 게임 규칙형(GP)은 독립가 구형(F)에, 관찰 학습형(OL)은 벽부형(W)과 독립 가구형(F)에 다소 높은 매칭 분포를 보였다. 주시 관람형(Wa)은 모든 유형의 레이아웃에 분포되고 있으나 벽부형(W), 독립 가구형(F), 체험 세트형(S)이 빈도가 높고 그중에서도 벽부형(W)이 두드러지는 매칭 분포가 있음을 알 수 있었다.

이를 통해 고찰한 전시 유형과 체험 방식, 그리고 레이아웃 간의 상관관계를 다이어그램으로 나타내면 <그림-전시 유형에 따른 관람 방법 및 레이아웃 양상>과 같다.

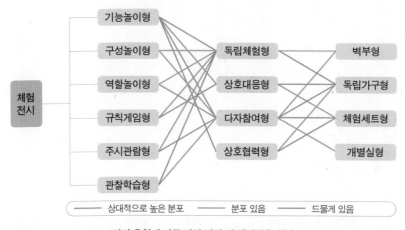

전시 유형에 따른 관람 방법 및 레이아웃 양상

조사 대상관의 전시 유형별 레이아웃 분포

구분		Wall type			Furniture type			Set type			Room type	
전시 유형별 분류	FP	3 / 5.55	2 / 2.56	9 / 8.18	13 / 24.07	1 / 1.28	22 / 20.00	10 / 18.51	9 / 11.53	15 / 13.63	1 / 1.28	
		13 / 14.60	2 / 2.27	1 / 11.11	2 / 2.24	9 / 10.22		3 / 3.37	10 / 11.36		1 / 1.13	1 / 11.11
		7 / 21.21	12 / 13.48			7 / 7.86		4 / 12.12	12 / 13.48			
	CP	2 / 3.70	2 / 2.56	3 / 2.72	1 / 1.85	10 / 12.82	14 / 12.72			4 / 3.63	1 / 1.28	1 / 0.90
		1 / 1.12	5 / 5.68		16 / 17.97	5 / 5.68	5 / 55.55	1 / 1.12	1 / 1.13		1 / 1.12	
		3 / 9.09	6 / 6.74	2 / 20.00	2 / 6.06	6 / 6.74			2 / 2.24	2 / 20.00		2 / 20.00
	DP	1 / 1.85	1 / 1.28		5 / 9.25	4 / 5.12	1 / 0.90	7 / 12.96	5 / 6.41	14 / 12.72	4 / 5.12	
		3 / 3.37	2 / 2.27			8 / 8.98	8 / 9.09	11 / 12.35	25 / 28.40		1 / 1.12	
			4 / 4.49			5 / 5.61		1 / 3.03	7 / 7.86			
전시 유형별 분류	GP		2 / 1.81		4 / 7.40	3 / 3.84	3 / 2.72			2 / 1.81		
					7 / 7.86							
								1 / 3.03				
	Wa	5 / 9.25	5 / 6.41	10 / 9.09	1 / 1.85	4 / 5.12	2 / 1.81	1 / 1.85	1 / 1.28	2 / 1.81		
		8 / 8.98	12 / 13.63	2 / 22.22	5 / 5.61	6 / 6.81		2 / 2.24	2 / 2.27			
		10 / 30.30	21 / 23.59	2 / 20.00	1 / 3.03	4 / 4.49	1 / 10.00	3 / 9.09	1 / 1.12		1 / 3.03	1 / 10.00
	OL		11 / 14.10	2 / 1.81		9 / 11.53	3 / 2.72		5 / 6.41	1 / 0.09		
					7 / 7.86							
		1 / 1.12				1 / 1.12						

[범례]
대상관별 아이템 수(ea) 및
대상관 내 분포 퍼센티지(%)

[대상관]

A-1	A-2	A-3
A-4	A-5	A-6
K-1	K-2	K-3

■	30.00% 이상
▨	10.00-29.99%
▤	0.01-9.99%
□	0%

또한, 각 체험 전시별 단위 레이아웃 유형에 이어 관람 중 상호 작용의 양상을 공간 측면에서 이해하기 위해서는 전시 유형에 따른 단위 점유 면적과 참여 인원에 대한 고찰이 필요하다. 〈그림-전시 유형에 따른 단위 전시물 점유 면적과 참여 인원 양상〉은 이와 같은 결과를 종합한 것으로, 전시 유형별 참여 인원 규모와 소요 공간 규모 특징을 설명한다.

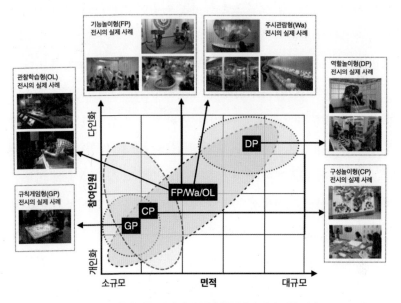

전시 유형에 따른 단위 전시물 점유 면적과 참여 인원 양상

기능 놀이형(FP)과 관찰 학습형(OL) 전시는 단위 점유 면적이 소규모에서 대규모까지 넓게 나타나며, 체험 방법과 직접적인 연관성을 가지는 참여 인원도 이같이 비례하고 있음을 알 수 있다. 구성 놀이형(CP) 전시는 대부분 중소 규모로 한 번에 소수의 인원이 참여하는 개인화된 체험(So)으로 구성되어 있다. 반면 주시 관람형(Wa) 전시는 규모의 차이

가 있으나 한 번에 다수의 인원을 수용하거나 관람하도록 하는 양상을 보인다. 역할 놀이형(DP) 전시는 전반적인 빈도 분포가 가장 낮은 전시 유형으로, 점유 면적도 작고 동시 참여 인원도 적음을 알 수 있다. 아이템 수에 있어서 가장 높은 분포를 가지는 역할 놀이형(DP) 전시는 점유 면적에서도 넓은 단위 공간을 가지고 있으며 참여 인원 역시 다수를 동시 지원한다. 이는 상호 작용적 관람 행동을 고찰하기 위해 관람에 있어 가장 큰 영향 요인으로 꼽히는 어린이 박물관의 체험 전시를 공간 관점에서 고찰 분석한 결과로, 각각의 유형 특성에 따른 상호 작용 방식도 달라지며 지원 양상도 달라져야 함을 유추할 수 있다.

이상과 같이 어린이 뮤지엄에서 체험 전시물을 살펴보았다. 위의 내용을 통해 체험 내용과 방식에 따라 단위 유닛의 선호되는 디자인 특성과 전시 유형에 따라 일정한 공간 패턴을 예측할 수 있다. 또한 이와 같은 환경에서 관람객이 어떠한 행동을 유발하고 상호 작용이 이루어지는지에 있어서도 어떻게 일정한 패턴을 보일 수 있는지를 예측하게 한다. 이러한 결과를 통해 체험 전시에 따른 상호 작용의 양상을 더욱 입체적으로 파악할 수 있다. 또한 상호 작용의 지원 측면에서 계획적 시사점을 도출하는 근거 자료로 이어지는 연구에도 활용되었다. 그렇다면 실제 관람 행동이 어떻게 일어나고 있으며 관람 중 어린이와 동반 보호자가 상호 작용하고 있는지 미시적으로 관찰 및 조사하여 이들의 상관성과 영향 관계를 세부적으로 고찰해보고자 한다. 다음 장에서 그 부분을 살펴보기로 하자.

4. 보호자의 조력이 만드는 관람 효과

동반 관람과 상호 작용의 관람 만족도 상관성

나의 어린이 뮤지엄 연구에서 '동반 관람이 관람 만족에 영향을 준다'라는 주요한 가설을 검증하는 상호 작용 관찰과 연구는 상당히 중요했다. 박사 논문의 주요 관점과 내용도 이를 중심으로 전개되었지만, 어린이 뮤지엄에 관한 책으로 재구성하면서 지나치게 학술적인 내용이어서 생략해야 할지 고민했다. 그러나 어린이 뮤지엄이나 어린이 교육을 연구하는 분들에게 앞서 주장한 논지를 검증한 결과가 선행자료가 될 수 있으며, 전문연구자가 아니더라도 그 결과를 가시적으로 공유할 필요는 있겠다고 판단하여 연구 조사 결과를 담은 이 장도 생략하지 않기로 했다. 다소 시간이 지난 연구지만, 시의성이 있어 시기에 따라 결과가 변하는 것은 아니므로 이 연구의 분석 결과는 주목할 필요가 있다.

전체 내용을 요약하면 다음과 같다. 보호자와 상호 작용이 활발한 그룹이 그렇지 않았던 그룹보다 관람의 만족도가 높았다는 점이다. 어

린이의 관람 효과뿐 아니라 보호자의 관람 만족도도 높았다는 점은 주목할 가치가 있다. 그러나 실제로 보호자가 어린이 뮤지엄에서 활발한 상호 작용을 하는 것이 환경, 성향, 상황 등 여러 이유로 어려울 수 있다. 그러므로 전문가 그룹은 공간이나 체험물 자체가 자연스럽게 상호 작용을 유발할 수 있도록 고민해야 한다. 또한 보호자 그룹에 상호 작용의 유용성을 환기할 필요가 있다. 그럼 본격적인 검증의 내용을 살펴보기로 한다.

앞서 어린이 뮤지엄에서 간과하지 않아야 할 중요한 관람 특성은 동반 관람임을 파악하고, 동반 관람의 관점에서 관람 행동 즉 상호 작용에 대한 이론적 고찰을 진행하였다. 이에 어린이 뮤지엄 관람 행동에서 상호 작용, 특히 어린이-동반 보호자의 상호 작용이 전시의 만족과 이해에 영향을 주는지, 준다면 어떻게 상관성을 가지는지에 대한 실질적인 확인 결과가 궁금할 것이다. 이를 검증하고자 관람객이 인지하는 상호 작용에 대한 조사를 진행하였다. 관람객 연구는 제임스 가드너James Gardener와 케롤라인 헬러Caroline Heller가 '뮤지엄은 그것을 보는 사람이 존재하지 않는다면 그 의미를 상실할 것이며 관람객들이 물리적인 여건에 대해 어떤 반응을 하는가는 매유 중요한 문제이다'라고 중요성을 언급한 바와 같이 시대별로 꾸준히 연구되어 온 주제이기도 하다. 초기 관람자 연구는 주로 관람객 수를 기록하는 차원에 머물렀으나 1920년대 전후로 행동 관찰이 이루어지기 시작했다. 이때 뮤지엄 관람에 대한 '피로도', '유지력', '흡인력'과 같은 관람자 연구에서 주요한 지표와 같은 용어들이 등장하였고, 1950년대 중반으로 넘어오면서는

전시의 효과 및 교육적 영향을 측정하는 연구들이 시작되었다. 1980년대 이후에는 연구의 관점과 방법이 더 다각화되어 복수의 방법을 적용한 연구들이 진행되고 있다.

이와 같은 연구 방법론에 준하여, 본 장에서는 설문 조사 및 분석을 통해 연구 초반에 제기된 연구 문제에 대해 실질적 검증을 시도하였다. 이를 위해 실제로 어린이-동반 보호자가 관람할 때 관람 양상과 관람 만족도와의 상관성을 정량적으로 분석하기 위해 '만족도'라는 지표를 사용하였다. 만족도는 마이클 벨처Michael Belcher(2006)가 전시 공간의 수용자인 관람객을 이해하기 위해 파악이 필요하다고 제시한 지표인 관람 동기, 관심거리, 선호도, 기대치, 만족도[61]의 하나로, 동반 관람과 상호 작용의 영향력 및 역할을 가늠하기에 가장 적절한 지표라고 판단되었다. 또한 야로위츠Yalowitz(2001), 에센버거Eisenberger(1999), 페카릭Pekarik(1999) 등도 뮤지엄 관람자에 관한 연구에서 만족도는 관람자의 전반적인 경험에 대한 해석에 있어 좋은 지표를 제공한다고 밝히고 있으며, 관람자를 전시 공간에 더 오래 머무르게 하는 핵심 요소이자 집중력을 증가시키는 요소라고 언급한다.

조사 대상은 앞서 연구의 목적과 범위에서 언급했듯 학령전기 어린이와 동반 보호자로, 동반 관람의 효과에 대한 데이터의 실효성을 높이기 위해 단체 관람객이 아닌 개별 방문객으로 한정하였다. 단체 관람객의 경우 인솔자가 일대 다수의 어린이와 관람을 진행하므로 상호 작용에 대한 빈도 및 질적 양상이 낮고 동행한 보호자를 중심으로 기

---

61 마이클 벨처, 박물관 전시의 기획과 디자인, 예경, 2006, pp. 78-79

술되며, 인솔자의 경우는 모든 어린이의 관람 행동을 세세히 기억할 수 없는 관람의 구조적 특징을 가지기 때문이다. 또한 조사의 대상이 언어적 자기 표현 능력이 능숙하지 않은 어린이임을 고려하여 동행한 동반 보호자를 중심으로 설문이 진행되었다. 이는 학령전기 어린이의 경우 문해 능력뿐 아니라 의사 표현 능력이 미숙하여 직접 조사에서 데이터를 정확하게 수집하기 어렵다고 판단되며, 오히려 어린이의 특성이나 관람 양상을 가장 잘 알고 가까이서 지켜본 동반 보호자를 통해 조사가 이루어지는 것이 내용적 실효성이 높다고 판단되기 때문이다. 다만 설문 과정에서 보호자의 주관적 의견 개입을 통제하기 위해 객관화된 답변이 나올 수 있도록 질문지를 설계하였다.

조사 대상 박물관은 국립민속어린이박물관으로 선정하였다. 특정 전시물이나 테마와 관련된 조사를 진행하는 것이 아닌 관람객 동반 관람에 대한 인식과 양상을 분석하기 위해서는 운영상 일정한 관람 시간이 주어져 관람 회전율이 높은 중소 규모의 어린이 뮤지엄이 적당하다고 판단하였기 때문이다. 또한 이곳은 국내 최초의 국공립 어린이 뮤지엄으로 연 19만 명의 관람객이 찾고 있을 정도로 안정되고 독자적인 운영 체계를 갖추었다. 관람객 조사는 2013년 10월 2일부터 9일까지 대상관을 방문한 개별 관람객 중 대상 연령인 학령전기 어린이와 동반 방문한 보호자에게 관람 종료 후 설문지를 배포하는 방식으로 진행되었다. 총 201부가 회수되었으며 이 중 유효한 182부의 설문지를 SAS 9.1 통계프로그램으로 분석하였다.

관람객 조사를 진행하기 위한 질문지의 주요 내용은 <표-어린이 동반 보호자 상호 작용 질문지 구성 내용>과 같이 관람자의 일반적 특성

과 이용 패턴에 대한 질의 및 상호 작용 양상과 관람 만족도에 대한 항목으로 구성되었다. 특히 동반 관람과 상호 작용에 대한 현황 파악을 위해 이에 대한 관람객의 만족 여부와 관람 양상을 질의하였으며 보호자 측과 어린이 측으로 나뉘어 각각의 문항에 답변하도록 하였다.

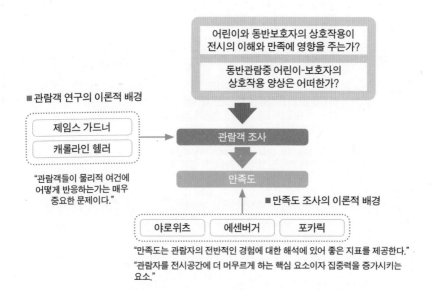

관람객이 인지하는 상호 작용 만족도 조사의 이론적 배경 및 개념도

어린이 동반 보호자 상호 작용 질문지 구성 내용

상위영역	하위항목	측정척도	문항 수
일반적 특성	어린이의 나이, 성별, 전시 관람 횟수	단답형	8문항
	보호자의 전시 선택 기준, 동반 관람 형태	객관식 문항	
이용 패턴	방문 목적, 방문 형태 및 소감, 선호 전시물, 재방문 여부	리커드 5점 척도	8문항
동반 보호자 측면	보호자의 사전 학습 유무, 보호자 측 대표적 상호 작용(질문하기, 설명하기, 시범 보이기, 권유/설득하기, 칭찬/격려하기 피드백하기, 귀담아듣기, 관찰 /지켜 보기)의 유무 및 정도	리커드 5점 척도	7문항
어린이 측면	어린이 측 대표 상호 작용 (요청/제안하기, 질문하기, 의사 표현하기, 수긍/반응하기, 따라 하기, 대답하기, 귀담아듣기)의 유무 및 정도	리커드 5점 척도	5문항
양측면	양측 대표 상호 작용 (감정 공감하기, 웃거나 눈 맞추며 대화하기, 만족감이나 성취 결과 표현하기)의 유무 및 정도	리커드 5점 척도	2문항
관람 만족도	보호자와 어린이의 관람 만족도, 기타 의견	리커드 5점 척도	4문항

　　동반 관람에 대한 일반 분석 결과를 살펴보면 보호자가 인식하는 어린이 뮤지엄의 방문 목적은 아래 〈표-어린이 뮤지엄 방문 목적〉과 같이 놀이 활동(41.75%), 교육(31.32%), 문화생활(18.68%), 가족 여가(8.24%)의 순으로, '놀이 활동'과 '교육'이 높은 비중을 갖고 있음을 보여주었다. 이는 어린이 뮤지엄의 용도 및 활용에 대한 보호자의 인식을 확인하게 하는 부분으로, 전시물 선호 유형과 관람 중 상호 작용 행태에도 영향을 주는 중요한 단서로도 해석될 수 있다.

　　어린이 뮤지엄의 동반 관람에 있어 만족 부분을 물어보는 질문에 대해서는 〈표-동반 관람의 민족 부분〉과 같이 아이와의 공감대 형성(44%), 부모의 아이 교육 참여(24%), 가족 여가 활동(21%), 간접 학습(11%)

의 순으로 응답하였다. 이 중 '아이와의 공감대 형성'이 가장 높은 분포를 보이는 바와 같이 어린이 뮤지엄에서 보호자와 어린이의 신체적, 물리적 상호 작용 외에도 교감과 같은 정신적 상호 작용이 높음을 예측할 수 있다. 또한 앞에서 고찰한 동반 보호자의 관람 유형에 대해서 동반 보호자가 인식하는 동반 관람은 〈표-동반 보호자의 관람 유형〉과 같이 밀착 동반 관람[43.11%]과 보조 동반 관람[34.13%]이 주류를 이루었다.

동반 관람에 대한 만족도를 물어보는 질문에 대해서는 〈표-어린이 및 동반 보호자의 동반 관람 만족도〉와 같이 어린이 측과 보호자 측에 각각 질의를 하였다. 어린이는 보호자와의 동반 관람에 대해 '만족한다'가 55.80%, '매우 만족한다'가 27.07%로 조사되었다. 보호자는 어린이와의 동반 관람에 대해 '만족한다'가 52.81%, '매우 만족한다'가 38.52%로 응답하였다. 이런 결과로 미루어 보호자 측과 어린이 측 모두 동반 관람에 대한 높은 만족도를 갖고 있음을 확인하였으며, 종합

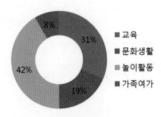

어린이 뮤지엄 방문 목적

동반 관람의 만족 부분

동반 보호자의 관람 유형

만족도 역시 '만족한다'가 62.18%, '매우 만족한다'가 18.64%로 동반 관람이 관람 만족도에 영향을 주고 있음을 확인할 수 있었다. 앞서 보호자가 생각하는 동반 관람이 주는 만족스러운 부분에서 가장 높은 응답을 가진 '아이와의 공감대 형성'과도 연계하여 판단할 때 공감대라는 것은 정신적 상호 작용으로도 해석할 수 있으므로, 보호자와 어린이의 동반 관람 및 상호 작용은 어린이 뮤지엄의 관람 만족에 영향을 주는 주요 인자라고 추론된다.

어린이 및 동반 보호자의 동반 관람 만족도

유형	N	평균 (SD)	빈도(명, %)					
			매우 그렇다	그렇다	보통이다	아니다	매우 아니다	총합
아이의 만족도	181	4.08 0.71	49 27.07	101 55.80	29 16.02	1 0.55	1 0.55	181 (100)
부모의 만족도	178	4.26 0.64	65 36.52	94 52.81	19 10.67	0	0	178 (100)
종합 만족도	177	4.18 0.58	33 18.64	110 62.16	34 19.20	0	0	177 (100)

한편 동반 관람이 전시의 이해에 있어 도움이 되는지에 대해서는 38.46%가 '그렇다', 37.36%가 '매우 그렇다'라고 대답하여 '도움이 된다'라는 반응이 많음을 알 수 있었다. 어린이 박물관의 전시는 단순한 시지각적 관람이 아닌 체험과 경험이고 정보의 이해와 전달에서 조력자의 역할이 요구되기도 한다. 외적인 원인과 영향 관계를 위한 심도 있는 고찰이 요구되는 부분이라 할 수 있다.

동반 관람이 전시 이해에 미치는 영향

유형	N	평균 (SD)	빈도(명, %)					
			매우 그렇다	그렇다	보통이다	아니다	매우 아니다	총합
전시 이해에 도움이 된다	182	4.09 0.84	68 37.36	70 38.46	38 20.88	6 3.30	0 0.00	182 100

다음으로 어린이의 관람에 있어 보호자의 영향을 고찰하기 위해 보호자의 사전 준비 여부 및 보호자 관람 유형(밀착 동반형, 보조 동반형, 단순 주시형, 유아 방치형)에 따른 전시 관람 시간과 규모에 대한 인지 차이, 관람 만족도와 상관성, 전시 관람 중 상호 작용 유형과 정도를 분석하였다. 주어진 관람 시간과 규모를 어떻게 인지하는지에 대한 조사는 시간 및 규모인지가 관람 환경에 따라 주관적이거나 상대적인 여지를 가지므로 동반 보호자의 관람 유형에 따라 지각知覺의 차이가 있는지를 분석하기 위함이다.

전시 관람 시간의 인지 상관성에 대해서는 <표-보호자 관람 행태에 따른 전시 관람 시간 체감 상관성>의 일원분산분석 결과 보호자 관람 유형(밀착 동반형, 보조 동반형, 단순 주시형, 유아 방치형)에 따른 관람 시간에서 F값이 2.60, p값이 0.054로, p값이 0.05보다 큰 것으로 나타나 보호자 관람 방식에 따라 관람 시간에 통계적으로 유의미한 차이가 발생하지 않았다. 따라서 관람 시간에 대한 지각은 동반 보호자의 관람 유형별로 다르지 않았다. 즉 밀착 관람을 하는 동반 관람 그룹이든 분리 관람을 하는 동반 관람 그룹이든 전시실의 규모에 대해서는 인지적으로 다르게 느끼지 않았다.

보호자 관람 행태에 따른 전시 관람 시간 체감 상관성

유형	N	평균 (SD)	빈도(명, %)					
			매우 짧다	짧다	적당하다	길다	매우 길다	총합
밀착 동반 관람형	73	3.15 0.55	0 0.00	17 10.12	50 29.76	6 3.57	0 0.00	73 42.07
보조 동반 관람형	57	2.95 0.58	0 0.00	7 4.17	41 24.40	8 4.76	1 0.60	57 34.76
단순 주시 관람형	30	2.93 0.45	0 0.00	1 0.60	27 16.07	1 0.60	1 0.60	30 18.29
유아 방치 관람형	8	2.75 0.71	0 0.00	1 0.60	4 2.38	3 1.79	0 0.00	8 4.88
합계	168	2.95 0.57	0 0.00	26 15.48	122 72.62	18 10.71	2 1.19	168 100

변량원	자승합	자유도	평균자승	F	p값
집단 간	2.354	3	0.785	2.60	0.054
집단 내	49.551	164	0.302		
합계	51.905	167			

전시 면적에 관한 인지 결과에서도 〈표-보호자 관람 행태에 따른 전시 면적 체감 상관성〉의 일원분산분석 결과와 같이 보호자 관람 방식(밀착 동반형, 보조 동반형, 단순 주시형, 유아 방치형)에 따른 전시 면적 인지값에서 F값이 2.04, p값이 0.110으로 나타나 p값이 0.05보다 큰 값으로 나와 역시 보호자 관람 방식에 따라 통계적으로 유의미한 차이가 없었다.

이와 같은 결과에 따라 동반 관람 유형이 시간성이나 공간의 규모 같은 물리적인 부분에서도 영향을 주지 않음을 유추할 수 있다.

보호자 관람 행태에 따른 전시 면적 체감 상관성

유형	N	평균(SD)	빈도(명, %)					
			매우 넓다	넓다	적당하다	좁다	매우 좁다	총합
밀착 동반 관람형	73	2.41 0.74	1 0.60	2 1.19	29 17.26	35 20.83	6 3.57	73 43.45
보조 동반 관람형	57	2.21 0.67	0 0.00	1 0.60	17 10.12	32 19.05	7 4.17	57 33.93
단순 주시 관람형	30	2.17 0.79	0 0.00	1 0.60	9 5.36	14 8.33	6 3.57	30 17.86
유아 방치 관람형	8	1.88 0.64	0 0.00	0 0.00	1 0.60	5 2.98	2 1.19	8 4.76
합계	168	2.17 0.71	1 0.60	4 2.38	56 33.33	86 51.19	21 21.50	168 100

변량원	자승합	자유도	평균자승	F	p값
집단 간	3.218	3	1.073	2.04	0.110
집단 내	86.187	164	0.526		
합계	89.405	167			

그렇다면 보호자의 전시에 대한 사전 학습 여부와 어린이 관람 만족도의 상관성을 분석해보자. 보호자가 사전에 전시물의 내용이나 방식에 대해 지식을 갖고 있느냐에 따라 조력의 정도가 달라질 수 있다. 이러한 점이 어린이의 관람 만족도에도 영향을 주는지 분석 및 확인할 것이다. 분석 결과는 <표-보호자 사전 학습 여부와 어린이 관람 만족도 상관성>의 결과에서 나타나듯이 t값이 2.51, p값이 0.013으로 p<.05보다 작은 값이므로 통계적으로 유의미한 차이가 있었다. 즉, 보호자의 사전 학습 여부가 어린이의 관람 만족도에 영향을 주고 있음을 확인할 수 있었다. 한편 보호자의 사전학습과 보호자 자신의 관람 만족도와의 상관성을 살펴보면 <표-보호자 사전 학습 여부와 보호자 관람 만족도 상관성>과 같이 t값이 1.27, p값이 0.102로 p<.05보다 큰 값이므로 통

계적으로 유의미한 차이가 없어, 보호자의 사전 학습 여부가 보호자 자신의 관람 만족도에는 영향을 주지 않는 것으로 분석되었다.

보호자 사전 학습 여부와 어린이 관람 만족도 상관성

유형	인원	평균 (SD)	빈도(명, %)					
			매우 그렇다	그렇다	보통이다	아니다	매우 아니다	총합
사전 준비	100	4.20 0.68	34 18.89	53 29.44	12 6.67	1 0.56	0 0.00	100 55.56
사전 미준비	80	3.94 0.72	15 8.33	47 26.11	17 9.44	0 0.00	1 0.56	80 44.44
합계	180	4.07 0.70	49 27.22	100 55.56	29 16.11	1 0.56	1 0.56	180 100

집단	N	평균	SD	df	t	p값
사전 준비	100	4.20	0.68	178	2.51	0.013
사전 미준비	80	3.94	0.72			
합계	180	4.07	0.70			

보호자 사전 학습 여부와 보호자 관람 만족도 상관성

유형	인원	평균 (SD)	빈도(명, %)					
			매우 그렇다	그렇다	보통이다	아니다	매우 아니다	총합
사전 준비	97	4.31 0.58	36 20.34	55 31.07	6 3.39	0 0.00	0 0.00	97 54.80
사전 미준비	80	4.19 0.70	28 15.82	39 22.03	13 7.34	0 0.00	0 0.00	80 45.20
합계	177	4.25 0.64	64 36.16	94 53.11	19 10.73	0 0.00	0 0.00	177 100

집단	N	평균	SD	df	t	p값
사전 준비	97	4.20	0.58	175	1.27	0.102
사전 미준비	80	4.19	0.70			
합계	177	4.25	0.64			

위 조사 결과를 종합 정리하면 정신적이든 물리적이든 보호자와 어린이 간의 '상호 작용'은 어린이 뮤지엄 관람 만족에 있어 주요한 요소이며, 시간성이나 규모 등 물리적 요인이 동반 관람 유형에 영향을 주는 것은 아닌 것으로 파악된다. 또 보호자의 사전 학습 여부는 본인에게는 큰 영향이 없으나 어린이의 관람 만족도에는 영향을 주고 있음도 확인할 수 있다. 이 자체가 곧 보호자의 역할을 암시하는 것이기도 하겠다.

그렇다면 관람 중 동반 보호자와 있었던 상호 작용 유형과 정도에 대해서도 궁금증을 가지게 된다. 이를 위해 앞서 유형화한 상호 작용 대표행태를 각각 부모 측 4항목, 어린이 측 2항목, 양측 2항목을 추출하여 리커드 5점 척도로 조사하였다.

결과를 살펴보면 〈표-어린이 및 동반 보호자의 상호 작용 형태 및 정도〉에서와 같이 모든 행태가 전반적으로 3점 이상으로 나와 상호 작용이 있었음을 확인할 수 있었다. 보호자 관람 유형에 따른 분석에서는 당연히 예측 가능한 결과였겠으나 밀착 동반 관람형, 보조 동반 관람형, 단순 주시 관람형, 유아 방치 관람형 순으로 행태 발생 정도가 높아지는 결과 값을 보여주었다. 이를 통해 밀착 관람 여부와 상호 작용 정도가 상관성이 있음을 추론할 수 있다. 특히 보호자와 밀착 동반 관람형은 항목 대부분이 4점대로 상호 작용 정도가 높게 일어났음을 알 수 있었고, 보호자측이 더 적극적으로 상호 작용하였음을 확인할 수 있었다.

어린이 및 동반 보호자의 상호 작용 형태 및 정도

구분		평균(SD)
상호 작용 주체	세부 상호 작용 내용	N=168
보호자 상호 작용	관람 중 어린이에게 전시의 내용이나 방법을 질문하거나 설명해주었다	3.83(0.68)
	관람 중 시범을 보이거나 같이 참여하기도 하였다	3.71(0.76)
	관람 중 어린이의 행동에 칭찬하거나 격려해 주었다	4.11(0.73)
	어린이의 얘기를 귀담아듣거나 행동을 관심 깊게 지켜보았다	4.15(0.72)
어린이 상호 작용	관람 중 어린이가 질문을 하거나 의사 표현을 하였다	3.79(0.72)
	어린이가 제안이나 설명을 경청하고 시범 행동도 따라하였다	3.71(0.73)
양자 상호 작용	관람 중 서로 눈을 맞추고 대화하거나 감정에 공감하였다	3.87(0.70)
	보호자와 어린이가 함께 관람하면서 악수, 포옹 등의 스킨십을 하였다	3.80(0.75)

　이어서 동반 관람 중 상호 작용 양상에 이어 보호자와의 관람 방식에 따른 어린이의 관람 만족도 상관성을 분석해보았다. 분석을 통해 밀착도와 참여 방식 차이에 따라 어린이의 관람 만족도에 영향을 주는지를 확인할 수 있다. <표-보호자 관람 행태에 따른 어린이 관람 만족도 상관성>과 같이 일원분산분석 결과 보호자 관람 방식(밀착 동반형, 보조 동반형, 단순 주시형, 유아 방치형)에 따른 어린이 만족도에서 F값이 6.47, p값이 0.000으로 나타났다. p값이 0.05보다 작아 통계적으로 유의미한 차이가 발생하여, 어린이의 관람 만족도는 동반 보호자의 동반 관람 유형에 따라 차이가 있음을 확인할 수 있었다.

보호자 관람 행태에 따른 어린이 관람 만족도 상관성

유형	N	평균 (SD)	빈도(명, %)					
			매우 그렇다	그렇다	보통이다	아니다	매우 아니다	총합
밀착 동반 관람형	72	4.25 0.69	25 14.97	42 25.15	4 2.40	0 0.00	1 0.60	72 43.11
보조 동반 관람형	57	4.09 0.74	17 10.18	29 17.37	10 5.99	1 0.60	0 0.00	57 34.13
단순 주시 관람형	30	3.77 0.57	2 1.20	19 11.38	9 5.39	0 0.00	0 0.00	30 17.96
유아 방치 관람형	8	3.38 0.46	0 0.00	3 1.80	5 2.99	0 0.00	0 0.00	8 4.88
합계	167	3.87 0.62	44 26.35	93 55.69	28 16.77	1 0.60	1 0.60	167 100

변량원	자승합	자유도	평균자승	F	p값
집단 간	8.972	3	2.991	6.47	0.000
집단 내	75.303	163	0.462		
합계	84.275	166			

그렇다면 동반 관람 방식에 따른 보호자 자신의 관람 만족도는 어떠할까. 〈표-보호자 관람 행태에 따른 보호자 관람 만족도 상관성〉의 일원분산분석 결과 보호자 만족도는 F값이 2.88, p값이 0.038으로 p값이 0.05보다 작은 것으로 나타나 보호자 만족도 역시 통계적으로 유의미한 차이가 발생하였다. 즉, 보호자의 관람 유형(밀착 동반형, 보조 동반형, 단순 주시형, 유아 방치형)에 따라 보호자 자신의 만족도에도 차이가 있음을 확인할 수 있다. 이와 같은 결과를 통해 어린이 뮤지엄 동반 관람에서 동반 관람 방식이 잠재적으로 관람의 이해와 만족에 영향을 주는 주요한 요인임을 확인할 수 있다. 이는 〈표-보호자 관람 행태에 따른 종합

관람 만족도 상관성〉에서의 결과처럼 종합만족도에서도 일원분산분석 결과 F값이 6.67, p값이 0.000으로 나타나 p값이 0.05보다 작아 통계적으로 유의미한 차이가 발생하는 것으로, 동반 관람이 중요한 관람 만족의 요인임을 재확인하였다.

보호자 관람 행태에 따른 보호자 관람 만족도 상관성

유형	N	평균 (SD)	빈도(명, %)					
			매우 그렇다	그렇다	보통이다	아니다	매우 아니다	총합
밀착 동반 관람형	69	4.41 0.55	30 18.29	37 22.56	2 1.22	0 0.00	0 0.00	69 42.07
보조 동반 관람형	57	4.18 0.74	21 12.80	25 15.24	11 6.71	0 0.00	0 0.00	57 34.76
단순 주시 관람형	30	4.07 0.64	7 4.27	18 10.98	5 3.05	0 0.00	0 0.00	30 18.29
유아 방치 관람형	8	4.00 0.54	1 0.61	6 3.66	1 0.61	0 0.00	0 0.00	8 4.88
합계	164	4.17 0.62	59 35.98	86 52.44	19 11.59	0 0.00	0 0.00	164 100

변량원	자승합	자유도	평균자승	F	p값
집단 간	3.494	3	1.165	2.88	0.038
집단 내	64.750	160	0.405		
합계	68.244	163			

보호자 관람 행태에 따른 종합 관람 만족도 상관성

유형	N	평균 (SD)	빈도(명, %)					
			매우 그렇다	그렇다	보통이다	아니다	매우 아니다	총합
밀착 동반 관람형	68	4.35 0.69	18 11.04	44 26.99	6 3.68	0 0.00	0 0.00	68 42.07
보조 동반 관람형	57	4.13 0.66	10 6.13	34 20.86	13 7.97	0 0.00	0 0.00	57 34.76
단순 주시 관람형	30	3.92 0.51	1 0.61	20 12.27	9 5.52	0 0.00	0 0.00	30 18.29
유아 방치 관람형	8	3.69 0.46	0 0.00	3 1.84	5 3.07	0 0.00	0 0.00	8 4.88
합계	163	4.07 0.58	29 17.79	101 61.96	33 20.24	0 0.00	0 0.00	163 100

변량원	자승합	자유도	평균자승	F	p값
집단 간	6.139	3	2.046	6.67	0.000
집단 내	48.803	159	0.307		
합계	54.942	162			

동반 관람에 주된 영향을 주는 요인

상호 작용이 관람에 큰 영향을 주는 요인이라면, 이 상호 작용 자체에 영향을 주는 요인이 과연 무엇인지 공간 계획적 측면에서 고찰이 필요하다. 이에 관람자 조사에서 동반 관람의 영향 요인 결과를 분석해보면, 어린이 측면에서 동반 관람의 영향 요인으로는 '보호자보다 또래와 놀고 싶어 함'이 19.98%로 가장 높았으며, '아이만의 관람 방식 고집'이 18.13%, '아이에 대한 보호자의 호응 부족'이 14.29%로 조사되었다. 동반 보호자 측의 상호 작용 영향 요인으로는 '함께 할 수 없는 전시물 구

조'가 47.25%로 1순위였으며, 다음으로는 '아이를 따라다니는 피곤함'이 26.37%, '어른에게는 재미없는 내용'이 33.15로 나타났다. 특기할 만한 사실은 <표-동반 보호자 관람 유형별 동반 관람 영향 요인 인식 요인>과 같이 동반자 관람 유형에서 밀착 관람일수록 '함께 할 수 없는 전시물 구조'가 동반 관람의 영향 요인이라고 크게 인식하고 있다는 점이다. 이를 통해 어린이 박물관 전시물 구조는 동반 관람 중 상호 작용에 큰 영향 요인임을 알 수 있으며 그 외 체험 전시 구현 방법 및 콘텐츠 구성에 대한 고민이 필요함을 시사하는 결과라 할 수 있다.

동반 보호자 관람 유형별 동반 관람 영향 요인 인식 요인

구분	동반 보호자 관람 유형별 빈도(명, %)				
	밀착 동반 관람형	보조 동반 관람형	단순 주시 관람형	유아 방치 관람형	총합
함께할 수 없는 전시물 구조	40 (24.10)	22 (13.25)	6 (3.61)	3 (1.81)	71 (42.77)
설명해주기 어려운 내용	17 (10.24)	18 (10.84)	8 (4.82)	0 (0.00)	43 (25.90)
아이를 따라다니는 피곤함	8 (4.82)	8 (4.82)	12 (7.23)	5 (3.01)	33 (19.88)
어른에게는 재미없는 내용	6 (3.61)	9 (5.42)	4 (2.41)	0 (0.00)	19 (11.45)
합계	71 (42.77)	57 (34.34)	30 (18.07)	8 (4.82)	165 (100.00)

체험 전시 유형별 선호를 추출해보면 보호자는 역할 놀이형에 51.93%, 주시 관람형에 27.07%, 기능 놀이형에 17.68%의 선호를 보이며, 어린이의 경우 역할 놀이형에 48.62%, 기능 놀이형에 28.73%, 주시

관람형에 20.99%로 보호자와 어린이 모두 역할 놀이형을 가장 선호함을 알 수 있었다. 특히 관람의 주체인 어린이의 성별 선호 유형을 살펴보면 〈표-어린이 성별 체험 전시 유형 선호도〉에서와 같이 성별과 상관없이 어린이들은 모두 역할 놀이형과 기능 놀이형의 순으로 선호를 보인다. 또한 연령별 선호는 〈표-어린이 연령별 체험 전시 유형 선호도〉와 같이 유아기는 기능 놀이형 체험 전시에 가장 높은 선호를 보이는 것으로 나타났으나, 실제 빈도 차가 1~3$^{(.55~1.66\%)}$명으로 매우 적게 나타나 기능 놀이형, 역할 놀이형, 주시 관람형의 3유형에 대한 선호도가 비교적 골고루 나타났다고 할 수 있다. 후기 유아기와 아동기는 역할 놀이형 체험 전시에 높은 선호를 보여 연령에 따라서는 선호하는 유형에 다소 차이가 있으나 전반적으로 역할 놀이 영역을 선호함을 알 수 있다.

어린이 성별 체험 전시 유형 선호도

유형화된 전시물	총합		성별 빈도(명), %(1순위 선호도)			
	빈도	백분율(%)	남		여	
			빈도	백분율(%)	빈도	백분율(%)
기능 놀이형	48	27.75	24	13.87	24	13.87
구성 놀이형	3	1.73	1	0.58	2	1.16
역할 놀이형	**85**	**49.13**	**51**	**29.48**	**34**	**19.65**
주시 관람형	37	21.39	16	9.25	21	12.14
합계	173	100.00	92	53.18	81	46.82

어린이연령별 체험 전시 유형 선호도

유형화된 전시물	총합		연령별 빈도(명), %(1순위 선호도)					
			유아기		후기 유아기		전기 아동기	
	빈도	백분율(%)	빈도	백분율(%)	빈도	백분율(%)	빈도	백분율(%)
기능 놀이형	52	28.73	17	9.39	25	13.81	10	5.52
구성 놀이형	3	1.66	0	0	3	1.66	0	0
역할 놀이형	**88**	**48.62**	**16**	**8.84**	**47**	**25.97**	**25**	**13.81**
주시 관람형	38	20.99	14	7.73	17	9.39	7	3.87
합계	181	100.00	47	25.97	92	50.83	42	23.20

관람 중 동반 보호자의 영향을 가늠하기 위해 보호자 관람 유형별 어린이의 선호 전시물을 분석했다. 결과는 아래 표에서 보이듯 유아 방치 관람형을 제외한 밀착 동반 관람형과 보조 동반 관람형, 단순 주시 관람형 모두 같은 전시물에 높은 선호 분포를 보였다. 동반 보호자 관람 유형에 따른 전시 유형별 선호도는 동반 보호자의 모든 유형에서 역할 놀이형 체험 전시에 가장 높은 선호를 보였으며(표-보호자 관람 유형에 따른 동반 보호자의 선호 체험 전시 유형), 어린이도 역할 놀이형 체험 전시에 가장 높은 선호를 보였다(표-보호자 관람 유형에 따른 어린이의 선호 체험 전시 유형). 다만, 차순위로 보호자들은 주시 관람형 체험 전시에, 어린이들은 기능 놀이형 체험 전시를 선호하였다. 이렇듯 모든 유형에서 선호 경향이 유사한 패턴으로 나타나는 결과를 통해, 같은 관람 환경에서 체험 전시처럼 관람 중 경험적 요인이 관람의 질적 만족을 제고한다고 해석할 수 있겠다.

보호자 관람 유형에 따른 동반 보호자의 선호 체험 전시 유형

구분	총합		유형별 빈도(명), %(1순위 선호도)			
	빈도	백분율 (%)	밀착 동반 관람형	보조 동반 관람형	단순 주시 관람형	유아 방치 관람형
기능 놀이형	30	17.96	11(6.59)	12(7.19)	5(2.99)	2(1.20)
구성 놀이형	6	3.59	4(2.40)	2(1.20)	0(0.00)	0(0.00)
역할 놀이형	85	50.90	37(22.16)	29(17.37)	16(9.58)	3(1.80)
주시 관람형	46	27.54	21(12.57)	14(8.38)	9(5.39)	2(1.20)
합계	167	100.00	73(43.71)	57(34.13)	30(17.96)	7(4.19)

보호자 관람 유형에 따른 어린이의 선호 체험 전시 유형

구분	총합		유형별 빈도(명), %(1순위 선호도)			
	빈도	백분율 (%)	밀착 동반 관람형	보조 동반 관람형	단순 주시 관람형	유아 방치 관람형
기능 놀이형	47	28.14	20(11.98)	17(10.18)	9(5.39)	1(0.60)
구성 놀이형	3	1.80	2(1.20)	0(0.00)	1(0.60)	0(0.00)
역할 놀이형	80	47.90	34(20.36)	25(14.97)	15(8.98)	6(3.59)
주시 관람형	37	22.16	17(10.18)	15(8.98)	5(2.99)	0(0.00)
합계	167	100.00	73(43.71)	57(34.13)	30(71.96)	7(4.19)

　그렇다면 이번에는 체험 전시의 선호유형에 따른 동반 관람의 양상을 살펴보았다. 어린이 뮤지엄에서 어린이와 동반 보호자가 각각 선호하는 전시 유형, 또 동반 관람 유형에 따른 선호 전시를 고찰한 결과, 모든 관람 유형의 선호 패턴이 유사하여 동반 관람 유형이 전시물 선호도에 크게 영향을 주지 않음을 알 수 있었다. 다시 해석하면 전시물 자체가 만족도와 관람 행태에 영향을 미치나, 관람 과정의 경험이 전시 만족도에 더 세부적으로 영향을 준다는 것이다. 이러한 결과를 바

탕으로 앞서 체험 전시를 6가지로 유형화하였으며, 이들에 대한 동반 보호자와 어린이 각각의 선호 전시 그룹을 추출하고 각 유형의 선호 그룹에서 상호 작용하는 양상을 고찰하였다. 동반 보호자의 상호 작용 양상을 보면 <표-동반 보호자의 유형화된 전시물 선호도별 상호 작용 행태 특성>과 같이 기능 놀이형 선호 그룹에서 가장 많은 상호 작용 이 나타났다. 이 그룹의 경우 모든 상호 작용 유형 항목에서 평균값이 높고 고르게 나타났다. 어린이 관람객의 경우 <표-어린이의 유형화된 전시물 선호도별 상호 작용 행태 특성>에서 보이듯 역할 놀이형과 기 능 놀이형 전시물 순으로 높은 선호도를 보였다. 상호 작용은 구성 놀 이형 선호 그룹이 가장 높은 평균값을 보였고. 다음으로는 주시 관람 형 선호 그룹이었다. 이와 같은 결과는 어린이 관람객의 관점에서 도 구의 사용법을 익혀 새롭게 무엇인가를 만드는 과정에서 보호자의 조 력이나 지원을 요구하거나 기대하게 되며, 주시 관람형 전시물에 해당 하는 패널과 쇼케이스의 경우 텍스트를 읽어야 하거나 전시 내용에 대 한 보호자 또는 관계자의 설명이나 이해를 위한 보조적 지원이 필요하 다고 인식한 것에서 기인한 것으로 유추된다. 동반 보호자와 어린이 모두 특기할 사항은 보호자의 상호 작용 행태 중 '관람 중 어린이의 행 동에 칭찬 또는 격려하였다'와 '어린이의 얘기를 귀담아듣거나 행동을 관심 깊게 지켜보았다'라는 항목은 모든 선호 그룹에서 평균값이 높고 고르게 나타난 점으로 보아 동반 관람에서 가장 기본이 되는 관람 행 태임을 알 수 있다.

어린이의 유형화된 전시물 선호도별 상호 작용 행태 특성

상호 작용 유형		평균(SD)				
		기능 놀이형	구성 놀이형	역할 놀이형	주시 관람형	총합
주체	세부 내용	N=52	N=3	N=88	N=38	N=182
보호자 상호 작용	관람 중 어린이에게 전시의 내용이나 방법을 질문하거나 설명해 주었다	3.98 (0.63)	4.00 (1.00)	3.89 (0.69)	4.16 (0.75)	3.97 (0.74)
	관람 중 시범을 보이거나 같이 참여하기도 하였다	3.81 (0.74)	4.33 (0.58)	3.97 (0.77)	4.29 (0.77)	3.99 (0.77)
	관람 중 어린이의 행동에 칭찬 또는 격려해 주었다	4.15 (0.70)	4.66 (0.58)	4.23 (0.72)	4.21 (0.78)	4.21 (0.72)
	어린이의 얘기를 귀담아듣거나 행동을 관심 깊게 지켜보았다	4.17 (0.68)	4.33 (0.58)	4.26 (0.69)	4.40 (0.64)	4.26 (0.67)
어린이 상호 작용	관람 중 어린이가 질문을 하거나 의사를 표현하였다	3.92 (0.88)	4.00 (1.00)	3.73 (0.77)	3.92 (0.75)	3.83 (0.80)
	어린이가 보호자의 제안이나 설명을 경청하고 시범 행동도 따라 하였다	3.77 (0.88)	4.33 (0.58)	3.80 (0.71)	3.84 (0.86)	3.80 (0.79)
양자 상호 작용	관람 중 서로 눈을 맞추고 대화하거나 감정에 공감하였다	3.90 (0.69)	4.00 (1.00)	3.90 (0.73)	4.18 (0.73)	3.96 (0.73)
	보호자와 어린이가 함께 관람하면서 악수, 포옹 등 스킨십을 하였다	3.92 (0.79)	4.33 (0.58)	3.80 (0.82)	4.08 (0.88)	3.90 (0.82)

동반 보호자의 유형화된 전시물 선호도별 상호 작용 행태 특성

상호 작용 유형 기능 놀이형		평균(SD)				
		구성 놀이형	역할 놀이형	주시 관람형	총합	
주체	세부 내용	N=32	N=6	N=94	N=49	N=182
보호자 상호 작용	관람 중 어린이에게 전시의 내용이나 방법을 질문하거나 설명해주었다	4.00 (0.76)	4.33 (0.51)	3.94 (0.73)	3.98 (0.78)	3.97 (0.74)
	관람 중 시범을 보이거나 같이 참여하기도 하였다	3.94 (0.91)	4.50 (0.55)	4.03 (0.73)	3.90 (0.77)	3.99 (0.77)
	관람 중 어린이의 행동에 칭찬 또는 격려해 주었다	4.13 (0.71)	4.83 (0.41)	4.23 (0.65)	4.14 (0.87)	4.21 (0.72)
	어린이의 얘기를 귀담아듣거나 행동을 관심 깊게 지켜보았다	4.28 (0.63)	4.33 (0.52)	4.29 (0.65)	4.20 (0.76)	4.26 (0.67)
어린이 상호 작용	관람 중 어린이가 질문을 하거나 의사를 표현하였다	3.91 (0.86)	4.00 (0.63)	3.81 (0.82)	3.80 (0.76)	3.83 (0.80)
	어린이가 보호자의 제안이나 설명을 경청하고 시범 행동도 따라 하였다	4.03 (0.70)	4.33 (0.82)	3.73 (0.79)	3.74 (0.81)	3.80 (0.79)
양자 상호 작용	관람 중 서로 눈을 맞추고 대화하거나 감정에 공감하였다	4.06 (0.67)	3.83 (0.41)	3.97 (0.73)	3.90 (0.80)	3.96 (0.73)
	보호자와 어린이가 함께 관람하면서 악수, 포옹 등 스킨십을 하였다	4.03 (0.82)	3.83 (0.41)	3.84 (0.83)	3.94 (0.85)	3.90 (0.82)

이상과 같이 어린이 뮤지엄에서 동반 보호자와 어린이의 상호 작용과 관람 만족도 상관성 및 상호 작용의 관계를 고찰한 결과, 어린이-보호자의 동반 관람 및 상호 작용이 관람 만족도에 주요한 요인이었으며, 이들은 지속적인 상호 작용을 하고 있음을 알 수 있었다. 또한 관람객이 인식하는 동반 관람 중 상호 작용을 가장 크게 저해하는 요인은 '체험 전시물 구조'였다. 선호 체험 전시 유형에 따라 상호 작용의 양상도 차이가 있어 이에 대한 미시적 고찰이 요구됨을 확인할 수 있었다.

어린이-동반 보호자의 관람 중 상호 작용

앞에서 살펴본 어린이-동반 보호자의 상호 작용과 관람 만족도 상관성이 유의미한 결과를 가짐에 따라, 상호 작용은 어린이 뮤지엄에서 질적 관람을 위한 중요한 행태임을 확인할 수 있었다. 이에 실제 관람 상황에서의 현황 고찰이 필요하다. 본 장에서는 동반 관람에 있어 가장 큰 영향 요인으로 지목된 체험 전시[62]에 대해 살펴보고 체험 전시에 따른 관람 중 상호 작용을 직접 관찰 조사하여 분석하였다.

주요 목표는 직접 관찰 조사를 통해 체험 전시 특성에 따른 어린이-동반 보호자의 관람 행태와 상호 작용 양상을 고찰하고 이를 통해 영향 요인을 규명하여 어린이 뮤지엄 전시의 계획적 시사점을 도출하고자 하는 것이었다. 실제 관람 상황에서 전시 유형별 관람 특성을 가지는지를 어린이-동반 보호자와의 상호 작용을 통해 조사하였다. 조사에 앞서 체험 전시 유형별 조사 대상을 선정하고 분석 틀[63]을 구성하였는데 분석틀은 앞서 연구에서 도출한 보호자 동반 관람 유형, 체험 전시 유형, 관람 행태 유형, 동반 관람시 상호 작용 행태 유형을 기본 지표로 구성하였다. 이와 같은 형태의 연구는 통제된 상황에서 이루어지기도 하나, 그런 경우 인위적 상황으로 인해 자연스러운 관람 상황에서 발현되는 상호 작용이 아닌 생태학적 타당도가 낮은 상황이 연출된다고

---

62 각 대상관의 고찰에 있어 기획전시는 제외한 상설 전시의 체험 전시물을 중심으로 진행하였으며, 조사 시점에 따라 전시 아이템과 조사 아이템 수는 변화가 있을 수 있다. 또한 별도의 아이템명이 명기되지 않은 전시물의 경우 임의로 제목을 붙였음을 밝혀 둔다. 그리고 전시물이 복합적인 유형 요소를 가지고 있을 시에는 우선되는 특성에 준해 유형 분류를 진행하였다.

63 조사를 위한 체크리스트는 본 논문의 부록에 첨부하였다.

판단, 본 연구는 이를 지양하고자 관람 상황에서 관람객이 조사 사실을 인지하지 않도록 주의하며 직접 관찰 조사를 진행하기로 하였다.

관찰 조사는 2014년 5월부터 2015년 3월까지 어린이 뮤지엄을 방문, 대상 전시물의 동반 관람 상황을 촬영하고 관찰 기록하는 방식으로 진행되었다. 즉 관람 중 어린이와 동반 보호자 간에 어떠한 상호 작용이 있는지 관찰함과 동시에 이를 통한 의도된 관람의 완성에 미치는 물리적 환경의 항목별 지원성을 관찰하였으며, 이 과정에서 발현되는 세부적인 행태를 기록하였다. 우선 앞서 5장에서 분석한 대상관의 전체 아이템 중 유형별로 관찰 대상 체험 전시를 선정, 세부 전시물의 특성과 함께 이에 대한 어린이와 동반 보호자의 상호 작용적 관람 행동을 고찰하였다. 그리고 행동 장면을 관찰하여 발견한 상호 작용을 전제로 한 환경적 요구 사항 특성을 규명하고 유사 콘텐츠 및 체험 방식을 가

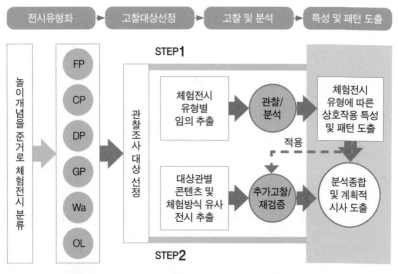

체험 전시 유형에 따른 상호 작용적 양상 관찰 조사 및 분석 진행개념도

진 체험 전시를 선별하여, 유사 아이템 간 공간 구조 차이에 따른 상호 작용의 양상을 고찰하여 앞서 규명한 전시 특성에 따른 상호 작용적 관람 양상의 패턴을 재검증하였다.

본 장에서 진행한 관찰 조사와 분석의 흐름은 위 〈그림-체험 전시 유형에 따른 상호 작용적 양상 관찰 조사 및 분석 진행개념도〉와 같다.

조사 대상 전시는 앞서 제시한 9개 어린이 뮤지엄에서 체험 전시 유형별로 추출하였다. 관찰대상 체험 전시의 내용과 공간 특성을 정리한 〈표-관찰 대상 체험 전시 개요〉를 참조하면 되겠다.

관찰 대상 체험 전시 개요

이미지	코드*	전시물 개요 및 레이아웃 유형	이미지	코드	전시물 개요 및 레이아웃 유형
	A1-FP-Pa-01	음식의 순환을 테마로 한 음식 모형과 신체 놀이 코너 □Wall □Fur ■Set □Ro		A2-GP-Ps-01	거북이의 이동 경로를 테마로 한 주사위판 놀이 □Wall ■Fur □Set □Ro
	A1-FP-So-02	자전거 페달을 밟아 조명에 불을 켜는 신체 놀이 □Wall ■Fur □Set □Ro		A3-GP-Ps-02	얼음 사이를 헤쳐나가는 테마의 공놀이 게임 □Wall ■Fur □Set □Ro
	A1-FP-Pa-03	낱말 카드를 악어 입에 넣으면 소리가 나는 체험 세트 □Wall ■Fur □Set □Ro		A3-GP-Ps-03	해마의 딜레마란 주제로 숫자 세트 맞추기 게임 □Wall ■Fur □Set □Ro
	A1-FP-Pa-04	다양한 소품을 가지고 모래 놀이하는 코너 □Wall □Fur ■Set □Ro		A3-GP-So-04	고대 문자를 해석해서 정렬하는 게임 ■Wall □Fur □Set □Ro
	A2-FP-Pa-05	대형 스펀지 블록을 가지고 놀이하는 코너 □Wall □Fur □Set ■Ro		A1-GP-Ps-05	기구를 조정해 축구게임을 하는 코너 □Wall ■Fur □Set □Ro
	A2-FP-Pa-06	물총 쏘기, 물길 만들기 등 물 놀이 코너 □Wall □Fur ■Set □Ro		K1-GP-So-06	터치스크린을 이용한 호랑이 탈출 게임 □Wall ■Fur □Set □Ro
	A2-FP-Gr-07	구름다리 양측에 스펀지 블록을 쌓는 체험 □Wall □Fur ■Set □Ro		K1-Wa-Pa-01	전시의 전반 스토리를 보여주는 영상 코너 ■Wall □Fur □Set □Ro

	A3-FP-Pa-08	그물망 속 다양한 레벨을 타고 올라가는 신체 놀이 코너 □Wall □Fur ■Set □Ro		A2-Wa-Pa-01	선생님이 그림책을 보여주며 읽어주는 스토리 타임 □Wall □Fur □Set ■Ro
	K1-FP-Pa-09	밧줄에 매달리거나 헤치고 다니는 신체 놀이 코너 □Wall □Fur ■Set □Ro		A1-Wa-So-03	터치스크린을 통한 전시 내용을 설명하는 코너 ■Wall □Fur □Set □Ro
	A2-CP-So-01	곤충의 신체 구조를 조립해 완성체를 만드는 코너 □Wall ■Fur □Set □Ro		A2-Wa-Pa-04	입체 패널을 통해 지구 온난화를 설명하는 코너 ■Wall □Fur □Set □Ro
	A2-CP-So-02	다양한 형태의 조개들을 관찰하고 스케치하는 코너 □Wall ■Fur □Set □Ro		K1-Wa-Pa-05	터치스크린 영상을 통해 전시 내용을 보여주는 코너 □Wall ■Fur □Set □Ro
	A2-CP-Pa-03	벽면에 마그넷 조각들을 붙여 마스크를 만드는 체험 □Wall ■Fur □Set □Ro		K1-Wa-Pa-06	조명과 무빙 패널을 통해 달의 변화를 설명하는 코너 □Wall ■Fur □Set □Ro
	A2-CP-So-04	중국 한자를 따라 쓰고 익혀보는 코너 ■Wall □Fur □Set □Ro		A2-OL-So-01	생물 전시 쇼케이스와 관찰 스케치를 할 수 있는 이젤 □Wall ■Fur □Set □Ro
	A3-CP-So-05	주어진 재료로 비행기, 낙하산 등을 조립하여 만드는 코너 □Wall ■Fur □Set □Ro		A2-OL-So-02	생물을 직접 만지고 관찰하게 하는 시연 코너 □Wall ■Fur □Set □Ro
	K1-CP-So-06	전시 스토리의 주인공들을 직접 그려보는 코너 ■Wall □Fur □Set □Ro		A3-OL-So-03	다양한 생물 화석과 박제를 관찰하는 코너 □Wall ■Fur □Set □Ro
	A2-DP-Ps-01	피자 가게에서 다양한 역할 놀이를 해보는 코너 □Wall □Fur ■Set □Ro		A2-OL-Pa-04	쇼케이스 안의 표본들을 전시한 코너 ■Wall □Fur □Set □Ro
	K2-DP-So-02	우주 조종사가 되어보는 체험 코너 ■Wall □Fur □Set □Ro		A2-OL-So-05	벽에 피핑 시스템을 통해 땅속 생물을 관찰하는 코너 □Wall ■Fur □Set □Ro
	A1-DP-Pa-03	캐릭터 도라의 집을 체험하는 코너 □Wall □Fur ■Set □Ro		A2-OL-So-06	실제 생물을 직접 관찰하게 하는 코너 □Wall ■Fur □Set □Ro
	A2-DP-Pa-04	슈퍼마켓의 다양한 활동을 체험하는 코너-1 □Wall □Fur ■Set □Ro			
	A3-DP-Pa-05	슈퍼마켓의 다양한 활동을 체험하는 코너-2 □Wall □Fur ■Set □Ro			
	A1-DP-Pa-06	소방차 타기 및 소방서에서 역할 놀이 체험 코너 □Wall ■Fur □Set □Ro			

* 범례
조사 대상 체험물의 코드는 AA-BB-CC-00 구조로 아래와 같이 체험물의 유형 정보를 함축함.
AA : 소속 어린이 박물관 〈표 7〉 참조
BB : 전시 유형 〈표 5〉 참조
CC : 전시체험 방식 유형 〈표 5〉 참조
00 : 조사 대상 전시물 일련번호

3장에서 고찰 및 추출한 동반 보호자 측, 어린이 측, 양측 상호 작용 행태를 준거로 하여 특성 분석에 있어 상호 작용 행태가 어린이 뮤지엄의 일반적인 관람 프로세스상에서, 체험 전시의 구조 안에서 어떻게 발현되는지를 살펴보았다. 즉 전시 공간과 상호 작용으로 대변되는 물리적 환경과 인간 행태의 상호 관련성을 고찰하는 것으로, 〈표-인간 행태 정의에 따른 관람 중 상호 작용〉[64]처럼 인간의 행태 유형에 준거해 관람 중 상호 작용의 세부 사례들을 매칭하고 체험 전시에 대한 관람 행동과 영향 요인 분석에 있어 상호 작용의 크기와 빈도를 가늠하는 기준으로 활용하였다. 또한 연구의 주 관점은 어린이와 동반 보호자의 상호 작용이므로, 우선 분석이 필요한 동반 관람을 전제로 하여 관람자와 물리적 환경인 공간과의 상호 작용, 관람자와 전시물과의 상호 작용, 어린이와 동반 보호자의 상호 작용 3단계로 분석을 진행하였다.

---

[64] 표에서 인간 행태와 관련된 용어와 정의는 천혜선(2009)의 연구에서 임승빈(2007)의 환경 심리와 인간 행태의 내용을 정리한 것이며, 2단계 관람자-전시물 간의 관람 행동으로 명명된 세부 내용은 전영석·이영주(2010)의 연구에서 인용하였음을 밝혀둔다.

인간 행태 정의에 따른 관람 중 상호 작용

구분		Behavior				
		Action			Activity	
		동작	행동	행태	행위	활동
정의		신체적 운동에 대한 일반 호칭	신체적, 정신적 활동에 대한 총체적 총칭	특정 상황에서 특정 행동 패턴	특정 의도를 지닌 행동(신앙, 시비, 판단의 대상)	특정 의도를 지닌 행동의 일반적 총칭
세부행태	1단계	관람자(어린이 : 동반 보호자)-공간(물리적 환경) 상호 작용				
		앉기, 서기, 보기, 열기, 닫기, 기대기, 만지기, 오르기	동반 참여하기, 동반 분리되기	이동하기, 진입하기, 밀착하기		
	2단계	관람자(어린이 : 동반 보호자)-전시물 상호 작용				
		단순 조작하기	지나치기	바라보기	조작, 관찰하기	의사소통하기
	3단계	어린이-동반 보호자 상호 작용 (P : 동반 보호자, C : 어린이, B : 양자)				
	P 보호자 측			귀담아듣기 관찰 및 지켜보기	질문하기 설명하기 권유, 설득하기	시범 보이기
	C 어린이 측		만족감, 성취감 표현하기 대답하기	귀담아듣기 수긍 및 반응하기	질문하기 의사를 표현하기 요청 제안하기	따라 하기
	B 양측	감정에 공감하며 대화하기 마주 웃거나 눈 맞추기			중재와 수용하기	

전영석과 이연주[2010]가 언급한 바와 같이, 일반적으로 어린이의 관람 행동은 지나침→바라봄→단순 조작→조작 및 관찰→의사소통의 5단계로 유형화된다. 이 과정에서 보이는 어린이 측, 보호자 측 그리고 양측의 세부적 상호 작용은 〈그림-관람 중 어린이 동반 보호자의 상호 작용 행태〉[65]와 같이 유형화된다. 먼저 어린이의 경우 입장할 때 대상을 찾아

---

65 최미옥·임채진, 어린이박물관에서 어린이-동반 보호자 상호작용 관람행동 고찰-체험 전시 유형에 따른 선호도를 중심으로, 한국문화공간건축학회 통권 제47호, 2014, p.32

두리번거리고 호기심의 대상 전시물을 발견하면 다가가 지켜보거나 만져보는 등 관심을 표출한다. 지속적인 홍미를 느끼지 못하면 다른 대상을 찾아 이동하며, 대상 전시물에 홍미가 있으면 깊이 몰입하여 참여한다. 이 과정에서 보호자에게 감정을 표현하거나 원하는 바를 요청하기도 하며, 보호자는 어린이의 제안을 수용하거나 요청에 응답하게 된다. 또는 보호자 측에서 어린이에게 제안이나 권유를 시도하기도 한다.

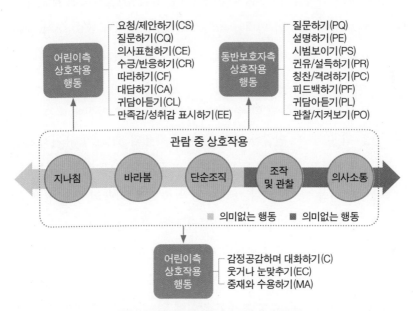

관람 중 어린이 동반 보호자의 상호 작용 행태

　어린이의 체험이 시작될 때 어린이는 적극적으로 참여하나 보호자는 어린이의 행동을 관찰하거나 지켜보는 장면이 빈번하게 관찰된다. 이러한 보호자 측 행태는 소극적 관람 및 낮은 상호 작용 행태 양상을 대변한다고도 할 수 있겠으나, 관람 상황에 따라 적극적인 참여와 높

은 상호 작용으로 전환되는 경우도 자주 관찰되므로 이어지는 또 다른 행태에 앞선 전이적 행태라고도 해석될 수 있다. 이와 같은 추론이 가능한 것은 각각의 전시물 구조와 공간 레이아웃에 따라 다른 행태 양상으로 전환함을 쉽게 발견할 수 있기 때문이다. 여기서 특기할 사항은 3장에서 고찰한 동반 관람의 유형[66]이 전시 관람의 시작에서 끝까지 특정 어린이와 보호자에게서 일관되게 보인다기보다 대면한 관람 상황에 따라 지속하여 변화한다는 점이다. 밀착 동반을 하던 보호자도 때에 따라 유아 방치의 형태를 취하기도 하며, 반대로 단순 주시 관람하던 보호자도 밀착 관람의 형태로 전환되기도 하였다. 이러한 관람의 행태변화는 어느 정도 개인의 기질이 주도하기도 하지만 전시물과 환경적 특성에 기인한다고 할 수 있다. <표-인간 행태 정의에 따른 관람 중 상호 작용>에서 언급한 관람 중 상호 작용의 3단계가 유기적으로 연결되어 영향을 주고받음을 암시하는 것으로, 관람객 설문 조사에서도 규명된 바와 같이[67] 관람 행태는 관람 중 상호 작용의 주요 영향 요인으로 지목된 체험 전시와의 관계를 살펴볼 필요가 있다.

<표-조사 대상 전체 전시물의 전시 유형별 분포수>는 조사 대상관에 있는 전체 전시물의 유형별 분포를 보여주는 것으로, 앞장에서 고찰한 바와 같이 전시 유형별 체험 방식에 있어 독립 체험형과 다자 참여형이 높은 분포를 가지는 데 반해, 상호 작용적 관람 행동을 전제하

---

66 동반 관람 방식은 밀착도와 관람 참여 방식에 따라 밀착 동반 관람, 보조 동반 관람, 단순 주시 관람, 유아 방치 관람의 네 가지로 유형화되었다.

67 4장에서 고찰한 관람객 설문 조사에서 관람객이 인식하는 동반 관람의 주된 저해 요인은 '함께 할 수 없는 체험물 구조'로 분석된 바 있다.

는 상호 대응형과 상호 협동형의 전시는 3.23%와 5.56%로 매우 낮게 분포함을 알 수 있다. 이는 어린이 뮤지엄의 기획 단계에서부터 관람 중 어린이와 보호자의 상호 작용이 의도되거나 관람 방식으로서 전제되는 정도가 매우 낮음을 시사한다. 그렇다면 일반적으로 공간과 전시물 구성에 있어서는 얼마나 상호 작용 지원성을 가지는지 또는 저해성을 가지는지에 대한 고찰이 필요할 것이다.

관람 상황에서 관찰된 각 전시 유형별 특성을 고찰해보기로 한다. 기능 놀이형 전시는 전시 유형의 특성상 개인화된 체험물 또는 세트 형태의 다자 참여형이 주를 이루고 있다. 기본적인 체험 방식은 조작과 신체 활동 중심의 놀이 활동을 기본으로 하고 있으나 세부적인 체험 방법에 있어서는 역할 놀이나 구성 놀이의 요소를 접목한 전시들도 볼 수 있다. 기능 놀이형 전시는 가장 활동적인 어린이 관람 행태를 만드는 전시 유형으로, 평균적인 전시물 단위 점유 면적도 다양한 편이다. 또한 연령대가 낮은 영아의 경우 단순 조작 방식이라 다른 유형의 전시보다 흥미를 느끼는 전시 유형이라 할 수 있다. 구성 놀이형 전시는 오브제를 가지고 구성하거나 새로운 결과물을 만드는 전시 특성상 개인화된 체험물이 많으며 공간 레이아웃은 가구형이 우세하다. 체험의 완성, 즉 결과물을 내는 데에 일정 시간이 소요되므로 집중 관람 즉 전시에 몰입이 시작되면 동반 보호자와 상호 작용을 지속하는 시간이 다소 긴 유형이라 할 수 있다. 역할 놀이형 체험 전시는 주제를 가지고 조성된 환경에서 체험하는 특성상 공간 레이아웃은 세트형이 많으며 체험의 방식은 다자 참여형이 주를 이룬다. 또한 다른 유형에 비해 상호 협동형의 비율이 높다. 체험을 위한 의상, 도구 등 고정 전시물 외

에도 다양한 소품들이 갖춰져 있는 연출적 특성을 가진다. 규칙 게임형 체험 전시는 상호 작용 측면에서는 이와 같은 행태가 가장 높게 유발되는 전시라 할 수 있으나 어린이 박물관에서 가장 분포가 낮은 유형의 전시로, 대부분 독립 가구형이나 벽부형으로 구성되어 있다. 주시 관람형 전시는 영상관람, 쇼윈도, 터치스크린과 같이 직접적인 신체 활동이 없거나 터치와 같은 간단한 행위를 가미한 시각 관람을 하는 유형의 전시로, 벽부형이나 독립 가구형의 작은 코너에서부터 그래픽월, 포켓 영상관까지 레이아웃과 연출 방식 및 규모가 매우 다양하다. 관찰 학습형 전시는 개인화된 독립 가구형, 벽부형 쇼케이스, 자연의 모습을 재현한 세트형 등 다양한 규모와 체험 방식을 가진다. 관찰학습을 주 테마로 하여 구성 놀이형 전시 요소나 역할 놀이형 전시 요소를 접목한 전시들도 볼 수 있다. <표-체험 전시 유형에 따른 전시물 및 공간 특성 양상>에서 이와 같은 내용을 요약 정리하였다.

조사 대상 전체 전시물의 전시 유형별 분포수

구분		체험 방식별 분류				소계
		So	Ps	Pa	Gr	
전시 유형별 분류	FP	82	5	78	4	169
	CP	50	-	41	5	96
	DP	35	3	56	22	117
	GP	13	9	-	-	22
	Wa	30	1	82	-	113
	OL	15	-	25	-	40
소계		225 40.4%	18 3.23%	283 50.8%	31 5.6%	557

150건 이상 분포한 전시 유형
100건 이상 분포한 전시 유형
50건 이상 분포한 전시 유형

체험 전시 유형에 따른 전시물 및 공간 특성 양상

	기능 놀이형(FP)	구성 놀이형(CP)	역할 놀이형(DP)
전시 및 공간 특성	• 조작과 신체 활동 중심으로 영유아의 경우 가장 선호하는 유형 • 역할 놀이나 구성 놀이 체험 방식을 접목하기도 함	• 체험의 완성, 즉 결과물을 내는데 일정 시간이 소요되어 심층 관람 시 체류시간이 김	• 다양한 상황, 역할을 체험하여 어린이, 부모 모두 선호도가 높은 유형.
	• 개인화된 체험물과 다자 참여형 체험 세트가 주류로 가장 활동적이고 단위 면적도 넓음	• 새로운 결과물을 만드는 전시 특성상 개인화된 체험물이 많고 독립 가구형 레이아웃이 주류	• 체험 세트형이면서 다자 참여형이 주류로 고정 전시물 외 다양한 소품 구비가 요구됨
	규칙 게임형(GP)	주시 관람형(Wa)	관찰 학습형(OL)
전시 및 공간 특성	• 이미 상호 작용적 행태를 전제로 하나 어린이 박물관 내 분포는 가장 적은 유형	• 영상관람, 쇼윈도, 터치 스크린 등 직접 조작이나 참여 없이 시각적 관람을 하는 유형	• 관찰 학습을 주 테마로 구성 놀이형이나 역할 놀이형 전시 요소를 접목하기도 하는 유형
	• 독립 가구형이나 벽부형 체험물이 주류	• 벽부형 또는 작은 독립 가구형부터 포켓 영상관까지 레이아웃과 연출 방식 및 규모가 다양	• 개인화된 체험의 독립 가구형부터 쇼케이스, 자연환경 재현 세트까지 규모와 체험 방식이 다양

다음으로 공간 레이아웃 유형에 따른 특징을 살펴보기로 한다. 앞서 벽부형, 독립 가구형, 체험 세트형, 개별실형의 네 가지로 유형화되었다. 상호 작용 행태 조사에 앞서 유형별 관람 방식, 상호 작용 특징 고찰을 통해 관람 행태와의 상관성을 파악할 필요가 있기 때문이다. 전체 조사 대상관의 레이아웃 유형별 체험 전시의 분포를 보면 〈표-조사 대상 전체 전시물의 공간 레이아웃 유형별 분포수〉에서와 같이 개별실형을 제외하고는 벽부형 31.58%, 독립 가구형 38.26%, 체험 세트형 29.60%로 대체로 비슷하게 분포함을 알 수 있다. 각 전시 유형에 따른 세부적인 분포에 있어서는 다소 차이가 있으나 표-체험 전시 유형에 따른 전시물 및 공간 특성 양상에서와 같이 큰 편차를 보였던 체험 방식별 분포에 비해 다소 고른 양상을 보인다.

조사 대상 전체 전시물의 공간 레이아웃 유형별 분포수

구분		공간 레이아웃별 분류				소계
		Wall	Fun	Set	Ro	
전시 유형 별 분류	FP	49	64	63	3	169
	CP	24	59	10	3	96
	DP	11	31	70	5	117
	GP	2	17	3		22
	Wa	75	24	12	2	113
	OL	14	20	6		40
소계		175 31.58%	212 38.26%	164 29.60%3	13 2.34%	557

이상으로 레이아웃 유형에 따른 특징을 고찰하였다. 이와 같은 환경적 요인이 어린이와 동반 보호자의 상호 작용에는 어떤 영향 관계를 갖는지 행동 장면을 분석해보기로 한다. 우선 전시 구현 및 관람 방식 유형에 따른 상호 작용 특성이다.

① 기능 놀이형 전시

기능 놀이형 전시는 또래 집단과 놀이 활동을 하거나 어린이 혼자 참여를 해야 하는 경우가 많아 비교적 동반 보호자의 개입이 적어지는 특성을 보인다. 〈표-기능 놀이형 체험 전시의 어린이-보호자 상호 작용 행동 장면 분석〉의 A1-FP-Pa-01/03/04, A2-FP-Pa-06, A3-FP-Pa-08, K1-FP-Pa-09의 사례와 같이 체험 세트형 전시는 보호자의 동반 관람이 자연스럽게 분리되는 현상이 두드러지게 관찰되었다. 체험 세트가 본인의 신체에 맞지 않아도 세트에 몸을 구부리고 들어가 어린이와 함께 체험 활동을 하는 보호자도 있지만 대부분은 어린이만 참가시켰으며, 어린이가 체험 전시에 참여하는 동안 보호자의 중재나 도움이 필요한 경우를 제외하고 보호자는 주변에서 어린이의 활동을 주시하거나 아예 어린이의 활동을 방관한 채 휴대 전화를 보고 있거나 다른 보호자들과 담소를 나누었다. 또한 체험 중이던 어린이가 보호자를 찾아 두리번거리거나, 시야에서 사라진 어린이를 찾아 보호자가 두리번거리는 행위도 자주 관찰되었으며, 분리 관람의 상황에서도 어린이-보호자가 눈이 마주치면 손을 흔들거나 감정을 표현하는 행태도 자주 발견되었다. 다자 참여 기능 놀이형 전시에서 이와 같은 현상이 두드러졌으며 주로 눈맞춤, 손 흔들기와 같은 비접촉 교감 형태의 상호 작용

이 많았다. 그리고 A1-FP-So-02 사례와 같이 개인화된 기능 놀이형 전시는 어린이 혼자 체험하는 구조이므로 보호자가 조용히 어린이 주변에 서 있거나 보호자는 보이지 않고 흥밋거리를 찾아다니던 어린이가 혼자 와서 체험을 시도하는 행태 양상이 자주 관찰되었다.

기능 놀이형 체험 전시의 어린이-보호자 상호 작용 행동 장면 분석

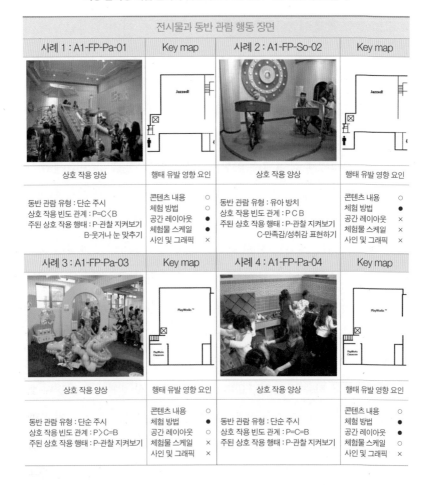

전시물과 동반 관람 행동 장면			
사례 1 : A1-FP-Pa-01	Key map	사례 2 : A1-FP-So-02	Key map
상호 작용 양상	행태 유발 영향 요인	상호 작용 양상	행태 유발 영향 요인
동반 관람 유형 : 단순 주시 상호 작용 빈도 관계 : P=C<B 주된 상호 작용 행태 : P-관찰 지켜보기 B-웃거나 눈 맞추기	콘텐츠 내용 ○ 체험 방법 ○ 공간 레이아웃 ● 체험물 스케일 ● 사인 및 그래픽 ×	동반 관람 유형 : 유아 방치 상호 작용 빈도 관계 : P C B 주된 상호 작용 행태 : P-관찰 지켜보기 C-만족감/성취감 표현하기	콘텐츠 내용 ○ 체험 방법 ● 공간 레이아웃 × 체험물 스케일 × 사인 및 그래픽 ×
사례 3 : A1-FP-Pa-03	Key map	사례 4 : A1-FP-Pa-04	Key map
상호 작용 양상	행태 유발 영향 요인	상호 작용 양상	행태 유발 영향 요인
동반 관람 유형 : 단순 주시 상호 작용 빈도 관계 : P>C=B 주된 상호 작용 행태 : P-관찰 지켜보기	콘텐츠 내용 ○ 체험 방법 ● 공간 레이아웃 ○ 체험물 스케일 × 사인 및 그래픽 ×	동반 관람 유형 : 단순 주시 상호 작용 빈도 관계 : P=C=B 주된 상호 작용 행태 : P-관찰 지켜보기	콘텐츠 내용 ○ 체험 방법 ● 공간 레이아웃 ● 체험물 스케일 ○ 사인 및 그래픽 ×

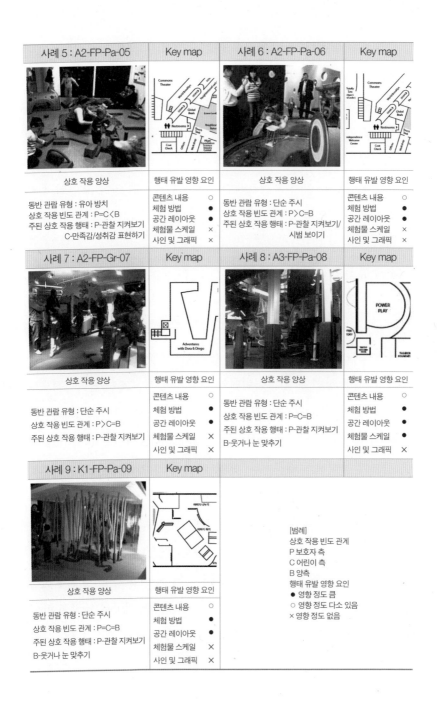

사례 5 : A2-FP-Pa-05	Key map	사례 6 : A2-FP-Pa-06	Key map
상호 작용 양상	행태 유발 영향 요인	상호 작용 양상	행태 유발 영향 요인
동반 관람 유형 : 유아 방치 상호 작용 빈도 관계 : P=C<B 주된 상호 작용 행태 : P-관찰 지켜보기 C-만족감/성취감 표현하기	콘텐츠 내용　○ 체험 방법　● 공간 레이아웃　● 체험물 스케일　× 사인 및 그래픽　×	동반 관람 유형 : 단순 주시 상호 작용 빈도 관계 : P>C=B 주된 상호 작용 행태 : P-관찰 지켜보기/ 시범 보이기	콘텐츠 내용　○ 체험 방법　● 공간 레이아웃　● 체험물 스케일　× 사인 및 그래픽　×

사례 7 : A2-FP-Gr-07	Key map	사례 8 : A3-FP-Pa-08	Key map
상호 작용 양상	행태 유발 영향 요인	상호 작용 양상	행태 유발 영향 요인
동반 관람 유형 : 단순 주시 상호 작용 빈도 관계 : P>C=B 주된 상호 작용 행태 : P-관찰 지켜보기	콘텐츠 내용 체험 방법　● 공간 레이아웃　● 체험물 스케일 사인 및 그래픽　×	동반 관람 유형 : 단순 주시 상호 작용 빈도 관계 : P=C=B 주된 상호 작용 행태 : P-관찰 지켜보기 B-웃거나 눈 맞추기	콘텐츠 내용　○ 체험 방법　● 공간 레이아웃　● 체험물 스케일　● 사인 및 그래픽　×

사례 9 : K1-FP-Pa-09	Key map
상호 작용 양상	행태 유발 영향 요인
동반 관람 유형 : 단순 주시 상호 작용 빈도 관계 : P=C=B 주된 상호 작용 행태 : P-관찰 지켜보기 B-웃거나 눈 맞추기	콘텐츠 내용　○ 체험 방법　● 공간 레이아웃　● 체험물 스케일　× 사인 및 그래픽　×

[범례]
상호 작용 빈도 관계
P 보호자 측
C 어린이 측
B 양측
행태 유발 영향 요인
● 영향 정도 큼
○ 영향 정도 다소 있음
× 영향 정도 없음

＜표-기능 놀이형 체험 전시의 어린이-보호자 상호 작용 행동 장면 분석＞에서 나타났듯이, 전반적으로 우세한 동반 관람 유형은 단순 주시였으며 상호 작용 빈도는 체험 전시에 따른 차이가 있으나 어린이와 보호자 측이 유사하거나 보호자 측이 다소 많았다. 상호 작용을 증진 또는 저해하는 영향 요인은 체험 방법과 공간 레이아웃이 우세했으며 전시물의 규모-어린이 휴먼스케일이 적용된-가 주 영향 요인인 사례도 확인할 수 있었다.

② 구성 놀이형 전시

구성 놀이형 체험 전시는 다른 전시 유형에 비해 상대적으로 보호자와의 밀착 관람이 많이 관찰되었다. ＜표-구성 놀이형 체험 전시의 어린이-보호자 상호 작용 행동 장면 분석＞의 A2-CP-So-01/02, A2-CP-Pa-03의 행동 장면과 같이 어린이의 체험 과정에 보호자가 적극적으로 조언, 지원, 또는 협동의 방식으로 조력하는 모습이 보였으며, A3-CP-So-05의 경우처럼 전시에 따라서는 보호자도 적극적인 관람 주체가 되어 체험에 참여했기 때문이다. 또한 체험 중인 어린이는 그 과정에서 본인의 생각이나 의도를 표현하기도 하며, 원하는 바를 보호자에게 자주 요구하기도 하였다. 결과물이 완성되었을 때 만족감, 성취감을 표현하고 보호자에게 동의를 구하는 행동을 보였으며 이에 보호자 측이 칭찬하거나 공감하는 행태가 자주 관찰되었다. 상호 작용 양상과 전시 환경에서의 행태 유발 영향 요인을 분석하면 전반적으로 밀착 동반의 양상을 보이며 상호 작용 빈도 관계는 어느 한쪽이 우세하기보다 어린이와 보호자 측 모두가 활발하였다. 이와 관련 우세한 상호 작용 행태

구성 놀이형 체험 전시의 어린이-보호자 상호 작용 행동 장면 분석

전시물과 동반 관람 행동 장면			
사례 1 : A2-CP-So-01	Key map	사례 2 : A2-CP-So-02	Key map
상호 작용 양상	행태 유발 영향 요인	상호 작용 양상	행태 유발 영향 요인
동반 관람 유형 : 밀착 동반 상호 작용 빈도 관계 : P=C=B 주된 상호 작용 행태 : P-설명하기 C-질문하기	콘텐츠 내용 ● 체험 방법 ● 공간 레이아웃 ● 체험물 스케일 × 사인 및 그래픽 ×	동반 관람 유형 : 밀착 동반 상호 작용 빈도 관계 : P>C=B 주된 상호 작용 행태 : P-시범 보이기 C-따라 하기	콘텐츠 내용 ● 체험 방법 ● 공간 레이아웃 ● 체험물 스케일 × 사인 및 그래픽 ×
사례 3 : A2-CP-Pa-03	Key map	사례 4 : A2-CP-So-04	Key map
상호 작용 양상	행태 유발 영향 요인	상호 작용 양상	행태 유발 영향 요인
동반 관람 유형 : 밀착 동반 상호 작용 빈도 관계 : P=C=B 주된 상호 작용 행태 : P-시범 보이기 C-따라 하기	콘텐츠 내용 ● 체험 방법 ● 공간 레이아웃 ● 체험물 스케일 × 사인 및 그래픽 ×	동반 관람 유형 : 밀착 동반 상호 작용 빈도 관계 : P=C=B 주된 상호 작용 행태 : P-시범 보이기 C-따라 하기	콘텐츠 내용 ● 체험 방법 ● 공간 레이아웃 ● 체험물 스케일 × 사인 및 그래픽 ○
사례 5 : A3-CP-So-05	Key map	사례 6 : K1-CP-So-06	Key map
상호 작용 양상	행태 유발 영향 요인	상호 작용 양상	행태 유발 영향 요인
동반 관람 유형 : 밀착 동반 상호 작용 빈도 관계 : P=C=B 주된 상호 작용 행태 : P-시범 보이기 C-요청/제안하기	콘텐츠 내용 ● 체험 방법 ● 공간 레이아웃 ● 체험물 스케일 × 사인 및 그래픽 ×	동반 관람 유형 : 보조 동반 상호 작용 빈도 관계 : P=C=B 주된 상호 작용 행태 : P-관찰 지 켜보기 C-성취감/만족감 표현하기	콘텐츠 내용 ○ 체험 방법 ● 공간 레이아웃 ● 체험물 스케일 × 사인 및 그래픽 ×

도 시범 보이기(PS)와 따라 하기(CF)로 전시의 콘텐츠 및 체험 방식의 특징이 반영되었음을 유추하였으며, 상호 작용 증진 또는 저해하는 영향 요인 역시 콘텐츠 내용과 체험 방식 그리고 공간 레이아웃이 주를 이루고 있음을 알 수 있었다.

③ 역할 놀이형 전시

새로운 역할에 몰입하도록 하는 전시 내용 특성상 다양한 장면이 관찰되었다. 가령 〈표-역할 놀이형 체험 전시의 어린이-보호자 상호 작용 행동 장면 분석〉의 A2-DP-Pl-01, A2-DP-Pa-04, A3-DP-Pa-05 행동 장면과 같이 어린이가 슈퍼마켓의 계산원 역할을 맡으면 동반 보호자는 자연스럽게 손님이 되어 주거나, 피자 가게의 점원이 되면 동반 보호자는 테이블에 앉아 주문하거나 배달된 음식을 먹는 시늉을 해주는 등 어린이의 놀이에 대응하거나 상대역이 되어 주었다. 또는 K2-DP-So-02의 사례처럼 동반 보호자가 어린이와 함께 우주 조종사가 되어 나란히 체험에 참여하거나, A1-DP-Pl-03의 사례처럼 어린이의 주변에서 어린이가 체험하는 과정을 지켜보며 전시된 물건들의 기능 혹은 사용법을 설명하고 어린이가 실제와 다른 상황을 만들거나 원래 기능에 맞지 않게 체험 도구를 사용하면 보호자가 정정해주며 놀이에 개입하기도 하였다. 반면 A1-DP-Pa-06의 행동 장면처럼 버스, 자동차와 같은 어린이 스케일의 탈것 또는 또래 집단들과 놀이 행위가 이루어지는 코너에서는 자연스럽게 동반 관람이 분리되었다. 또한 체험 과정에서 체험물을 두고 다른 또래 관람자와 다툼이 생겨 중재가 필요하거나 또래 관람자와 각각 역할 배분을 어떻게 할지를 알려주기 위해 보호자가

역할 놀이형 체험 전시의 어린이-보호자 상호 작용 행동 장면 분석

전시물과 동반 관람 행동 장면

사례 1 : A2-DP-PI-01	Key map	사례 2 : K2-DP-So-02	Key map
상호 작용 양상	**행태 유발 영향 요인**	**상호 작용 양상**	**행태 유발 영향 요인**
동반 관람 유형 : 보조 동반 상호 작용 빈도 관계 : P=C<B 주된 상호 작용 행태 : P-권유/설득하기 B-웃거나 눈 맞추기	콘텐츠 내용 ● 체험 방법 ● 공간 레이아웃 ● 체험물 스케일 × 사인 및 그래픽 ×	동반 관람 유형 : 밀착 동반 상호 작용 빈도 관계 : P>C=B 주된 상호 작용 행태 : P-설명하기	콘텐츠 내용 ○ 체험 방법 ● 공간 레이아웃 ● 체험물 스케일 × 사인 및 그래픽 ×
사례 3 : A1-DP-PI-03	Key map	사례 4 : A2-DP-Pa-04	Key map
상호 작용 양상	**행태 유발 영향 요인**	**상호 작용 양상**	**행태 유발 영향 요인**
동반 관람 유형 : 보조 동반 상호 작용 빈도 관계 : P=C=B 주된 상호 작용 행태 : P-관찰/지켜보기	콘텐츠 내용 ○ 체험 방법 ○ 공간 레이아웃 ● 체험물 스케일 ● 사인 및 그래픽 ×	동반 관람 유형 : 밀착 동반 상호 작용 빈도 관계 : P=C=B 주된 상호 작용 행태 : P-설명하기 C-요청/제안하기	콘텐츠 내용 ● 체험 방법 ● 공간 레이아웃 ● 체험물 스케일 × 사인 및 그래픽 ×
사례 5 : A3-DP-Pa-05	Key map	사례 6 : A1-DP-Pa-06	Key map
상호 작용 양상	**행태 유발 영향 요인**	**상호 작용 양상**	**행태 유발 영향 요인**
동반 관람 유형 : 보조 동반 상호 작용 빈도 관계 : P=C=B 주된 상호 작용 행태 : B-감정 공감하며 대화하기, 웃거나 눈 맞추기	콘텐츠 내용 ● 체험 방법 ● 공간 레이아웃 ● 체험물 스케일 × 사인 및 그래픽 ×	동반 관람 유형 : 단순 주시 상호 작용 빈도 관계 : P=C=B 주된 상호 작용 행태 : P-관찰 지켜보기 B-웃거나 눈 맞추기	콘텐츠 내용 ● 체험 방법 ● 공간 레이아웃 × 체험물 스케일 ● 사인 및 그래픽 ×

개입하는 행태도 자주 관찰되었다. 행동 장면을 고찰한 사례들의 상호 작용 양상과 전시 환경에서의 행태 유발 영향 요인을 살펴보면 전반적으로 우세한 동반 관람 유형이 있기보다는 밀착 관람, 보조 동반, 단순 주시의 다양한 유형이 관찰되었다. 상호 작용 빈도 관계는 일부 보호자 측 혹은 어린이 측이 우세한 전시도 있었으나 대체로 어린이와 보호자 측 모두 유사한 빈도 분포를 보였다. 상호 작용 유형 역시 특정 유형이 두드러지기보다는 보호자 측의 권유/설득하기(PR), 설명하기(PE), 관찰/지켜보기(PO)와 어린이 측의 요청/제안하기(CS), 의사 표현하기(CE), 웃거나 눈 맞추기(EC) 등 다양하게 관찰되었고 콘텐츠 내용과 체험 방법, 공간 레이아웃, 전시물 스케일이 행태 유발의 영향 요인으로 관찰되었다.

④ 규칙 게임형 전시

규칙 게임형 전시는 상호 대응형 관람 방식이 높은 분포를 이룬다. <표-규칙 게임형 체험 전시의 어린이-보호자 상호 작용 행동 장면 분석>에서 A2-GP-Ps-01, A3-GP-Ps-02, A3-GP-Ps-03, K1-GP-So-06의 행동 장면처럼 보호자가 게임 방법을 설명해주거나 시범을 보여주고 상대가 되어 관람이 기획 의도대로 잘 완성됨을 볼 수 있었다. 이와 같은 관람 방식의 전시에서는 어린이가 혼자 체험을 시도하면 체험을 완료하지 못한 채 흥미를 잃고 다른 코너로 이동하는 사례가 많았고, 보호자를 불러 상대가 되어 달라고 요청하는 사례도 자주 발견되었다. 그러므로 보호자의 필요성이나 역할이 가장 두드러지는 유형임을 알 수 있었다. 또 흥미를 갖거나 재미있는 놀잇감은 반복해서 찾는 어린

규칙 게임형 체험 전시의 어린이-보호자 상호 작용 행동 장면 분석

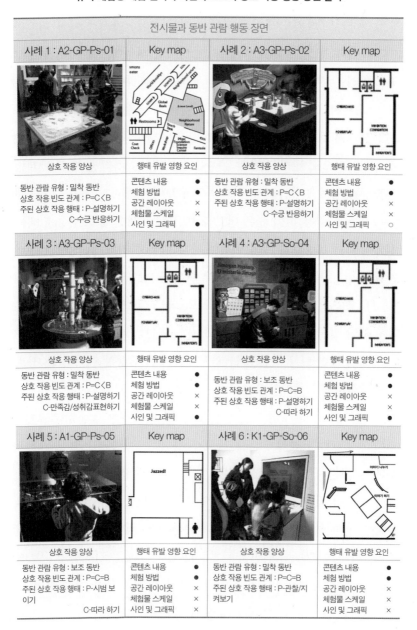

전시물과 동반 관람 행동 장면			
사례 1 : A2-GP-Ps-01	**Key map**	**사례 2 : A3-GP-Ps-02**	**Key map**
상호 작용 양상	**행태 유발 영향 요인**	**상호 작용 양상**	**행태 유발 영향 요인**
동반 관람 유형 : 밀착 동반 상호 작용 빈도 관계 : P=C<B 주된 상호 작용 행태 : P-설명하기 　　　　　　　　　 C-수긍 반응하기	콘텐츠 내용　　● 체험 방법 공간 레이아웃　× 체험물 스케일　× 사인 및 그래픽	동반 관람 유형 : 밀착 동반 상호 작용 빈도 관계 : P=C<B 주된 상호 작용 행태 : P-설명하기 　　　　　　　　　 C-수긍 반응하기	콘텐츠 내용　　● 체험 방법　　　● 공간 레이아웃 체험물 스케일　× 사인 및 그래픽　○
사례 3 : A3-GP-Ps-03	**Key map**	**사례 4 : A3-GP-So-04**	**Key map**
상호 작용 양상	**행태 유발 영향 요인**	**상호 작용 양상**	**행태 유발 영향 요인**
동반 관람 유형 : 밀착 동반 상호 작용 빈도 관계 : P=C<B 주된 상호 작용 행태 : P-설명하기 　　　　　 C-만족감/성취감표현하기	콘텐츠 내용　　● 체험 방법 공간 레이아웃　× 체험물 스케일　× 사인 및 그래픽	동반 관람 유형 : 보조 동반 상호 작용 빈도 관계 : P=C=B 주된 상호 작용 행태 : P-설명하기 　　　　　　　　　 C-따라 하기	콘텐츠 내용　　● 체험 방법 공간 레이아웃　× 체험물 스케일　× 사인 및 그래픽　●
사례 5 : A1-GP-Ps-05	**Key map**	**사례 6 : K1-GP-So-06**	**Key map**
상호 작용 양상	**행태 유발 영향 요인**	**상호 작용 양상**	**행태 유발 영향 요인**
동반 관람 유형 : 보조 동반 상호 작용 빈도 관계 : P=C=B 주된 상호 작용 행태 : P-시범 보 이기 　　　　　　　　　 C-따라 하기	콘텐츠 내용　　● 체험 방법　　　● 공간 레이아웃　× 체험물 스케일　× 사인 및 그래픽　×	동반 관람 유형 : 밀착 동반 상호 작용 빈도 관계 : P=C=B 주된 상호 작용 행태 : P-관찰/지 켜보기	콘텐츠 내용　　● 체험 방법 공간 레이아웃　× 체험물 스케일　× 사인 및 그래픽　×

이의 놀이 행태 특징처럼 게임이 완료된 후에도 반복 체험을 보호사에게 요청하기도 하였으며 다른 코너로 이동했다가 다시 돌아와 체험하기도 하였다. 반면, A3-GP-So-04의 장면처럼 게임이 직관적이지 않고 다소 어려운 경우 어린이는 호기심을 가지다가 이내 자리를 떠나며, 동반 보호자도 적극적인 대응 없이 어린이가 혼자 체험하도록 두거나 휴대 전화를 보는 등 소극적인 참여 반응을 나타내었다. 상호 작용 양상은 전반적으로 밀착 동반의 양상을 보이며, 상호 작용 빈도 관계는 어린이 측과 보호자 측이 비슷한 빈도를 보이나 양자가 주고받는 형태의 양측 상호 작용이 더 높은 빈도를 보인다. 우세한 상호 작용 행태는 보호자 측의 설명하기(PE)와 어린이 측의 따라 하기(CF)로 전시의 콘텐츠 및 체험 방식 특징이 나타남을 알 수 있다. 상호 작용 행태의 증진과 저해에 영향을 주는 전시 환경 요인으로는 콘텐츠 내용과 체험 방식 외에 사인 및 정보 그래픽이 두드러졌다. 이는 규칙 게임형 전시가 관람 방식에 대한 선행 학습 또는 인지가 필요한 특성상 이와 같은 정보 전달 방식이 주요한 변인임을 확인시킨다.

⑤ 주시 관람형 전시

핸즈온 방식을 지향하는 어린이 박물관에서 주시 관람형 전시는 관람의 특성상 단순 주시 또는 지나침이 많은 유형이며 선호되는 전시 유형은 아니다. 그러나 동반 관람 측면에서는 집중 관람이 시작되면 보호자와 상호 작용이 빈번히 관찰되었다. 관람 행동 장면을 살펴보면 〈표-주시 관람형 체험 전시의 어린이-보호자 상호 작용 행동 장면 분석〉의 K1-Wa-Pa-01, A2-Wa-Pa-02와 같은 단체 영상 관람 코너에서

주시 관람형 체험 전시의 어린이-보호자 상호 작용 행동 장면 분석

전시물과 동반 관람 행동 장면			
사례 1 : K1-Wa-Pa-01	Key map	사례 2 : A2-Wa-Pa-02	Key map
상호 작용 양상	행태 유발 영향 요인	상호 작용 양상	행태 유발 영향 요인
동반 관람 유형 : 보조 동반 상호 작용 빈도 관계 : P C B 주된 상호 작용 행태 : B-웃거나 눈맞추기	콘텐츠 내용 ● 체험 방법 ● 공간 레이아웃 ● 체험물 스케일 × 사인 및 그래픽 ×	동반 관람 유형 : 보조 동반 상호 작용 빈도 관계 : P C B 주된 상호 작용 행태 : B-웃거나 눈 맞추기	콘텐츠 내용 ● 체험 방법 ● 공간 레이아웃 ● 체험물 스케일 × 사인 및 그래픽 ×
사례 3 : A1-Wa-So-03	Key map	사례 4 : A2-Wa-Pa-04	Key map
상호 작용 양상	행태 유발 영향 요인	상호 작용 양상	행태 유발 영향 요인
동반 관람 유형 : 밀착 동반 상호 작용 빈도 관계 : P>C=B 주된 상호 작용 행태 : P-설명하기 C-따라 하기	콘텐츠 내용 ● 체험 방법 ● 공간 레이아웃 × 체험물 스케일 × 사인 및 그래픽 ○	동반 관람 유형 : 밀착 동반 상호 작용 빈도 관계 : P>C=B 주된 상호 작용 행태 : P-설명하기 C-수긍/반응하기	콘텐츠 내용 ● 체험 방법 ● 공간 레이아웃 × 체험물 스케일 × 사인 및 그래픽 ●
사례 5 : K1-Wa-Pa-05	Key map	사례 6 : K1-Wa-Pa-06	Key map
상호 작용 양상	행태 유발 영향 요인	상호 작용 양상	행태 유발 영향 요인

는 전시 관람 환경의 영향을 받는 것이 자주 관찰되었다. 자연스럽게 중앙에 아이들을 앉히고 보호자들은 주변에 서 있는 분리 관람 행동이 보였고, 이에 따라 영상을 보던 어린이가 두리번거리며 보호자의 위치를 확인하기도 하였다. 그러나 관람객이 적거나 별도의 좌석이 있거나 계단식 단이 있는 공간에서는 어린이와 보호자가 나란히 앉아 대화하기도 하면서 영상을 관람하였다. A1-Wa-So-03, A2-Wa-Pa-04, K1-Wa-Pa-05의 사례처럼 독립화된 터치스크린, 입체 패널 등의 경우 보호자가 내용을 설명하거나 어린이가 질문하는 모습이 자주 발견되었다. 상호 작용 양상과 행태를 유발하는 전시 환경에서의 영향 요인을 분석하면, 전반적으로 밀착 동반의 양상을 보이며 상호 작용 빈도 관계는 보호자 측이 우세함을 확인할 수 있었다. 우세한 상호 작용 행태는 보호자 측의 설명하기[PE]와 어린이 측의 따라 하기[CF], 양측의 웃거나 눈맞추기[EC]가 우세하였다. 또한 상호 작용 증진 또는 저해하는 물리적 영향 요인은 콘텐츠 내용과 체험 방식, 공간 레이아웃, 사인 및 정보 그래픽임을 알 수 있었다.

⑥ 관찰 학습형 전시

관찰 학습형 전시는 주시 관람형 전시와 다소 유사한 동반 관람 행태를 보이며, 전시 코너의 운영 상황에 따라 양상이 다르다. 가령 〈표-관찰 학습형 체험 전시의 어린이-보호자 상호 작용 행동 장면 분석〉의 A2-OL-So-02, A2-OL-So-06 사례와 같이 진행 요원이 있어 관찰을 지원하는 경우는 보호자 대부분이 밀착 관람형에서 단순 주시 관람형이 되었고, 반대로 단순 주시 관람형이 밀착 관람형으로 바뀌는 사례

관찰 학습형 체험 전시의 어린이-보호자 상호 작용 행동 장면 분석

전시물과 동반 관람 행동 장면

사례 1 : A2-OL-So-01	Key map	사례 2 : A2-OL-So-02	Key map
상호 작용 양상	행태 유발 영향 요인	상호 작용 양상	행태 유발 영향 요인
동반 관람 유형 : 보조 동반 상호 작용 빈도 관계 : P＞C=B 주된 상호 작용 행태 : P-칭찬/격려하기	콘텐츠 내용 ● 체험 방법 ● 공간 레이아웃 ● 체험물 스케일 × 사인 및 그래픽 ×	동반 관람 유형 : 보조 동반 상호 작용 빈도 관계 : P=C＜B 주된 상호 작용 행태 : B-감정 공감하며 대화하기, 웃거나 눈 맞추기	콘텐츠 내용 ● 체험 방법 ● 공간 레이아웃 × 체험물 스케일 × 사인 및 그래픽 ×
사례 3 : A3-OL-So-03	Key map	사례 4 : A2-OL-Pa-04	Key map
상호 작용 양상	행태 유발 영향 요인	상호 작용 양상	행태 유발 영향 요인
동반 관람 유형 : 밀착 동반 상호 작용 빈도 관계 : P＞C=B 주된 상호 작용 행태 : P-칭찬/격려하기	콘텐츠 내용 ● 체험 방법 ● 공간 레이아웃 ● 체험물 스케일 × 사인 및 그래픽 ×	동반 관람 유형 : 밀착 동반 상호 작용 빈도 관계 : P＞C=B 주된 상호 작용 행태 : P-설명하기	콘텐츠 내용 ● 체험 방법 × 공간 레이아웃 × 체험물 스케일 × 사인 및 그래픽 ○
사례 5 : A2-OL-So-05	Key map	사례 6 : A2-OL-So-06	Key map
상호 작용 양상	행태 유발 영향 요인	상호 작용 양상	행태 유발 영향 요인
동반 관람 유형 : 단순 주시 상호 작용 빈도 관계 : P=C=B 주된 상호 작용 행태 : B-감정 공감하며 대화하기	콘텐츠 내용 ● 체험 방법 ● 공간 레이아웃 ● 체험물 스케일 × 사인 및 그래픽 ○	동반 관람 유형 : 단순 주시 상호 작용 빈도 관계 : P=C＜B 주된 상호 작용 행태 : B-감정 공감하며 대화하기, 웃거나 눈 맞추기	콘텐츠 내용 ● 체험 방법 ● 공간 레이아웃 × 체험물 스케일 × 사인 및 그래픽 ×

는 거의 관찰되지 않았다. 다른 사례로 A2-OL-So-01처럼 쇼케이스에 이젤이 있어 관찰한 내용을 그려보게 하는 경우는 더욱 집중 관람이 이루어지며 보호자와의 관람도 밀착됨을 확인하였다. 또한 전시의 콘텐츠적 측면과 관련 생물을 관찰하는 쇼케이스에서 파충류나 양서류 같은 관찰 대상이 움직이자 어린이와 동반 보호자가 서로 눈을 맞추며 놀라거나 감탄하는 등 양측의 상호 작용이 빈번히 관찰되었다. 관람에 있어 다소 전문적인 지식이 필요한 코너에서는 어린이가 대상물에 대해 질문하자 보호자가 설명을 위해 안내문을 자세히 읽고 대답해주는 모습도 자주 발견할 수 있었다.

행동 장면을 고찰한 사례들의 상호 작용 양상과 전시 환경에서 이와 같은 행태를 유발한 영향 요인을 살펴보면 동반 관람 유형은 밀착 관람이 다소 우세하나 보조 동반, 단순 주시 등의 행태도 관찰되었으며, 상호 작용 빈도 관계는 전시에 따라 차이가 있으나 보호자 측이 다소 높은 빈도를 보이며 다음으로는 양측 상호 작용이 빈도가 높은 것으로 관찰되었다. 이는 전시 내용의 특성상 선행 학습이 요구되거나 선행 지식이 필요한 부분들이 있어 동반하는 보호자가 이와 같은 부분을 담당하거나 적극적으로 조력하고자 하는 관람 양상이 만들어지기 때문으로 유추된다. 상호 작용 유형 역시 특정 유형이 두드러지기보다는 보호자 측의 설명하기(PE), 칭찬/격려하기(PC)와 양측의 감정 공감하며 대화하기(C), 웃거나 눈 맞추기(EC) 등이 관찰되었다.

이상 전시 유형별 관람 중 어린이와 동반 보호자의 행동 장면 분석을 통한 상호 작용 특징을 고찰하였으며, 전시 유형에 따라 보호자와 어

린이의 상호 작용이 일정한 패턴이 있음을 발견할 수 있었다. 이들을 종합하여 표로 정리하면 <표-전시 유형별 상호 작용 양상과 영향 요인 종합 고찰>과 같다.

전시 유형별 상호 작용 양상과 영향 요인 종합 고찰

구분	주요 레이아웃 유형	상호 작용 양상			상호 작용 지원성			
		상호 작용 빈도 관계도	주된 동반 관람 유형	주된 상호 작용 유형	콘텐츠 내용/체험 방법	공간 레이아웃	체험 전시물 스케일	사인 및 정보 그래픽
FP	체험 세트형>독립 가구형=개별실형	보호자가 다소 우세한 상호 작용	단순 주시>유아 방치	P 관찰/지켜보기 C 만족감/성취감 표현하기	●	●	○	×
CP	독립 가구형>벽부형	어린이와 보호자 유사 빈도 상호 작용	밀착 동반	P 시범 보이기 C 따라 하기	●	●	×	×
DP	체험 세트형>벽부형	어린이와 보호자가 유사한 상호 작용	밀착 동반=보조 동반=단순 주시	P 관찰 지켜보기, 설명하기 B 눈 맞추며 감정 공감하기 C 요청 제안하기 의사 표현하기	●	●	◐	×
GP	독립 가구형>벽부형	양측 상호 작용의 빈도가 높으며, 어린이와 보호자 간은 유사함	밀착 동반	P 설명하기 C 수긍 반응하기 및 따라 하기	●	×	×	◐
Wa	벽부형>개별실형=독립 가구형	보호자 측 상호 작용 우세	밀착 동반>보조 동반	P 설명하기 C 따라 하기 B 웃거나 눈 맞추기	●	◐	×	◐
OL	벽부형>독립 가구형	보호자 측 상호 작용 빈도가 높고 다음으로 양측 상호 작용 우세	밀착 동반>보조 동반	P 칭찬 격려하기 B 감정 공감하며 대화하기	●	◐	×	○

● '큼'이 주류, ◐ '큼'과 '다소 있음'이 주류, ○ '다소 있음'이 주류, × '거의 없음'이 주류

체험 전시 유형별 관람 중 행동 장면 분석을 통한 동반 관람 양상과 상호 작용 특징을 고찰하였다. 그렇다면 공간적 관점에서도 특성을 파악해 볼 필요가 있다. 앞서 전시 유형별 관람 행동 장면 분석에서 상호 작용 행태에 영향을 주는 영향 요인들이 물리적 전시 환경과 관련이 있음을 알 수 있었고, 전시 공간 및 체험 전시물을 통한 물리적 환경에 따른 동반 관람과 상호 작용 특성을 고찰한다면 상호 작용을 위한 환경적 지원성뿐 아니라 관람객 행태에서 발현되는 내재적 요구를 파악할 수 있을 것으로 예측되기 때문이다. 이에 앞서 추출된 샘플 사례[68]를 공간 레이아웃별로 형태와 스케일을 살펴보고 이들 물리적 환경 특성이 동반 관람과 상호 작용에 있어서 어떠한 행태 유발을 초래하는지, 특히 상호 작용에 영향을 주는 관람 중 어린이와 동반 보호자의 밀착도 및 관람 배치 양상에 어떠한 영향을 주는지를 중점으로 파악하고자 하였다.

① 벽부형 레이아웃 전시

벽부형 레이아웃 전시는 텍스트나 이미지의 경우 어린이의 시선을 중심으로 구성되며, 체험물의 경우 두 팔이 닿을 수 있는 범위에서 기본적인 구성이 되었다. 그러므로 전시물의 높이(H)는 대체로 유사하며 체험 내용과 방식에 따라 너비(W)의 규모가 달라지는 양상을 보인다. 주시 관람, 관찰 학습, 규칙 게임형 전시에서 벽부형 레이아웃은 대체로 어린이와 보호자가 밀착 관람의 정도가 높았다. 보호자는 관람 중

---

68   앞서 제시한 〈표-레이아웃 유형별 체험 전시 사례〉 참조

텍스트를 읽어주거나 내용을 설명하는 등 전시 관람을 적극적으로 지원하거나 보조하는 행태를 보였으며, 이 과정에서 어린이와 보호자 간에 질문하고 답하는 식의 대화나 눈맞춤 등의 상호 작용이 활발하게 발생하였다. 반면 구성 놀이형 전시에서는 같이 참여하기보다 어린이가 참여하고 보호자는 뒤로 빠져 주시 관람을 하는 행태가 확연하게 발견되었다. 체험 중 본인의 성과물을 보호자에게 보여주기 위해 뒤를 돌아보며 보호자와 눈맞춤이나 간단한 대화를 하는 정도의 상호 작용이 보

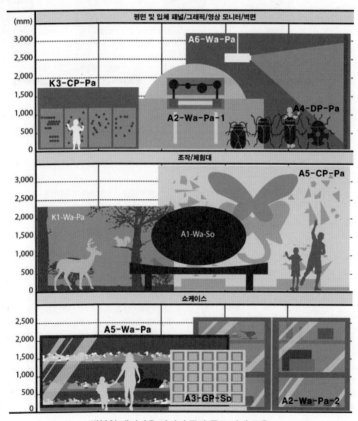

벽부형 레이아웃 전시의 공간 규모 사례 모음

였다. 또한 체험을 종료한 후 손을 씻거나 체험용 옷을 벗고 정리를 하는 등의 행위를 지원하기 위해 다시 보호자가 어린이에게 다가가기 전

벽부형 레이아웃 전시에서 어린이-동반 보호자 관람 양상

구분	사례 Type 1		사례 Type 2	
	Type 1-1	Type 1-2	Type 2-1	Type 2-2
공간 레이아웃 유형	벽부형-구성/역할/규칙 게임/관찰 학습형	벽부형-구성 놀이형	벽부형-주시 관람형	벽부형-주시 관람형
사례 코드 (code)	A5-Wa-Pa A2-Wa-Pa A1-wA-So	K3-CP-Pa A5-CP-Pa	A6-Wa-Pa	k1-Wa-Pa
전시 유형	그래픽 쇼케이스	벽면 체험대	영상	영상 시연 전시
배치 양상 (Top view)				
상호 작용 양상	밀착 관람	단순 주시	단순 주시	밀착 관람
상호 작용 행태 특성	텍스트를 읽어주거나 내용을 설명하는 등 보호자가 전시 관람 보조하면서 대화, 눈맞춤 등의 상호 작용이 발생	어린이가 체험에 참여하고 보호자는 뒤에서 주시. 체험 중 어린이가 보호자에게 성과물을 보여주며 쌍방이 감정적 상호 작용을 하기도 하나, 직접적 상호 작용은 약함	어린이는 중앙 앞쪽에 앉도록 하고 보호자들은 자연스럽게 주변으로 빠져 어린이가 관람 중 보호자를 찾아 두리번거리고 보호자는 눈짓이나 손짓으로 안심시키기도 함	단(레벨)이 있거나 의자가 마련된 주시 관람 시설의 경우 어린이와 보호자가 분리되지 않고 나란히 앉아 밀착 관람을 함
행태 유발 영향 요인	콘텐츠 내용 ○ 체험 방식 ● 공간 구성 형태 × 공간 규모(scale) × 전시 운영 방식 ○	콘텐츠 내용 ○ 체험 방식 ● 공간 구성 형태 × 공간 규모(scale) × 전시 운영 방식 ○	콘텐츠 내용 × 체험 방식 × 공간 구성 형태 ● 공간 규모(scale) ● 전시 운영 방식. ○	콘텐츠 내용 × 체험 방식 × 공간 구성 형태 ● 공간 규모(scale) ● 전시 운영 방식 ○

⟨◍⟩어린이 ◍동반 보호자 ■체험 전시물(영상)
● 영향 정도 큼 ○ 영향 정도 있음 × 영향 정도 없음

까지는 대체로 어린이와 보호자가 분리된 양상을 보였다. 영상이나 시연 형태의 전시에서는 공간의 구조에 따른 어린이와 보호자의 밀착 또는 분리 현상이 심화함을 확인할 수 있었다. 일반적인 벽부 영상 코너에서는 어린이를 중앙부의 좌석에 착석시키고 보호자들은 가장자리로 빠지는 현상이 두드러지게 나타났다. 이는 어린이와 보호자가 섞여 있으면 뒤에 있는 다른 어린이의 시선이 방해됨을 의식하여 질적 관람을 배려하는 자연스러운 행태로 해석된다. 이와 관련하여 의자가 배치되어 있거나 계단식 극장형인 영상 코너에서는 앞서와 같은 어린이와 보호자의 분리 현상이 없이 밀착 관람이 이루어짐을 확인할 수 있었다.

② 독립 가구형 레이아웃 전시

독립 가구형 전시에서는 디자인에 따라 다양한 체험물의 레이아웃

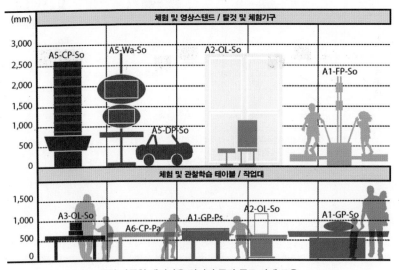

독립 가구형 레이아웃 전시의 공간 규모 사례 모음

이 관찰된다. 물론 이 경우도 기본적으로 어린이의 휴먼스케일에 준하여 제작되므로 높이와 조작 방식 등이 어린이의 신체 활동 규모가 반영되었음을 알 수 있다. 또한 체험물이나 탈것과 같은 카테고리는 다른 레이아웃 유형에 비해 모서리의 처리, 소재 및 색상의 선택, 견고하면서 가벼운 조작 방식 등 어린이라는 사용자를 고려한 디자인적 요소

독립 가구형 레이아웃 전시에서 어린이-동반 보호자 관람 양상

구분	사례 Type 3		사례 Type 4
	Type 3-1	Type 3-2	
공간 레이아웃 유형	독립 가구형-기능 놀이형	독립 가구형-규칙 게임형	독립 가구형-구성 놀이형
사례 코드 (code)	A1-FP-So A5-DP-So	A1-GP-So A3-GP-Ps-03 A2-GP-Ps-01	A6-CP-Pa A3-CP-So-05 A2-CP-So-02
전시 유형	체험물	체험물	체험대(가구)
배치 양상(Top view)			
상호 작용 양상	단순 주시, 유아 방치	밀착 관람	밀착 관람
상호 작용 행태 특성	어린이의 체험만을 전제로 디자인된 체험물이 대부분이므로 보호자 없이 어린이 혼자 체험에 참여함	상호 대응 방식의 동반 관람을 전제로 한 체험물의 경우 밀착 관람과 함께 다양한 상호 작용이 발생함	구성 놀이형과 관찰 학습형 전시는 콘텐츠와 체험 방식 특성상 동반 관람 시 밀착도가 높고, 상호 협동 또는 체험 보조 지원 행태 외에 보호자들의 주체적인 체험 참여 양상도 관찰됨
행태 유발 영향 요인	콘텐츠 내용 ○ 체험 방식 ● 공간 구성 형태 × 공간 규모(scale) × 전시 운영 방식 ○	콘텐츠 내용 ○ 체험 방식 ● 공간 구성 형태 × 공간 규모(scale) × 전시 운영 방식 ○	콘텐츠 내용 ● 체험 방식 ● 공간 구성 형태 × 공간 규모(scale) × 전시 운영 방식 ○

가 강조되어 있다. 기능 놀이형 전시에서 보이는 독립 가구형 체험 기구는 체험의 방식이 동반 관람을 전제하지 않는 경우가 대부분이므로 자연스럽게 어린이와 보호자가 분리된다. 또한 많은 경우 보호자 없이 어린이가 체험에 참여하는 모습도 관찰된다. 그러나 규칙 게임형 전시에서의 체험 기구와 같이 상호 대응 방식의 동반 관람을 전제로 한 경우는 밀착 관람과 함께 다양한 상호 작용이 발생함을 관찰할 수 있었다. 체험대에서 이루어지는 전시는 구성 놀이형이나 관찰 학습형 전시에서 자주 보이며, 콘텐츠와 체험 방식의 특성상 어린이와 동반 보호자의 밀착도가 높아진다. 또한 상호 협동 방식으로 체험에 참여하거나 보조적으로 지원하는 방식의 동반 관람 못지않게 보호자들의 주체적인 체험 참여 양상도 관찰된다.

③ 체험 세트형 레이아웃 전시

어린이 박물관의 전시를 가장 대표하는 유형의 레이아웃이다. 체험 세트는 콘텐츠의 내용에 따라 신체/감각 활동 세트와 일상 또는 환경 재현 세트 그리고 스토리텔링의 장면을 연출한 세트, 과학 실험 등을 위한 세트로 분류된다. 어린이의 휴먼스케일을 적용한 미니 구조물 또는 일반적인 스케일을 적용하는 구조물 두 가지 방식으로 레이아웃이 되는 것을 알 수 있다. 어린이의 휴먼스케일을 고려한 미니 구조물이거나 환경의 한 장면을 표현한 구조물의 경우 어린이와 동반 보호자의 분리가 눈에 띄게 관찰되었다. 가끔 보호자도 어린이용 구조물에 몸을 숙이고 들어가 함께 체험을 도모하기도 하나, 대부분은 어린이가 체험에 참여하도록 하고 보호자는 주변에서 참관하는 행태 양상을 보인다.

신체를 이용하거나 감각 체험을 하는 구조물에서는 이와 같은 보호자와 어린이의 분리 현상이 더 심화함을 알 수 있다. 반면 구조물의 규모가 크거나 역할 놀이에서도 실제 환경에 가깝게 재현된 곳에서는 보호자가 어린이와 동반 관람하는 경향이 증진됨을 알 수 있다. 이는 기존

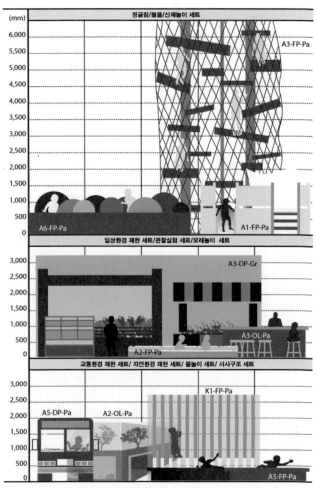

체험 세트 레이아웃 전시의 공간 규모 사례 모음

에 진행한 관람객 조사에서 동반 관람의 영향 요인에 있어 '함께 할 수 없는 전시물 구조'라는 답변이 높은 빈도를 가졌던 것과 유관하다. 역할 놀이 세트에 있어 미니 구조물의 형태는 보호자의 참여가 어려워 동반 관람이 자연스럽게 분리될 수밖에 없으며, 처음부터 어린이만을 대상으로 한 신체 구조물의 경우 동반 관람이 아예 불가능하였다. 다

체험 세트형 레이아웃 전시에서 어린이-동반 보호자 관람 양상

구분	사례 Type 5		사례 Type 6	
공간 레이아웃 유형	체험 세트형-기능/역할 놀이형		체험 세트형-역할 놀이형	
사례 코드 (code)	A3-FP-Pa A5-DP-Pa A1-DP-Pa-06		A3-DP-Pa-03 A2-DP-PI-01	
전시 유형	체험 세트		체험 세트	
배치 양상(Top view)				
상호 작용 양상	단순 주시, 유아 방치		밀착 관람, 보조 관람	
상호 작용 행태 특성	어린이와 동반 보호자의 분리가 눈에 띄게 관찰됨. 일부 보호자는 어린이용 구조물에 몸을 숙이고 들어가기도 하나 대부분 주변에서 참관하는 행태 양상을 보임. 체험 중 어린이가 보호자를 찾아 두리번거리거나 더러 관람을 포기하고 밖으로 나오기도 함.		미니 구조물 또는 어린이 스케일의 구조물과 달리 보호자와 어린이의 밀착 동반 관람이 증진됨. 역할 놀이 체험 세트의 경우 보호자가 체험의 파트너가 되어 주거나 적극적인 조력자가 되어 줌.	
행태 유발 영향 요인	콘텐츠 내용 체험 방식 공간 구성 형태 공간 규모(scale) 전시 운영 방식	○ ○ ● ● ×	콘텐츠 내용 체험 방식 공간 구성 형태 공간 규모(scale) 전시 운영 방식	○ ○ ● ● ×

만 체험 참가 중 어린이가 보호자를 찾거나 체험 내용을 공유하고자 할 때 보호자와의 이러한 이격이 체험의 계속적 진행이나 상호 작용에까지 영향을 주는 점은 전시 공간 계획 시 고려가 필요함을 시사한다.

④ 개별실형 레이아웃 전시

개별실형 레이아웃은 식물원이나 실험실처럼 일반 전시실로부터 조명, 습도, 온도 등 특수한 조건의 환경이 갖춰져야 하거나 영유아처럼 분리 관람 또는 체험이 필요한 경우 선택되는 레이아웃 방식이다. 그러므로 그 안에서 어린이와 보호자 간의 행태와 상호 작용 양상은 어떠한 특성을 가지는지 일반 전시실과 차별화된 특성이 있는지 고찰이 필요하다. 개별실의 규모는 전시의 콘텐츠 내용에 따라 달라지는데 작은 놀이방의 개념을 가진 실에서부터 아트 워크가 이루어지는 교실처럼 다소 큰 규모까지 다양한 양상을 가짐을 알 수 있다.

개별실형은 콘텐츠 내용에 따라 네 가지 타입이 있다. 즉, 놀이방처럼 구성 놀이나 기능 놀이형 콘텐츠의 개별실, 영상실과 같은 주시 관람형 콘텐츠의 개별실, 식물원이나 실험실과 같은 관찰 학습형 개별실, 워크숍 및 아트 워크실 같은 개별실이 있다. 이들은 콘텐츠의 내용 및 운영 방식 또는 체험 방식에 따라 다른 관람 및 상호 작용 양상을 보인다. 첫 번째로 유아 놀이실 같은 콘텐츠를 갖는 경우 어린이들은 실의 중앙부에서 여러 체험물을 활용하여 체험하고, 동반 보호자들은 자연스럽게 실의 가장자리로 분리되어 관람을 주시하거나 휴식을 취하는 모습이 관찰된다. 영아의 경우 보호자가 밀착되는 모습을 보이나, 혼자 놀이가 가능한 나이대의 유아는 보호자는 어린이가 혼자 또는 또

래 그룹과 만나도록 두는 경향이 높았다. 이는 어린이의 안전이 보장된 격리된 공간 내 활동이므로 보호를 위한 밀착의 부담을 덜 갖는 심리에서 기인한 것으로 유추된다. 두 번째 타입인 영상실과 같이 지정좌석이 있거나 한곳에 자리를 잡고 전시 대상을 주시해야 하는 관람

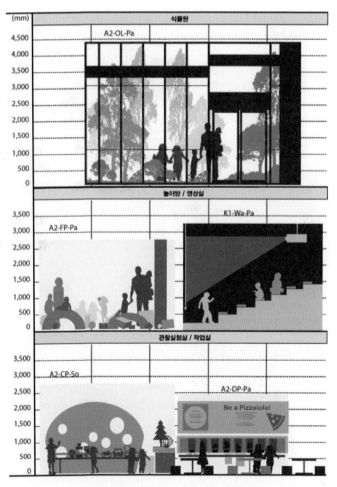

개별실형 레이아웃 전시의 공간 규모 사례 모음

형태인 경우는 앞서 고찰한 벽부형 전시에서 보이는 양상과 유사하게 공간 구조에 따른 분리 또는 밀착 양상이 관찰되었다. 스토리 타임이

개별실형 레이아웃 전시에서 어린이-동반 보호자 관람 양상

구분	Type 7	Type 8	Type 9	Type 10
공간 레이아웃 유형	개별실형-기능/구성 놀이형	개별실형-주시 관람형	개별실형-관찰 학습형	개별실형-구성 놀이형
사례 코드 (code)	A2-FP-Pa	K1-Wa-Pa A2-Wa-Pa-02	A2-OL-Pa	A2-CP-So
전시 유형	놀이방	영상실	식물원	워크숍 룸, 실험실
배치 양상 (Top view)				
배치 양상 (Top view)				
상호 작용 양상	단순 주시	단순 주시 또는 밀착 관람	밀착 관람	단순 주시 또는 밀착 관람
상호 작용 행태 특성	유아 놀이실과 같은 콘텐츠의 경우 어린이들은 실의 중앙부에서 체험이 이루어지고 동반 보호자의 경우 가장자리로 분리되어 관람을 주시하거나 휴식을 취함	지정 좌석이 있거나 한곳에 자리를 잡고 전시 대상을 주시해야 하는 경우 벽부형 전시에서 보이는 양상과 유사하게 공간 구조에 따른 분리 또는 밀착 양상이 관찰됨	관찰 학습형 콘텐츠의 경우 어린이와 보호자는 동반 관람이 분리되지 않으며, 오히려 전시 대상에 관한 질문과 답변 또는 권유와 수긍 방식의 지속적인 상호 작용하에 관람을 지속함	아트 워크, 실험 등의 콘텐츠를 가진 경우 운영 요원이 상주하여 체험을 지도하면 자연스럽게 동반 관람은 분리되며, 그렇지 않은 경우는 더욱 밀착 관람이 이루어짐
행태 유발 영향 요인	콘텐츠 내용 ● / 체험 방식 / 공간 구성 형태 ○ / 공간 규모(scale) × / 전시 운영 방식 ○	콘텐츠 내용 ● / 체험 방식 × / 공간 구성 형태 / 공간 규모(scale) ○ / 전시 운영 방식 ○	콘텐츠 내용 ● / 체험 방식 / 공간 구성 형태 × / 공간 규모(scale) × / 전시 운영 방식 ○	콘텐츠 내용 ● / 체험 방식 × / 공간 구성 형태 ○ / 공간 규모(scale) × / 전시 운영 방식 ●

나 영상 관람 시 플로어형에서는 어린이들을 중앙 앞부분에 앉히고 보호자들은 가장자리로 빠져 서 있는 모습이 일반적이나, 의자가 배치되어 있거나 영상실에 단이 있는 경우는 대부분 어린이와 보호자가 나란히 착석하는 모습을 관찰할 수 있었다.

세 번째로 식물원과 같은 관찰 학습형 콘텐츠가 있는 개별실에서 어린이와 보호자는 동반 관람이 분리되지 않았으며, 오히려 개별실을 둘러보면서 전시 대상에 관한 질문과 답변 또는 권유와 수긍 방식의 지속적인 상호 작용이 더 활발하게 진행되는 장면도 자주 관찰할 수 있었다. 아트 워크, 실험 등의 콘텐츠를 가진 경우 운영 방식에 따라 동반 관람의 양상이 달라졌다. 운영 요원이 상주하여 체험을 지도할 경우, 자연스럽게 동반 관람은 분리되며 보호자들 은 어린이의 체험 활동을 원거리에서 주시하였으나, 운영 요원 없이 어린이가 아트 워크를 체험하는 경우는 보호자가 더욱 밀착하는 양상을 보이며 체험을 지원하는 모습을 볼 수 있었다. 이러한 관람 양상을 정리하면 <표-개별실형 레이아웃 전시에서 어린이-동반 보호자 관람 양상>과 같다.

이상과 같이 레이아웃 특성에 따른 동반 관람의 양상과 상호 작용의 특징을 고찰하였다. 이와 같은 물리적 환경 요인에 따라 동반 관람과 상호 작용의 행태 양상이 영향을 받으며 일정한 패턴이 있음을 발견할 수 있었다.

동반 관람과 상호 작용의 전시 환경적 지원성과 계획적 시사
이상에서 고찰한 전시 및 공간 레이아웃 유형별 행동 장면에 따른 동

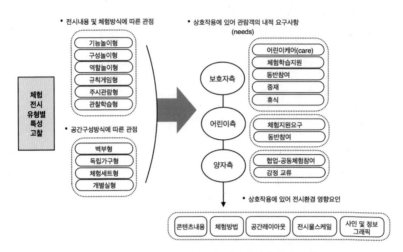

상호 작용을 위한 관람객의 내적 요구 사항과 전시 환경 영향 요인

반 관람과 상호 작용 특성을 종합하여 이를 지원하기 위한 물리적 환경의 요구 특성을 파악해 보기로 하겠다. 전시 유형별 관람 양상과 보호자와 어린이 양측에서 보이는 상호 작용적 행태 특성을 통해 동반 관람의 상호 작용 관점에서 관람객이 가지는 내적 요구 사항[69]과 물리적 환경의 영향 요인을 도출할 수 있었다. 행동 장면 고찰을 통해 추출한 동반 관람의 상호 작용 관점에서 관람객이 가지는 내적 요구 사항과 물리적 환경의 영향 요인을 도식화하여 다음과 같이 <그림-상호 작용을 위한 관람객의 내적 요구 사항과 전시 환경 영향 요인>으로 나타내었다.

---

69   내적 요구 사항은 <표- 전시 유형별 상호 작용 양상과 영향 요인 종합 고찰>에서 정리되었듯이 행동 장면을 관찰하는 과정에서 가장 빈도가 높은 상호 작용 행태 유형을 통해 추출되었다.

행동 장면 분석을 통한 전시 유형별 상호 작용적 행태 특성

구분		기능놀이형 (FP)	구성놀이형 (CP)	역할놀이형 (DP)	규칙게임형 (GP)	주시관람형 (Wa)	관찰학습형 (OL)
전시 환경과 동반 관람 양상		분리	밀착	밀착 or 분리	밀착	밀착	밀착 or 분리
보호자 측	어린이 케어	어린이가 안전하게 체험하는지 위치와 상황 수시 체크(check)	-	분리 관람 시 주변에서 활동 주시	-	-	-
	체험 학습 지원	-	설명 문안을 읽거나 안내 사인을 유심히 봄				
			체험 방법이나 내용의 시범을 보이거나 설명함			전시 내용 설명	
	중재	체험물을 두고 또래 집단과 다툼 중재	-	체험물을 두고 또래 집단과 다툼 중재	-	-	-
	휴식	어린이와 관람 분리 시 보호자는 벽에 기대거나 바닥 또는 전시물에 걸터앉아 어린이의 관람을 주시함.					
	동반 참여	-	구성이나 조형 작업에 직접 참여	역할을 맡거나 설정된 상황에 맞게 체험 활동 참여	상대역이 되거나 같은 팀을 이뤄 게임형 체험 진행	영상, 쇼케이스, 실험 쇼 등 동반 관람	
어린이 측	동반 참여	-	구성이나 조형 작업에 직접 참여	역할을 맡거나 설정된 상황에 맞게 체험 활동 참여	상대역이 되거나 같은 팀을 이뤄 게임형 체험 진행	영상, 쇼케이스, 실험 쇼 등 동반 관람	
	체험 지원 요구	진행 방법이나 내용에 대해 질문하거나 조력을 요청함					
양측	협업	-	주어진 미션에 공동작업 또는 체험		-	-	
	감정 교류	만족감/성취감 표현 및 칭찬과 격려				전시 내용에 관해 대화	
		-	손잡기, 허그(Hug) 등 다양한 스킨십(Skinship)				
		시선 교환이나 손 흔들기	-	시선 교환이나 손 흔들기	-	-	-
콘텐츠		●	●	●	●	●	●
체험 방법		●	●	●	●	●	●
레이아웃		●	●	●	×	◑	◐
스케일		○	×	◐	×	×	×
전시정보		×	×	×	◐	◑	×
상호 작용 행태 증진 및 저해에 환경적 지원성							

〈표-행동 장면 분석을 통한 전시 유형별 상호 작용적 행태 특성〉에서 정리된 바와 같이 전시 유형별, 공간 레이아웃별 각각의 상황에서 관찰된 상호 작용 양상을 살펴보면 전시 유형에 따라 밀착 또는 분리라는 확연한 동반 관람 패턴이 있음을 발견할 수 있다. 기능 놀이형은 분리 관람에 따른 단순 주시와 유아 방치형이 우세하였고, 구성 놀이형, 규칙 게임형, 주시 관람형은 밀착에 따른 밀착 동반형이 우세하였다. 역할 놀이형과 관찰 학습형은 전시의 상황에 따라 밀착 또는 분리의 두 가지 양상을 가져 밀착 동반 또는 보조 동반형과 단순 주시형의 두 가지 패턴이 보였다. 또한 이들 유형별로 높은 빈도수를 가지며 관찰된 상호 작용 행태들을 종합한 결과 동반 관람 상황에서 관람객이 가지는 상호 작용에 대한 내적 요구 사항을 읽어낼 수 있었다. 보호자 측은 어린이 체험 학습 지원, 중재, 동반 참여, 어린이 케어Care, 휴식이었으며, 어린이 측은 동반 참여와 체험 지원 요구, 양측은 협입, 감징 교류의 욕구로 정리할 수 있다. 또한 이들의 상호 작용에 영향을 주는 물리적 전시 환경 요소는 콘텐츠 내용, 체험 방법, 공간 레이아웃, 체험 전시물 스케일, 사인 및 정보 그래픽 등이었다. 앞선 행동 장면 고찰 결과를 통해 특히 체험 방법, 공간 레이아웃은 대부분의 전시 유형에서 광범위하게 영향을 가진 요인으로, 전시 환경의 상호 작용 지원 관점에서 계획적 시사점을 제시하는 중요한 부분임을 확인할 수 있었다.

이와 같은 분석 결과에 준해 전시 유형별 특성과 연계하여 상호 작용을 지원하는 전시 환경 요소를 파악할 수 있었다. 이는 앞서 보호자와 어린이, 양측에서 각각 도출된 요구 사항에서 세 측면의 도출 요소를 통합하여 추출된 어린이 케어care, 체험 학습 지원, 중재, 휴식, 협업

(동반 참여), 정서적 교류의 6가지 항목에 대해 행태 유발 물리적 환경 영향 요인[70] 측면에서 요구되는 공간 지원 요소를 도출하였다. 대기 지점, 접촉 지점, 공간 구조, 전시물 구조, 휴식 지점, 가구 배치, 보조 가구, 전시 정보 그래픽의 8가지 항목으로 각각의 전시 유형 특성이 그러했듯 요구되는 환경 지원적 요소들도 전시 유형에 따라 차이가 있다. 가령 대부분 분리 관람이 이루어지는 기능 놀이형 전시의 경우 어린이 케어Care와 중재, 휴식, 감정 교류 관점의 상호 작용 욕구가 크므로 이를 지원하는 물리적 공간은 대기 지점, 접촉 지점, 휴식 지점을 요구하게 된다. 반면 밀착 관람이 이루어지는 구성 놀이형의 경우 체험 학습 지원과 협업-체험 참여 관점의 상호 작용 욕구가 크므로 이를 지원하는 공간 구조, 전시물 규모(스케일), 가구 배치 등의 물리적 환경이 요구된다고 할 수 있겠다. <그림-전시 유형에 따른 어린이-동반 보호자 상호 작용을 지원하는 전시 환경 특성 관계도>로 이와 같은 관계도를 도식으로 정리하였다.

그렇다면 콘텐츠, 공간 구조, 체험 방법 등 유사 카테고리별 체험 전시의 비교를 통해 앞서 규명한 물리적 환경과 상호 작용의 패턴을 재확인해 볼 필요가 있다. 이처럼 같거나 유사한 전시 콘텐츠에서 물리적 환경, 즉 디자인이 다르게 구현된 전시물의 관람 양상을 비교 및 고찰한다면 환경에 따라 관람 중 상호 작용도 어떻게 달라지는지 상호 작용에 영향을 주는 물리적 요인에 대한 보다 명확한 검증 결과를 얻

---

70 앞서 파악한 물리적 환경 영향 요인은 콘텐츠 내용 및 체험 방법, 공간 레이아웃, 전시물 스케일, 사인 및 정보 그래픽이었다.

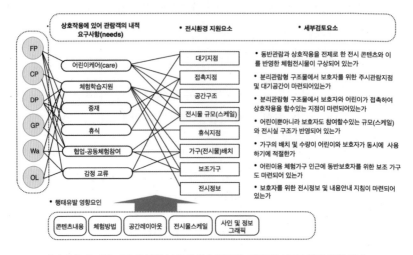

전시 유형에 따른 어린이-동반 보호자 상호 작용을 지원하는 전시 환경 특성 관계도

을 수 있을 것으로 예측되기 때문이다. 선별된 유사 전시는 물놀이 체험, 신체 놀이 구조물, 슈퍼마켓 역할 놀이, 구성 작업 전시, 주시 및 관찰형 쇼케이스로 대부분의 어린이 박물관마다 가지고 있는 인기 콘텐츠이다. 이에 박물관마다 규모, 레이아웃, 디자인이 각각 다른 이들 다섯 아이템에 해당하는 체험 전시 사례를 추출하였다. 고찰 대상 리스트는 <표-유사 콘텐츠 전시의 박물관별 구현 방법 및 관람 행태 상관성 고찰을 위한 사례 개요>와 같다.

유사 콘텐츠 전시의 박물관별 구현 방법 및 관람 행태 상관성 고찰을 위한 사례 개요

전시 유형 및 개요		사례 구분		연출 특징	박물관
사례 1. 기능 놀이형 전시 사례 : 물놀이 체험	물의 특성과 원리를 이용한 다양한 놀이 활동을 지원하는 전시	사례 1-1		대규모 세트/ 사방 접근 아일랜드형 레이아웃	Please touch me children's museum
		사례 1-2		중규모/벽부 부착 아일랜드 레이아웃/ 휴게용 벤치도 배치	Brooklyn children's museum
		사례 1-3		중규모/ 아일랜드형 구조물	La villette cite des enfants
		사례 1-4		소규모/ 일체형 아일랜드 구조물	Kids plaza
사례 2. 기능 놀이형 전시 사례 : 신체 놀이 구조물	기고 오르고 통로를 통과하는 등 다양한 신체 활동을 지원하는 체험 전시	사례 2-1		대규모 아일랜드 구조물/ 어린이만 입장 가능/ 단일 출입구	Houston children's museum
		사례 2-2		대규모 아일랜드 구조물/ 어린이만 입장 가능/ 단일 출입구	Boston children's museum
		사례 2-3		소규모 아일랜드 구조물/ 어린이만 입장 가능	Bigbang kodomonokan
사례 3. 역할 놀이형 전시 사례 : 슈퍼마켓 역할 놀이	역할 놀이 중 물건을 사고파는 체험을 할 수 있는 전시	사례 3-1		소규모 약식 슈퍼마켓 놀이 세트/ 코너형	Manhattan children's museum
		사례 3-2		중규모 역할 놀이 체험 세트/ 개별실형	Brooklyn children's museum
		사례 3-3		대규모 역할 놀이 체험 세트/ 개별실형	Houston children's museum
사례 4. 구성 놀이형 전시 사례 : 아트 워크	그림을 그리거나 작품을 만드는 형태의 전시	사례 4-1		별실형 공간에 다수의 아트 워크 테이블 및 시연 세트 구비	Houston children's museum
		사례 4-2		체험 기구를 갖춘 공동 작업 테이블	Manhattan children's museum
		사례 4-3		아일랜드 코너에 공동 작업 테이블/ 체험안내자 상주	Manhattan children's museum of art
사례 5. 주시 관람 및 관찰 학습형 전시 사례 : 쇼케이스 전시	쇼케이스나 세트에서 동식물을 관찰할 수 있는 전시	사례 5-1		벽부형 쇼케이스	Please touch me children's museum
		사례 5-2		벽부형 쇼케이스	Brooklyn children's museum
		사례 5-3		벽부형 쇼케이스+ 관찰 드로잉대	Brooklyn children's museum

① 물놀이 체험 세트

　기능 놀이형(FP) 전시물인 물놀이 체험 세트 각각의 사례에서 보이는 관람 양상과 상호 작용 특성은 전시물의 사례에 따라 차이가 있음을 확인할 수 있다. 5~10명가량이 동시에 체험할 수 있는 규모의 독립 가구형인 경우, 어린이들만 체험에 참여하는 경우가 대부분이다. 보호자들은 주변에서 어린이가 체험하는 모습을 주시하거나 다른 보호자 그룹과 담소를 나누는 등 관람과 별개의 행동을 하는 것이 자주 관찰된다. 이보다 규모가 큰, 10인 이상이 참여하는 세트형의 경우 보호자의 관람 방식과 행태는 유사한 양상을 보이지만, 20인 이상이 참여할 수 있는 대형 세트에서는 보호자가 어린이와 더 밀착하는 경향을 보였다. 상호 작용 내용은 진행 방법에 조언이나 설명을 하는 것과 같은 체험 조력이거나 다른 어린이와 영역이나 놀이물을 두고 다툼이 발생할 때 중재하는 것이었다. 이는 규모가 클수록 동반 체험 요소도 많아지며, 가시권에서 어린이에 대한 보호나 지원이 더 요구되기 때문에 밀착도도 상대적으로 높아지는 것으로 해석된다. 특기할 사실은 유사 규모 시설인 〈사례 1-2〉와 〈사례 1-3〉을 비교하면 후자의 물놀이 코너는 어린이 주변에서 보호자들이 서성이듯 체험 과정을 바라보지만, 벤치가 배치된 전자의 경우 다수의 보호자가 벤치에서 체험물 방향을 주시하며 어린이의 활동을 바라봐, 체험 중 보호자에 대한 도움이 필요하거나 교감하는 상호 작용이 있을 때 즉각적인 반응과 대응을 할 수 있는 모습이 관찰되었다는 점이다.

물놀이 체험물 사례에 따른 전시 구성 현황 및 상호 작용 양상

전시 유형	기능 놀이형(FP)			
체험 방식	다자 참여 방식			
구분	1-1	1-2	1-3	1-4
전시 환경 지원 요소 적용 유무 대기 지점	×	×	○	●
접촉 지점	○	○	○	●
공간 구조	-	-	-	-
전시물 규모	×	○	○	●
휴식 지점	×	×	●	×
전시물 배치	●	●	●	●

● 상호작용에 있어 관람객의 내적 요구사항(needs)
● 상전시환경 지원요소

FP / CP / DP / GP / Wa / OL

어린이케어(care) / 체험학습지원 / 중재 / 휴식 / 협업·공동체험참여 / 감정 교류

대기지점 / 접촉지점 / 공간구조 / 전시물 규모(스케일) / 휴식지점 / 가구(전시물) 배치 / 보조기구 / 전시정보

소규모(아일랜드 구조물) ◄──── 규모/세부 콘텐츠 다양성 ────► 대규모(체험 세트)

| 사례 1-1
Kids plaza | 사례 1-2
La villette cite des
enfants | 사례 1-3
Brooklyn children's
museum | 사례 1-4
Please touch me chil-
dren's museum |

어린이 단독 체험 ──── 동반 관람 특성 ──── 보호자 밀착률 높음

주시 및 보조 관람 ──── 주 상호 작용 양상 ──── 동반 체험 또는 보조, 체험 중재

② 신체 놀이 구조물

신체 놀이 구조물은 대표적인 기능 놀이형 체험물로 대부분 어린이만을 위한 시설이다. 규모에 따라 건물의 몇 개 층에 걸쳐 조성되기도 하고 놀이 기구처럼 소규모로 조성되기도 한다. 어린이의 휴먼스케일을 고려하여 제작되었으므로 보호자와 동반 참여는 불가하며 체험은 곧 보호자와의 분리를 의미한다고도 할 수 있다. 그러나 체험물의 규

보와 구조에 따라 상호 작용에도 다양한 양상이 만들어짐을 확인할 수 있었다. 작은 구조물의 경우 가시권에서 어린이의 활동이 보이므로 보호자들이 어린이의 활동을 근거리에서 주시하나, 대규모일 경우 어린이가 구조물 안으로 들어가 체험이 시작되면 보호자들도 편안하게 앉을 자리를 찾아 자리를 이탈하거나 주변의 보호자 그룹과 대화를 나누는 등 어린이의 체험과는 무관한 행동 양상을 보이게 되었다. 체험 중 어린이가 보호자를 찾거나 본인의 체험 성취 과정을 보여주고 싶어 보호자를 부르거나 손을 흔들고, 이를 발견한 보호자는 웃으며 눈을 맞추는 교감적 상호 작용이 종종 관찰되었다. 그러나 보호자의 위치가 바로 파악되지 않으면 어린이가 체험을 중단하고 밖으로 나오는 경우도 관찰되었다. 〈사례 2-1〉, 〈사례 2-2〉는 2개 층에 걸친 대규모 구조물로 내부의 공간이 완전히 보이는 그물망으로 외피가 쌓여있어 투시성이 높으며, 〈사례 2 1〉은 체험물과 접촉할 수 있는 데크를 2층에서도 연결해 두어 보호자들이 어린이의 체험 활동을 가까이에서도 바라볼 수 있도록 하였다. 이를 통해 다른 사례 경우와 달리 보다 안정적으로 어린이와 보호자 측의 관람지원과 감정 교류 등의 상호 작용이 가능한 행동 양상을 만들었다. 이는 직접 참여가 아니더라도 어린이의 체험 활동에 보호자가 지속하여 관심을 가지게 하며, 이를 통하여 보호자가 어린이와 감정을 긴밀하게 교류하고 어린이의 활동을 통하여 간접적으로 만족하도록 적절히 지원하는 사례라 할 수 있겠다.

신체 놀이 체험물 사례에 따른 전시 구성 현황 및 상호 작용 양상

전시 유형	기능 놀이형(FP)		
체험 방식	다자 참여 방식		
구분	2-3	2-2	2-1
전시환경지원요소 적용 유무 — 대기 지점	○	○	○
접촉 지점	○	○	●
공간 구조	-	○	●
휴식 지점	×	×	×
전시물 배치	○	○	○

소규모(아일랜드 구조물) ◄── 규모/ 보조적 공간 구조 ──► 대규모(체험 세트)

사례 2-3
Bigbang kodomonokan

사례 2-2
Boston
children's museum

사례 2-1
Houston
children's museum
(이미지 출처 : 해당관 홈페이지)

어린이 단독 체험 ──── 동반 관람 특성 ──── 보호자의 동반 체험 또는
또래 그룹과 체험   동반 보호자 또는 또래와 체험   또래 그룹과의 체험 지원도 높음

주시 및 보조 관람 ──── 주 상호작용 양상 ──── 동반 체험 또는 보조, 체험 중재

③ 슈퍼마켓 역할 놀이

역할 놀이의 대표적인 사례인 슈퍼마켓 세트는 많은 어린이 뮤지엄이 가지고 있는 전시 콘텐츠이다. 아래 〈표-슈퍼마켓 역할 놀이 체험물 사례에 따른 전시 구성 현황 및 상호 작용 양상〉과 같이 세 곳의 사례는 구현 규모 및 연출 세트의 디테일 정도에 따라 어린이와 보호자

의 상호 작용 양상이 어떻게 달라지는지 보여준다. 〈사례 3-1〉은 약식으로 재현된 코너이다. 간략화된 계산대와 쇼핑 바구니, 쇼핑용 식음료 모형으로 구성되어 있다. 소꿉놀이하듯 어린이들이 단독으로 체험하거나 또래 그룹들과 놀이하는 모습이 주로 보이며, 보호자들은 주변에 걸터앉거나 작은 테이블 세트에 앉아서 어린이들의 놀이를 단순 주시하는 행태를 주로 보인다. 이에 반해 〈사례 3-3〉은 대규모 연출 세트이다. 실제 대형 슈퍼마켓을 그대로 재현해 놓은 듯한 계산대와 쇼핑카트, 진열대, 쇼핑물들을 배치하고 있다. 이곳에서는 어린이와 동반 보호자가 각자의 역할을 맡아 보호자가 계산원이 되고 어린이가 고객이 되는 식으로 체험을 진행하거나, 어린이가 혼자 쇼핑 놀이를 하면 보호자가 밀착 관람을 하며 어린이의 체험을 지원하는 모습이 흔하게 관찰된다. 〈사례 3-1〉과 〈사례 3-3〉의 중간 규모인 〈사례 3-2〉의 경우는 앞서 두 사례의 보호자 행태가 혼합적으로 관찰되며, 소규모 세트에서의 관람 행태보다는 다소 대규모의 행태 유형이 더 높은 빈도로 나타나고 있다. 이를 통해 역할 놀이 코너에서는 체험 세트의 규모, 연출의 다양성이 동반 관람에 영향을 주고 있음을 알 수 있다.

슈퍼마켓 역할 놀이 체험물 사례에 따른 전시 구성 현황 및 상호 작용 양상

전시 유형	역할 놀이형		
체험 방식	다자 참여 방식		
구분	3-1	3-2	3-2
전시환경지원요소적용유무 / 대기 지점	○	○	○
전시환경지원요소적용유무 / 공간 구조	-	-	-
전시환경지원요소적용유무 / 전시물 규모	○	○	●
전시환경지원요소적용유무 / 휴식 지점	×	×	×
전시환경지원요소적용유무 / 전시물 배치	○	●	●
전시환경지원요소적용유무 / 보조 가구	○	●	●

● 상호작용에 있어 관람객의 내적 요구사항(needs)
● 상전시환경 지원요소

FP, CP, DP, GP, Wa, OL

- 어린이케어(care)
- 체험학습지원
- 중재
- 휴식
- 협업·공동체험참여
- 감정 교류

- 대기지점
- 접촉지점
- 공간구조
- 전시물 규모(스케일)
- 휴식지점
- 가구(전시물) 배치
- 보조기구
- 전시정보

소규모 ◄———— 구현 세트의 규모 및 디테일 정도 ————► 대규모
약식화한 세트　　　　　　　중규모 세트　　　　　　실사 재현형 세트

사례 3-1
Manhattan
children's museum

사례 3-2
Brooklyn
children's museum

사례 3-3
Houston
children's museum

어린이 단독 체험 ———— 동반 관람 특성 ———— 보호자의 동반 체험 또는
또래 그룹과 체험　　동반 보호자 또는 또래와 체험　　또래 그룹과의 체험 지원도 높음

주시 및 보조 관람 ———— 주 상호 작용 양상 ———— 동반 체험 또는 보조, 체험 중재

④ 구성 작업

구성 작업은 그림 그리기, 퍼즐 맞추기, 조형물 만들기 등 새로운 창작을 하거나 주어진 재료를 가지고 구성하는 방식의 체험이다. 구성 작업형 체험 코너는 대체로 관람 중 어린이와 보호자의 동반 관람 밀착도가 높으며 상호 작용의 빈도도 많은 편이다. 사례의 경우에서도 알 수 있다. 〈사례 4-1〉의 구성 작업은 주어진 재료를 가지고 직접 우주선을 만들어보고 옆에 있는 우주선 발사대에서 본인들이 만든 우주선을 쏘아 올려보는 체험 코너이다. 이 코너는 어린이 관람객 못지않게 성인 즉 보호자들도 체험의 주체가 되어 적극적으로 참여하는 모습을 볼 수 있었다. 관람 행태는 어린이의 구성 작업을 보조하거나 지원하는 행태와 어린이와 함께 체험에 참여하는(parallel play) 행태 두 가지가 보였으며, 이 과정에서 대화를 나누거나 묻고 질문을 하거나 감정을 공감하는 등 다양한 상호 작용이 관찰되었다. 〈사례 4-2〉는 퍼즐 맞추기 코너로, 보호자들은 대부분 어린이의 작업을 밀착 주시하면서 어린이의 체험 과정에 조언해주거나 칭찬을 해주는 등 지원을 하는 모습이 주로 관찰되었다.

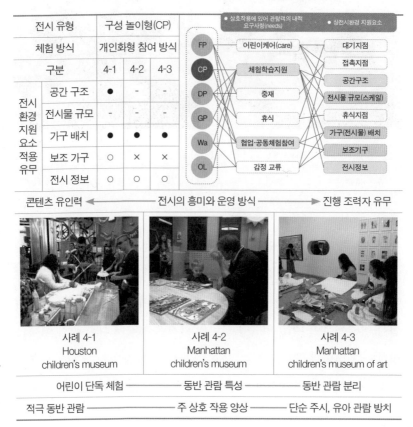

구성 작업 체험물 사례에 따른 전시 구성 현황 및 상호 작용 양상

전시 유형		구성 놀이형(CP)		
체험 방식		개인화형 참여 방식		
구분		4-1	4-2	4-3
전시 환경 지원 요소 적용 유무	공간 구조	●	-	-
	전시물 규모	-	-	-
	가구 배치	●	●	●
	보조 가구	○	×	×
	전시 정보	○	○	○

- 상호작용에 있어 관람객의 내적 요구사항(needs)
- 상전시환경 지원요소

FP — 어린이케어(care)
CP — 체험학습지원
DP — 중재
GP — 휴식
Wa — 협업·공동체험참여
OL — 감정 교류

대기지점
접촉지점
공간 구조
전시물 규모(스케일)
휴식지점
가구(전시물) 배치
보조기구
전시정보

콘텐츠 유인력 ◄───── 전시의 흥미와 운영 방식 ─────► 진행 조력자 유무

사례 4-1
Houston
children's museum

사례 4-2
Manhattan
children's museum

사례 4-3
Manhattan
children's museum of art

어린이 단독 체험 ─────── 동반 관람 특성 ─────── 동반 관람 분리

적극 동반 관람 ─────── 주 상호 작용 양상 ─────── 단순 주시, 유아 관람 방치

〈사례 4-3〉은 주어진 재료로 종이 가발을 만드는 체험이다. 이와 같은 아트 워크는 진행을 돕는 아티스트가 코너에 상주하여 보호자들은 주변에 서서 어린이가 체험하는 과정을 바라보기도 하나, 보호자 대부분은 주변에 쉴 곳을 찾아 두리번거리거나 다른 보호자 그룹과 대화를 나누거나 자신의 휴대 전화를 검색하는 행동을 보였다. 구성 놀이 방식의 체험에서는 콘텐츠의 내용과 체험 방식의 흥미도, 운영 방식이

관람객이 적은 날의 구성 놀이형 전시 코너. 같은 테이블에서 보호자와 어린이가 나란히 앉아 대화하며 함께 퍼즐 구성 놀이를 하고 있다. Manhattan children's museum, Create it 코너.

관람객이 몹시 붐비는 날의 구성 놀이형 전시 코너. 테이블에는 어린이들만 앉아 있고 보호자들은 주변에 서서 어린이의 활동을 주시하고 있다. Manhattan children's museum, Create it 코너.

보호자의 참여 여부에 영향을 끼치는 요인임을 알 수 있다. 특기할 사실은 동반 참여가 불필요함을 운영 방침으로 특별히 표명하는 코너가 아닌 이상, 구성 놀이형 전시는 보호자가 어린이와 조력하거나 동반 체험에 대해 흥미를 갖고 있으나 코너의 환경적 제약에 따라 관람 행태가 변한다는 점이다. 가령 관람 인원이 많지 않아 한적한 경우는 보호자 대부분이 어린이와 나란히 테이블에 앉아 퍼즐을 맞추거나 조형 놀이를 함께 진행한다. 반면 전시실의 관람 인원 밀도가 높은 경우 동시에 체험을 진행해야 하는 다른 어린이 관람객을 위해서 자연스럽게 보호자는 뒤로 물러나서 어린이의 놀이를 주시하는 형태로 바뀐다.

위에 나온 맨해튼어린이뮤지엄의 'Create it' 코너의 두 이미지는 관람객 밀도에 따라 관람의 양상이 어떻게 달라지는지를 잘 보여준다.

⑤ 쇼케이스 전시

쇼케이스 전시는 대표적인 주시 관람형 전시 사례이다. 여러 번 언급하였듯 핸즈온 전시를 지향하는 어린이 뮤지엄에서 선호하는 방식은 아니나 전시의 맥락에 맞게 적절히 사용하여 관람의 효과를 높이고 콘텐츠를 탄탄하게 지원하는 역할을 한다. 〈사례 5-1〉처럼 'River adventure'라는 제목으로 물놀이 체험을 하는 코너에 배치된 러버덕 컬렉션 쇼케이스는 러버덕이 미국에서 전통적인 물놀이 장난감으로 오랜 역사를 가지므로, 다양한 종류의 러버덕은 체험 코너의 테마와도 연결이 되며 어린이나 성인 관람객 모두에게 향수와 흥미를 불러일으킨다. 이처럼 쇼케이스 전시 코너에서 동반 관람의 양상을 살펴보면 밀착도가 높음을 알 수 있다. 주로 보호자들이 내용을 설명해주고 어린이가 질문이나 소감을 얘기하는 방식이며 이구아나나 도마뱀, 햄스터 같은 작은 생물이 있는 쇼케이스는 이들의 움직임에 따라 어린이와 보호자가 서로 바라보며 반가움, 놀라움 등의 다양한 감정을 공유하는 모습도 자주 발견된다. 또한 〈사례 5-3〉의 경우처럼 쇼케이스 앞에 스케치를 할 수 있는 작업대가 있으면 전시된 표본을 보다 자세히 관찰하고 드로잉하면서 보다 심화 관람이 이루어진다. 이 과정에서 어린이와 보호자의 밀착도는 더 높아지고 상호 작용도 더 다양하고 활발하게 이루어짐을 관찰할 수 있다. 이를 통해 쇼케이스형 전시에서는 어떤 내용을 전시하는지와 같은 콘텐츠의 흥미도가 우선이겠으나, 특히 동반 관람의 양상은 주변 체험물과의 연관성 즉 맥락 전 전시를 구성하느냐와 같은 공간 구성적 측면, 그리고 심화 관람을 위한 사인 또는 관찰용 스케치대와 같은 보조적 장치에 영향을 받고 있으며 공간 규모

(스케일)의 영향은 크지 않음을 확인할 수 있었다.

쇼케이스 전시 사례에 따른 전시 구성 현황 및 상호 작용 양상

전시 유형		주시 관람형		
체험 방식		다자 참여형 방식		
구분		5-1	5-2	5-3
전시 환경 지원 요소 적용 유무 *	접촉 지점	-	-	-
	공간 구조	●	-	-
	전시물 규모	-	-	-
	전시물 배치	●	○	○
	보조 가구	-	○	●
	전시 정보	○	●	○

콘텐츠 흥미도 높음 ◄──── 콘텐츠 흥미도/구조 지원 ────► 심화 체험용 장치 및 가구

사례 5-1	사례 5-2	사례 5-3
Please touch me children's museum	Brooklyn children's museum	Brooklyn children's museum

보호자와 밀착 관람 ──────── 동반 관람 특성 ──────── 밀착도가 보다 높아짐

대화하기, 설명하기 ──────── 주 상호 작용 양상 ──────── 대화하기, 설명하기, 칭찬하기, 질문하기 등 다양한 양상을 가짐

*자원 요소의 적용 ● : 큼, ○ : 다소 있음, ×: 없음, - : 해당 없음

이상으로 공간 구성 차이를 가지는 유사 콘텐츠 전시의 비교 고찰을 통해 관람객이 상호 작용 과정에서 가지는 내적 요구 사항을 지원하는

물리적 환경 요소들의 적용 여부에 따라 동반 관람과 상호 작용의 양상이 달라짐을 확인할 수 있었다. 이는 관람 중 어린이-동반 보호자의 상호 작용에 있어 전시 환경 즉 체험물 디자인의 중요성을 재확인하며, 아울러 체험 전시 유형에 따라 어떠한 계획적 고려가 필요한지를 예측하게 하는 결과라 할 수 있겠다.

앞서 고찰한 전시 유형별, 공간 레이아웃별, 유사 콘텐츠 상황별 관람 및 상호 작용 양상의 결과를 종합 분석해보고 이에 대한 계획적 시사점을 전시 유형별로 정리하면 다음과 같다.

① 기능 놀이형Functional Play Type 전시

모든 관람 방식 유형에서 보이나 혼자 체험이 이루어지는 '개인화형' 관람 방식과 여러 명이 동시에 참여하여 체험하는 '다자 참여형' 관람 방식이 가장 선호되는 전시 유형이다. 이 유형의 공간 레이아웃은 '체험 세트형'이 가장 많은 분포를 보였으며 다음으로 '독립 가구형'과 '개별실형'인 것으로 조사되었다. 이와 같은 구조적 특성과 동반 관람의 양상을 살펴보면 '단순 주시' 혹은 '유아 방치'가 두드러지게 발견된다. 이 유형에서 주로 관찰되는 상호 작용 유형은 보호자 측의 '관찰/지켜보기'와 어린이 측의 '만족감/성취감 표현하기'이다. 동반 관람객은 어린이 케어care와 정서적 교류에 가장 큰 니즈Needs를 가짐을 알 수 있다. 이는 신체적 활동과 놀이 중심의 기능 놀이형 체험물은 대부분 어린이만을 위한 개인화된 체험 기구 혹은 어린이의 신체 규모에 맞게 제작된 미니 구조물로 이루어져 있어 밀착 동반 관람이 사실상 어려워 어린이-보호자 간 긴밀한 접촉과 상호 작용이 가능하지 않은 구조를 갖

시각적 투시도가 높은 안전망으로 설계
되어 있으나, 저층부 이상은 보호자의 근
접 지원이나 상호 작용이 어려우므로 이
에 대한 공간적 장치가 요구된다.

체험물 주변에서 서성이는 보호자들이 자주 관찰
되는 유형으로, 주시·관찰하는 보호자에 대한 공간
적 배려가 요구된다.

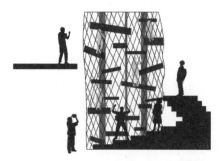

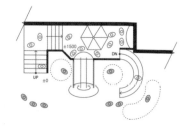

기능 놀이형 전시의 상호 작용 지원을 위한 전시
공간 제안 입면

기능 놀이형 전시의 상호 작용 지원을 위
한 전시 공간 제안 평면

기 때문으로 해석된다.

 계획적 측면에서도 이러한 점을 고려할 필요가 있다. 어린이가 체험
에 참여한 후 보호자는 체험물 주변에서 서성이거나 인근 전시물에 기
대거나 바닥에 주저앉아 휴대 전화를 보는 등 관람 외적 행태 양상이
관찰된다. 더러 어린이가 체험 도중 보호자를 찾아 두리번거리거나 반
대로 가시권에서 사라진 어린이를 찾는 보호자가 관찰되기도 한다. 그
러므로 근접한 위치에서 어린이의 관람을 주시하고 격려할 수 있는 공

간 지점 또는 장치가 마련된다면, 보호자의 관람 외적 행위 빈도가 자연스럽게 낮아질 뿐 아니라 어린이와 신체적 밀착은 불가하더라도 눈짓, 손짓 혹은 대화와 같은 정서 교감적 상호 작용이 지속하여 일어날 수 있을 것이다.

한편, 전시 유형상 동반 분리가 불가피한 경우는 보호자의 지속적인 관람 지원에서도 자연스럽게 휴식의 지점이 될 수 있으므로 이를 위한 공간 보조적 장치에 대한 배려가 필요할 것이다.

② 구성 놀이형Cognitive Play Type 전시

'개인화형'과 '다자 참여형' 체험 방식이 주를 이루며 약간의 '상호 협동형'이 보이는 전시 유형이다. 공간 레이아웃은 '독립 가구형'이 높은 빈도 분포를 보였으며 다음으로 '벽부형'이 차지했다. 동반 관람 양상에 있어서는 '밀착 동반'의 행태가 가장 많이 관찰되었는데, 그림을 그리거나 공작물을 만드는 듯 새로운 창작을 하는 구성 놀이의 특성상 보호자도 적극적인 관람의 주체가 되거나 어린이의 체험을 적극 조력하고자 하기 때문으로 분석된다. 이에 주로 관찰되는 상호 작용 행태 유형은 보호자 측의 '시범 보이기'와 어린이 측의 '따라 하기'였으며 어느 한 측의 상호 작용이 우세하기보다 어린이와 보호자 측 모두 유사한 상호 작용의 빈도를 가져 동반 체험 또는 협업, 체험 지원에 대한 내적 요구가 있음을 알 수 있다[71]. 그러나 공간 구조에 따라 밀착도가 낮

---

71 제2장에서 분석한 만족도 조사 결과에서는 어린이가 인식하는 보호자와의 상호 작용이 가장 많은 전시 유형이기도 하다. 이는 체험 학습에 대해 어린이 측이 지원을 요청하는 경우가 많으며, 밀착 관람과 함께 보호자와의 협업이나 동반 참여율이 높기 때문으로 해석된다.

구성 놀이형 전시에서는 어린이와 보호자 모두 흥미를 갖고 적극 참여하게 하는 콘텐츠 개발이 우선 요구된다.

개인화형 구성 놀이형 전시 코너의 경우 보호자가 근접 영역 내에서 체험 활동을 조력할 수 있는 가구 배치와 같은 공간적 장치가 요구된다.

벽부형과 같은 다자 참여형 구성 놀이 전시는 보호자와의 분리 관람이 주로 이루어지고 있어 어린이만의 참여를 전제로 한다면 보호자의 근접 관람지점에 대한 배려가 요구된다.

구성 놀이형 전시의 상호 작용 지원을 위한 전시 공간 제안 평면안 : 참여하는 인원 산정에 동반 관람이 전제되어야 하며, 때에 따라 이를 지원하는 플렉시블한 체험대의 배치, 근거리에서 보호자의 주시 관람 대기 지점이 필요하다.

아지고 분리 관람이 되는 사례도 발견되므로, 상호 작용의 높은 가능성을 내포한 콘텐츠에서도 물리적 환경의 지원성이 중요한 변수가 됨을 알 수 있었다. 이러한 공간 레이아웃 및 가구 구성을 포함한 보조 장치들이 계획적 측면에서 중요하겠다. 테이블형 전시 코너에서는 보호자와 함께 진행할 수 있다는 전제하에 공간 수용 인원에 대한 예상 산정이 요구되며 공간이 허용하는 범위에서 넉넉한 배치가 필요하다. 특

히 벽부형 전시, 별도의 진행 스태프가 상주하는 전시에서는 어린이와 보호자의 분리 관람 현상이 두드러졌다. 어린이만이 참여하는 것을 전제로 한 코너라면 기능 놀이형 전시의 사례처럼 동반 보호자의 주시 관람 지점과 같은 행태에 대한 예측과 배려가 요구된다. 더 권장하는 사항은 어린이뿐 아니라 성인 조력자도 함께할 수 있는 콘텐츠의 개발과 이를 반영한 체험 코너의 구성이라 할 수 있다.

③ 역할 놀이형Dramatic Play Type 전시

체험 방식에 있어 개인화형, 상호 대응형, 다자 참여형, 상호 협동형의 모든 유형이 관찰되나 '개인화형'과 '다자 참여형' 그리고 '상호 협동형' 체험 방식이 높은 빈도로 분포하고 있다. 그리고 공간 레이아웃의 경우 '체험 세트형'이 가장 많았으며 다음으로 '벽부형' 전시가 높은 빈도를 가졌다. 이와 관련 동반 관람의 양상은 주로 '밀착 동반'과 '보조

미니 구조물은 놀이 과정에서 보호자가 참여할 수는 없더라도 소통하거나 상호 작용 행동 풍부화를 위한 공간적 여지가 필요하겠다.

실제와 가깝게 재현된 역할 놀이 코너는 보호자의 참여율이 높음을 알 수 있다. 사례처럼 레스토랑 재현 코너에서 손님용 테이블은 역할 놀이용 소품이면서 자연스럽게 동반 보호자의 휴식 공간이 되기도 하며, 함께 역학 놀이에 참여할 수 있는 풍부한 행태적 여지를 제공한다.

동반' 그리고 '단순 주시'로 이루어졌다. 두드러진 상호 작용 행태 유형은 보호자 측의 '관찰 지켜보기'와 '설명하기', 양측의 '눈 맞추며 감정 공감하기', 어린이 측의 '요청 제안하기'와 '의사 표현하기'였다.

이러한 결과의 원인을 분석하면, 다양한 상황 설정 혹은 역할을 부여하여 체험에 참여하는 콘텐츠 특성상 어린이 혼자보다 역할의 상대가 필요한 전시 코너이므로 함께 한 보호자가 그 역할을 해주는 경우 밀착 관람이 이루어지나, 공간의 구조가 성인이 함께하기에 너무 작거나 규모가 여러 명이 동시에 참여하기에 혼잡하고 단순할 경우 보호자들은 단순 주시형의 관람 행태를 보이고 있었기 때문으로 해석된다. 또한 보호자의 참여 여부는 역할 놀이 코너에서도 콘텐츠에 따른 차이가 발견되었다. 슈퍼마켓과 병원 등 일상의 재현 코너가 소방서, 자동차 정비소와 같은 특정 환경의 재현 코너보다 보호자의 호응이나 동반 체험 빈도가 높았다. 후자의 경우는 보호자에게도 익숙하지 않은 행태가 연출되어야 하거나 체험 방식에서 기능 놀이의 성격을 내포하기 때문으로 해석된다.

한편 코너의 면적이 넓고 연출된 전시물의 디테일이 다양할수록 보호자의 동반 관람 양상이 더 적극적으로 되는 점도 주지할 사실이었다. 이는 전시에서 보호자의 역할이 더 발견되기 때문으로 해석된다. 이에 역할 놀이 코너에서는 체험 지원과 중재, 공동 참여에 대한 내적 요구를 가장 많이 보이므로, 이러한 전시를 계획할 때 가용 범위에서 넉넉한 체험 공간 안배가 요구되며 역할극을 위해 비치된 유니폼과 소품에서도 성인의 참여도 고려되어야 한다. 작은 규모의 역할 놀이 코너에서는 분리 관람의 양상이 두드러지는 바 기능 놀이형 전시에서 제

안한 것처럼 조력할 수 있는 근접 영역 내에 보호자의 접촉 지점, 주시 관람용 휴게용 가구 등의 고려가 필요하다.

④ 규칙 게임형Game with rule Play Type 전시

체험 방식에 있어 '개인화형'과 '상호 대응형'이 주로 빈도를 보였다. 그런데 어린이 박물관 전시물에서는 이미 상호 작용을 전제로 하여 파트너를 두고 함께 체험하는 상호 대응형보다는 어린이 혼자 참여하는 개인화형이 더 높은 빈도로 나타났다. 공간 레이아웃은 '독립 가구형'과 '벽부형'이 주를 이루었으며, 어린이와 동반 보호자의 관람 행태에서 일단 심화 관람이 이루어지면 '밀착 관람'의 양상을 보였다. 이는 정해진 규칙에 따라 게임을 하듯 진행해야 하는 전시물의 특성상 동반 관람자와 밀착이 자연스럽게 이루어지는 것으로 분석된다. 또한 주로 관찰되는 상호 작용 행태는 보호자 측의 '설명하기'와 어린이 측의 '따라 하기' 그리고 양측의 '웃거나 눈 맞추기'로 공동 참여 및 협업. 체험 지원의 내적 요구가 주를 이루고 있음을 알 수 있다. 규칙 게임형 전시는 개인화한 체험 방식도 있지만 상호 대응형이나 상호

규칙 게임형 전시는 그 자체가 상호 대응을 전제로 하기도 해서 관람 방식을 미리 전제로 하여 콘텐츠와 일체화된 체험 전시물 개발이 요구된다. 라빌레트, 프랑스 파리.

타 전시 유형에 비해 상호 작용에 대한 함의가 많으므로 게임 방식이 직관적 이해가 가능하고 흥미를 느낄 수 있는 입체적인 전시물 디자인이 요구된다.

협동형 방식으로 체험하도록 하여 참여 자체가 상호 작용을 전제로 할 수 있는 전시 유형이나, 박물관 대부분에서 규칙 게임형 전시 자체가 분포가 없거나 낮은 현실이므로 콘텐츠의 내용과 연계한 게임 규칙형 전시물 자체에 대한 계획이 필요하다. 아래 그림과 같이 라빌레트과학관의 마주 보고 단어 맞추기 코너는 전시 콘텐츠와 전시물 디자인이 잘 조화된 우수한 사례로서 이와 같은 관람 방식을 지원할 수 있는 아이템 개발이 요구된다. 또한 게임 방법을 직관적으로 전달할 수 있는 디자인, 보호자가 쉽게 조력할 수 있도록 게임 방법을 안내하는 문안 등 관람자 관점에서 친절한 지침이 제공되면 보다 효과적으로 전시를 체험할 수 있을 것이다.

⑤ 주시 관람형Watching Type 전시

'개인화형'과 '다자 참여형'을 주 관람 방식으로 하고, 공간 레이아웃에 있어서는 '벽부형'과 '개별실형', '독립 가구형'이 주를 이루고 있다. 직접적 조작이나 참여가 아닌 시각화된 관람이므로 동반 관람에 있어 보호자 측의 상호 작용이 우세한 '밀착 관람'의 양상을 보였다. 이는 언어적 이해나 내용의 해석이 다소 어려울 수 있는 어린이를 위해 자연스럽게 보호자가 적극적으로 관람 조력의 역할을 맡게 되어 나타난 결

과로 분석된다. 주로 관찰되는 상
호 작용 유형도 보호자 측의 '설명
하기', 어린이 측의 '따라 하기' '수
긍/반응하기', 양측의 '웃거나 눈
맞추기'인 것으로 나타났다. 이
유형은 체험 학습 지원과 감정 교
류에 대한 욕구가 높은 유형으로,
핸즈온 체험을 지향하는 어린이
박물관에서 선호되는 전시 유형
은 아니지만 의외로 동반 관람 측
면에서는 높은 밀착도 및 상호 작
용 양상을 보여주는 전시 유형이
다. 연출 방식이나 사용 매체 측
면에서도 입체 패널, 쇼케이스,
영상 등 다양한 구현 양상을 가지
며 각각 유형에 따른 상호 작용
지원을 위한 고려가 요구된다. 영
상과 시연 등 무대나 벽면을 앉아
서 바라보는 관람 형식의 공간에
서는 앞서 고찰된 바와 같이 좌석
이나 단의 유무에 따라 보호자와
분리 또는 밀착의 양상이 확연히
드러났다. 이는 어린이의 가시성

보호자를 위한 전시 내용 및 정보의 제공은 보
호자를 통한 상호 작용 증진 및 어린이의 관람
만족도 제고에도 영향을 준다.

주시 관람형 전시에서 무엇보다 관람객의 시
선을 끄는 것은 콘텐츠라 할 수 있다. 어린이
와 보호자가 동시에 호기심을 가질 전시물의
개발이 우선 고려되어야 하겠다.

관람형 전시 코너에서는 무대와 객석의 공간
구조가 동반 관람에 주요한 행태 변인이 되므
로 이에 대한 고려가 요구된다.

확보나 밀착 체험을 위한 성인들의 배려에서 기인하는 현상으로, 보호자와 동반 착석이 가능한 구조의 공간 계획이 중요하다. 입체 패널과 쇼케이스의 경우 선행 고찰의 결과를 주목할 필요가 있다. 보호자의 사전학습 여부에 따라 어린이의 관람 만족도에 유의미한 결과가 나타났으므로, 전시 내용에 대한 전문적 지식이 부재한 보호자를 위한 가이드라인을 제공한다면 더욱 밀도 있는 관람과 상호 작용이 가능할 것이다. 이를 위해 성인과 어린이의 눈높이나 시야 범위의 차이를 이용, 성인용 전시 가이드라인 문안과 어린이를 위한 그림 안내를 이중화하여 제공하는 것도 한 해결 방법일 수 있겠다.

⑥ 관찰 학습형Observational Learning Type 전시

관람 방식에 있어 '개인화형'과 '다자 참여형'이 주를 이루며 공간 레이아웃은 '벽부형'과 '독립 가구형'이 높은 빈도를 보였다. 주시 관람형과 유사하게 관람 중 보호자 측의 상호 작용이 우세하였으며 동반 관

관찰 학습형 전시에서 일반적인 대상의 관찰 외에 그림과 같이 구성 작업을 할 수 있는 공간 프로그램을 접목하면 보다 집중하여 관람하게 되며 보호자와도 높은 밀착도와 상호 작용을 갖게 됨을 알 수 있다.

도슨트가 있는 관찰 학습형 전시에서도 이와 같은 극장형 공간에서 프로그램이 진행될 때 밀착 관람 속에 동반 관람이 이루어짐을 알 수 있다.

람 행태도 '밀착 관람'이 두드러졌다. 다만 도슨트나 진행 요원의 유무 등 전시 환경에 따라 동반 관람 행태가 '보조 동반'이 되기도 하였다. 주된 상호 작용 행태는 보호자 측의 '칭찬 격려하기'와 양측의 '감정 공감하며 대화하기'였으며, 밀착 또는 분리로 이원화되는 관람 양상을 보이는 전시 유형이다. 전시물의 스케일과 체험 방식에 따라 이원화된 양상을 보인 역할 놀이형과 달리 관찰 학습형 전시는 도슨트나

관찰 학습형 전시 역시 무엇보다 어린이와 보호자가 흥미를 느낄 수 있는 콘텐츠의 개발이 동반 관람과 상호 작용 여부에도 중요한 요인이라 할 수 있다.

자원봉사자와 같은 체험 학습 진행자의 유무에 따른 영향이 가장 컸으며, 공간적으로는 주시 관람형 전시 및 구성 놀이형 전시와 비슷한 양상을 가진다고 할 수 있다. 체험 학습 지원과 감정 교류가 상호 작용의 주된 요구 사항으로, 식물이나 표본 또는 생물을 관찰할 때 쇼케이스 앞에 스케치대나 메모판을 두는 경우 더욱 심화 관찰이 이루어지며, 이 과정에서 동반 보호자와의 상호 작용도 활발해짐을 발견할 수 있었다. 그러므로 이와 같은 유형의 전시에서도 앞서 규칙 게임형과 주시 관람형 전시에서 보호자를 위한 관람 지침이나 설명 문안을 준 것처럼 콘텐츠 내용이나 체험 방식에 대한 가이드라인이 있다면 보다 효과적인 관람이 이루어질 것이다.

지금까지 전시 유형에 따른 동반 관람 중 상호 작용 특성 및 상호 작

용 지원을 위한 계획적 시사점을 살펴보았다. 보호자의 자연스럽고 적극적인 참여를 이끄는 요인은 무엇보다 전시의 내용인 콘텐츠Contents 겠으나, 본 연구 결과가 보여주듯 어린이와 보호자의 상호 작용에 관람 환경도 큰 영향 요인이었다. 그러므로 어린이 뮤지엄 구축 시 계획 단계부터 이를 고려한 콘텐츠와 체험물을 일체화하여 개발할 필요가 있으며, 여기에 상호 작용 지원성을 가진 관람 환경을 조성한다면 어린이와 보호자가 동반 관람할 때 질적으로 향상된 관람 경험을 제공할 수 있을 것으로 기대된다.

〈그림-전시 유형별 동반 관람 특성과 상호 작용 양상 및 요구되는 전시 환경〉은 본 연구에서 밝힌 전시 유형별 동반 관람 양상, 주요 상호 작용 및 이를 위한 내적 요구 사항 그리고 이에 대응하는 전시 환경 지원성에 대해 총괄 정리한 것이다. 이는 각 전시 유형에 따른 관람 특성과 상호 작용을 위해 요구되는 환경 특성을 상기 진행되어 온 연구 결과로 규명한 내용이다. 어린이 뮤지엄 전시 공간을 설계할 때 이와 같은 공간적 지원 요소가 함께 고려될 필요가 있다. 그리고 이보다 앞서 계획 단계에서 전시 시나리오에 준해 전시 유형별 분포 정도와 관람 과정에서 전시 코너별 권장되는 동반 관람 양상-상호 작용 강약-에 대한 마스터플랜이 우선되어야 할 것이다[72]. 이와 같은 견지에서 〈표-사례분석을 통한 어린이 뮤지엄 규모별 전시 유형 권장 분포(제안)〉는 전시 공간에서 전시 유형별 분포 안배에 대한 권장 제안을 도식화하였

---

72 제2장에서 분석한 전시 유형별 분포 양상과 관람 방식 매칭 선호도에서 확인된 것과 같이 전시 유형에 따라 선호되는 관람 방식과 공간 레이아웃 유형이 있었으며, 이는 또한 어린이 박물관의 규모와 테마별 성격에 따라 다르게 분포함을 밝힌 바 있다.

전시 유형별 동반 관람 특성과 상호 작용 양상 및 요구되는 전시 환경

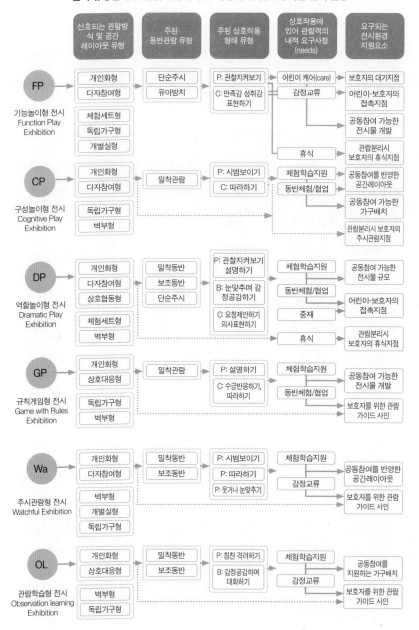

으며, 〈표-어린이-동반 보호자 상호 작용 지원 관점에서 요구되는 체크리스트(제안)〉는 어린이-동반 보호자의 동반 관람과 상호 작용 관점에서 전시 공간 계획 시 요구되는 사항을 사전 체크리스트 방식으로[73] 정리한 것이다.

   지금까지 어린이 뮤지엄 탐구의 지난한 긴 여정을 함께 해주신 독자께 감사드린다. 이어지는 3장에서는 좀 더 가볍고 즐겁게 어린이 뮤지엄을 여행하듯 만나 보실 것이다. 실제 필자의 어린이 뮤지엄 여행기인데, 앞서 개념적 광산에서 캐낸 관점들이 보석처럼 다듬어져 공간화된 주옥같은 장소들을 마주한 이야기들이다.

---

73   제안 내용과 깊이에 있어 한계가 있음을 우선 밝힌다. 그러나 본 연구의 내용에 준해 어린이 뮤지엄 계획 시 우선 고려되어야 하는 부분으로 제안의 의미가 있을 것이다. 그러므로 후속 연구를 통해 이에 대한 보다 심도 있는 연구와 실효성 있는 분석 결과의 도출이 요구된다.

사례분석을 통한 어린이 뮤지엄 규모별 전시 유형 권장 분포(제안)

규모 구분[74]		전시 유형별 분포도[75]	규모 구분		전시 유형별 분포도
해당관	아이템 수		해당관	아이템 수	
특대형(아이템 수 100점 이상)		DP CP / GP FP A-3 / Wa OL	대형(아이템 수 80점 이상 100점 미만)		DP CP / GP FP / Wa OL (A-4, A-5, K-2)
A-3	110(EA)		A-4	89(EA)	
-	-		A-5	88(EA)	
-	-		K-2	89(EA)	
중대형(아이템 수 60점 이상 80점 미만)		DP CP / GP FP A-2 / Wa OL	중형(아이템 수 40점 이상 60점 미만)		DP CP / GP FP A-1 / Wa OL
A-2	78(EA)		A-1	54(EA)	
-	-		-	-	
-	-		-	-	
중소형(아이템 수 40점 미만/ 수용 인원 40인 이상)		DP CP / GP FP A-6 / Wa OL	소형(아이템 수 40점 미만/ 수용 인원 40인 이하)		DP CP / GP FP / Wa OL (K-1, K-3)
A-6	9(EA)[76]		K-1	33(EA)	
-	-		K-3	10(EA)	
-	-				
분석 의견		기능 놀이형의 분포가 대체로 높으며, 메인 테마에 따라 유형별 편차가 큼을 알 수 있다. 규모가 클수록 고르게 분포하므로 중소형 전시와 특정 테마형 어린이 뮤지엄에서도 전시 유형에 대한 적절한 배분이 고려될 필요가 있다.			

대형 : 규칙 게임형 전시 구성 유무 검토(要)	중대형 : 관찰 학습형 전시 구성 유무 검토(要)	중소형 : 역할 놀이형 전시 구성 정도 검토(要)	소형 : 기능/구성/주시 관람형 전시 분포 검토(要)
대규모 (FP, CP, DP, GP, Wa, OL) 20, 20, 25, 7, 13, 15	중대규모 (FP, CP, DP, GP, Wa, OL) 35, 5, 15, 5, 25, 15	중소규모 (FP, CP, DP, GP, Wa, OL) 30, 5, 20, 20, 5, 20	소규모 (FP, CP, DP, GP, Wa, OL) 35, 5, 25, 10, 5, 20

---

74 본 표에서는 전시 공간에 국한해 아이템 수와 면적에 준해 규모를 구분하였다. 실제 부대면적을 포함하면 본 표에서 제시한 구분이나 범위가 달라질 수 있음을 밝힌다.

75 전시 유형은 가장 우선되는 연출 방식에 준해 분류되었다. 가령 세부 연출 방법이 기능 놀이형에 구성 놀이적 요소가 가미되었다면 기능 놀이로 분류되었다.

76 A-6 사례의 아이템 수는 9점이나, 미술계 테마를 가진 박물관의 전시 특성상 한 아이템별 동시 체험 수용 인원(어린이 관람객을 기준으로)이 40점 정도의 아이템을 가진 전시실과 유사하며, 이에 따른 전시 면적도 갖고 있으므로 중소형으로 분류됨을 밝힌다.

어린이-동반 보호자 상호 작용 지원 관점에서 요구되는 체크리스트^(제안)

01	전시 시나리오 및 콘텐츠	011	콘텐츠 구성 시 구현 방법에 있어 전체적인 전시 유형별 분포 비율을 체크하고 이에 대한 적절한 배분을 고려한다.
		012	어린이가 주 대상 관람객이나 동반 관람 측면에서 보호자도 함께 참여할 수 있거나 흥미를 느낄 수 있는 콘텐츠인지 체크한다.
		013	콘텐츠 개발 시 체험 방식에서 어린이와 동반 보호자가 공동으로 참여할 수 있는 아이템이 고려되고 있는지 체크한다.
02	건축	021	로비, 전시실, 물품보관소, 화장실, 수유실 등 관람 중 급한 용무에 보호자가 대응할 수 있도록 동선이 잘 연계되었는지 체크한다.
		022	대형 구조물 형태의 전시 아이템이 있는지 확인하고 건축 설계 시 이에 대한 공간 구조를 반영하되 동반 관람 측면에서도 요구되는 건축 공간적 요소들에 대해 04번 항목과 연계 검토한다.
		023	주차장과 전시실과의 동선 연계가 적절한지 유모차나 휠체어의 이동 시 이에 대한 공간적 지원이 적절한지 검토한다.
03	전시 공간	031	전시실 내 공간 구조가 어린이의 보행 편의와 관람 안전을 위한 무장애 공간으로 구성되어 있는지 체크한다.
		032	전시물 유형에 따른 적절한 공간 규모 안배가 되었는지 체크한다.
		033	전시 유형별 맥락적 구성이 잘 되었는지 체크한다. ex) 기능 놀이형 체험 세트와 내용적 맥락을 갖는 주시 관람형 쇼케이스의 근접 배치.
		034	기능 놀이형, 역할 놀이형과 같이 어린이 전용 체험물이 배치된 경우, 주변에 보호자의 휴식 및 근접 주시가 가능한 공간이 있는지 체크한다.
		035	영유아 코너의 경우 유모차를 세워 둘 수 있는 공간이 배려되어 있는지 체크한다.
04	체험 전시물	041	기능 놀이형 전시 중 독립 가구형 체험물은 동반 체험이 가능한 상호 대응형 방식의 적용 가능 여부를 검토한다.
		042	기능 놀이형, 역할 놀이형 전시 중 어린이 전용 구조물의 경우 보호자의 접촉 지점 또는 근접 체험 지원 요소가 있는지 체크한다.
		043	기능 놀이형 전시 중 어린이 전용 구조물의 경우 구조 형태나 마감재를 선택할 때 투과성이나 개방성을 갖고 있어 어린이 체험 활동을 보호자가 볼 수 있는지 검토한다.
		044	규칙 게임형 전시의 경우 상호 대응형 체험 방식이 가능한지, 동반 참여에 있어 직관적이고 흥미를 느낄 수 있는 디자인인지 체크한다.
		045	역할 놀이형 전시의 경우 보호자도 함께 참여가 가능한 코너의 경우 적절한 스케일이 적용되고 소품도 갖추는지 검토한다.
05	가구 배치	051	구성 놀이형 전시 코너에서 어린이와 보호자가 함께 체험에 참여할 수 있는 구조와 수량의 가구 배치가 되었는지 체크한다.
		052	관찰 학습형, 주시 관람형 전시 코너에서 보호자와 함께 심화 관람을 위한 스케치대나 탐구 테이블 등의 배치가 가능한지 검토한다.
06	공간 서비스 프로그램	061	보호자가 체험 참여 또는 어린이 관람 지원을 위해 두 손을 자유롭게 쓸 수 있도록 배려가 되었는지 체크한다. ex) 물품보관소나 전시 코너별 물품 수납함 등
		062	전시의 내용 이해나 체험지원을 위한 도슨트가 상주할 경우, 서비스 대상을 동반 관람객 전체로 하고 있는지 체크한다.
		063	체험 학습 지원을 위한 보호자 전용 관람 가이드가 있는지 체크한다.

제3장

어린이, 뮤지엄을 만나다

5. 어린이
뮤지엄 여행

　제2장까지 어린이 뮤지엄의 정체성 그리고 탄생과 발전 과정, 어린이 뮤지엄 구축에 있어 간과하면 안 되는 중요한 지점들을 공간큐레이터의 관점-더러는 육아하는 엄마의 관점도 포함하여-에서 살펴봤다. 독자에 따라서는 지루하고 어렵다고 느꼈을 수도 있겠다. 학위 논문의 연구 결과를 근간으로 하였기 때문에, 딱딱한 보고서체 문장에서 오는 거부감을 덜기 위해 다듬기는 했으나 지루한 이론정리서 같았다면 지금까지 인내하고 오신 것에 다시 한번 감사와 박수를 드린다. 이제 고난의 읽기 여정은 끝이 났다. 이제부터는 어린이 뮤지엄으로 여행을 떠나 보자.

　서론에서 언급했던 것처럼 새로운 프로젝트를 위해 해외 벤치마킹을 하면서 소위 선진국의 어린이 뮤지엄을 일찌감치 만날 수 있었다. 이후 육아를 하면서 여행의 일정에 아이를 위한 프로그램이 들어오게 되었는데, 어린이 뮤지엄이 많은 부분을 차지했다. 단순히 아이와 시

간을 보내고 더러 육아에 지친 나를 쉬게 하기 위한 방문이라 하더라도 어느새 연구자의 입장이 되어 어린이들을 관찰하며 뮤지엄 공간을 탐구하기도 했다. 어린이들을 통해 바라본 어린이 뮤지엄은 미처 몰랐던 어린이 뮤지엄을 보는 눈을 뜨게 했다. 어린이들은 뮤지엄의 어떤 코너를 선호하는지, 어린이를 위해 어떤 공간이 필요한지 그 답들이 이 여행에 담겨 있다. 이 책에서 소개하는 어린이 뮤지엄은 콘텐츠(전시내용)들이 어떻게 구성되어 있고, 그것들이 어떻게 공간화되었고 체험물로 만들어졌는지, 그리고 운영 프로그램들이 더해졌는지를 중심으로 궁극적으로는 '어린이와 동반 가족의 즐거운 관람 경험'을 주요 관점으로 하였다. 다녔던 곳 중에서 특히 기억에 남고 연구의 관점과도 부합하는 곳들을 고르다 보니 이미 출간했던 『뮤지엄×여행(2019, 아트북스)』에 담겨 있던 네 곳의 어린이 뮤지엄도 포함되었다. 전작의 책은 '공간 미감을 가진 아름다운 관람 경험' 관점에서 뮤지엄을 선정했으며, 네 곳의 어린이 뮤지엄은 탁월한 공간감과 관람 경험 면에서도 우수했던 곳이기에 전작에 이어 이번에도 채택되었다. 소개할 어린이 뮤지엄은 다음의 네 개 주제로 분류하여 정리했다.

- 어린이, 뮤지엄의 주인공이 되다
- 재미있는 이야기가 가득
- 놀면서 배워요
- 보호자도 즐거운 뮤지엄

'어린이, 뮤지엄의 주인공이 되다'에는 세계 최초의 어린이 뮤지엄

인 브루클린어린이뮤지엄과 훈데르트바서Friedensreich Regentag Dunkelbunt Hundertwasser의 공간이 인상적인 오사카의 키즈플라자 그리고 아트라는 주제를 가장 뉴욕답게 또 어린이답게 담아낸 뉴욕어린이아트뮤지엄을 선정했다. '재미있는 이야기가 가득'에는 건립 이념에서부터 건축, 전시 연출까지 완벽한 일련의 프로세스를 보여준 오사카의 빅뱅아동관과 동화 속 이야기 나라로 들어가는 듯한 현대어린이책미술관을 선정했다. '놀면서 배워요'는 이름부터 친숙하고 콘텐츠의 구성과 흐름이 훌륭한 오스트리아 그라츠의 프리다앤프레드, 환경이라는 테마를 어린이들이 즐겁게 체험 학습하게 한 요코하마의 원더쉽을 선정했다. '보호자도 즐거운 뮤지엄'은 민속이라는 주제로 전래 동화를 공간화하여 쉽고 재미있게 풀어낸 국립민속어린이박물관과, 포춘지가 뽑은 미국 12대 어린이 뮤지엄에 선정된 이름도 사랑스러운 필라델피아의 플리즈터치를 선정했다. 자! 그럼, 이곳으로 여행을 떠나 보자.

어린이, 뮤지엄의 주인공이 되다!

〈브루클린어린이뮤지엄/ 뉴욕, 미국〉

뉴욕 브루클린에 있는 브루클린어린이뮤지엄은 무려 1899년에 세워진 세계 최초의 어린이 뮤지엄이다. 이전까지 어린이는 뮤지엄이란 장소에서 존재감이 없거나 요주의의 대상이었다. 진귀한 수집품들이 고이 모셔져 있는데, 호기심이 가득한 어린이는 눈으로만 관람하는 행위가 어렵다 보니 만지고 싶어 하고 조용조용 조심해야 하는 공간에서 뛰어다녀 관리자들에게는 상당히 곤란했다. 또 문자와 정보 중심

이고 행태마저 얌전해야 하는 공간은 어린이에게도 흥미를 주거나 매력적이지 못했다. 활발한 활동은 어린이의 인지 신체 발달 특성상 당연한데도 성인 맞춤형 공간에 어린이를 두고 맞추려 한 것은 적절하지 않다는 문제의식이 교사들과 교육자 중심으로 제기되었다. 이에 사람들은 어린이만을 위한 전용 뮤지엄을 만들어야 한다는 생각을 갖게 된다. 이건 인류사에서 획기적인 패러다임의 전환이다. 흑인도 인권이 있다, 여성에게도 참정권을 부여해야 한다, 동물에게도 생존권이 있다 등 인류의 사고는 상당히 오래 걸리긴 했지만 발전하였다. 일련의 과정에서 어린이를 주체적 존재로 존중하고 그에 맞는 사회 문화적 환경을 만든다는 것은 인류의 중요한 발견이고 행보였다. 그러한 배경에서 브루클린뮤지엄the Brooklyn Institute of Arts and Sciences의 제안으로 미국 최초이자 세계 최초의 어린이 뮤지엄이 브루클린에 지어졌다. 우리나라에서도 이에 필적할 만한 역사가 있는데 바로 소파 방정환 선생님의 어린이날 재정과 어린이 운동이다. 신기하게도 방정환 선생님이 태어나신 해와 세계 최초의 어린이 박물관인 브루클린어린이뮤지엄 개관 연도가 1899년으로 같다.

예상된 결과겠지만 브루클린어린이뮤지엄은 개관 후 지속적인 사랑을 받으며 관람객이 급증했고, 1929년 처음 개관한 장소에서 이전하여 재개관하였다. 이 기념행사에는 영부인이던 루스벨트 여사도 참석했다고 하니 당시 미국 사회에서 어린이 뮤지엄이 갖는 의미를 짐작하게 한다. 현재의 브루클린어린이뮤지엄은 라파엘 비뇰리의 설계로 1996년에 다시 리노베이션한 것이다. 단순히 면적만으로 평가할 순 없지만 25만 평 규모에서 40만 평으로 증축되었다고 하니 이 뮤지엄이 얼마나

지역 사회에서 사랑받으며 성장했는지 단적으로 알 수 있다. 세계 최초라는 수식어 아래 이곳의 운영 철학, 오랜 기간 쌓인 노하우는 지역의 어린이들에게 큰 영향을 주었을 뿐 아니라 교육 및 어린이 공간을 연구하는 이들에게도 많은 본보기가 되고 있다.

리뉴얼한 어린이 뮤지엄 외관은 초록과 노랑 두 가지 색조와 마감재로 구성되었으며, 내부에서 두 개의 층으로 구성된 공간적 문맥을 외부의 파사드로도 담고 있다. 로비 풍경은 처음 마주했을 때 파리의 퐁피두 센터를 연상시키기도 했다. 인테리어 디자인이나 마감 소재가 유사해서일 수도 있지만, 뭐랄까 퐁피두 센터가 파리에 지어졌을 때 기존의 미술관의 선입견을 깬 소위 파격적인 건축물이었던 것처럼, 이곳도 외관에서부터 내부 공간 구조까지 어린이 뮤지엄이 갖는 전형-원색에 알록달록한 조형성-을 탈피한 감각적이고 현대적인 공간이라는 신선함이 다가왔기 때문일 것이다. 또한 내부 공간이 슬로프로 자연스럽게 상하를 연결하는 방식이다. 어린이의 보행 행태 그리고 유모차를 이용해야 할 보호자의 안전과 특성을 신경 쓴 것이 느껴진다.

브루클린어린이뮤지엄의 전시는 사회, 자연, 과학, 감각, 세계 문화, 지역(브루클린), 교우Totally tots라는 7개의 존으로 구성되어 있으며, 각각의 주제 속에서 다양한 방식으로 연출된 프로그램이 어린이들의 다양한 경험과 체험 학습을 유도한다. 좋은 어린이 뮤지엄들이 그렇듯 이곳도 지식 전달을 중심으로 하거나 체험을 강요하지 않고 기본에 충실하게 만들어진 코너마다 어린이들이 직접 만들고 완성하는 프로그램들로 가득하다. 뉴욕에 체류하는 동안 맨하튼어린이뮤지엄과 함께 브루클린어린이뮤지엄은 서너 살 무렵의 아들을 대동하고 자주 방문하

긴 터널과 같은 슬로프가 지상층에서 지하층으로 자연스럽게 동선 이동을 유도하는 건축화된 전시 공간

기도 했던 곳이라 이웃 같은 느낌도 든다. 실제로 뮤지엄은 상업지구

별도로 구획된 유아기 어린이를 위한 Totally Tots 코너

가 아닌 주택가 안에 있어 인근 시민들의 좋은 놀이터이자 교육장이고 쉼터가 되고 있음을 직감할 수 있었다. 특히 이곳이 유대인들이 많이 거주하고 있는 지역이라 유대교의 전통 복식을 한 가족 방문객을 흔하게 볼 수 있어 나로

뮤지엄 내 식물원에서 동화 읽기 프로그램이 진행되는 장면

서는 다문화를 체험하는 재미도 있었다. 우리의 설날쯤 홈페이지에 들어가면 Celebrate lunar new year라는 홍보문도 볼 수 있다. 아메리카 대륙을 넘어 아시아까지 다양한 문화를 잘 수용하고 담고 있음을 보여준다.

어린이 뮤지엄의 선구적인 장소로서 가장 인상적인 건 역시나 대부분의 체험이 디지털보다는 아날로그란 점이다. 자연 체험 학습장도 식물원에 온 듯 조성되어 생생하게 운영하고 있고, 곤충이나 집중 관찰을 위한 코너들도 적극 운영한다. 살아있는 곤충이나 동물이 전시되면 운영을 위한 유지와 관리가 너무나 힘듦을 잘 알기에 스태프들의 노고가 피부로 느껴졌다. 그러나 전시 도슨트들은 방문한 어린이들에게 생생한 체험을 전달하는 데 있어 어떠한 피로를 보이거나 의무로만 여기는 행태를 보이지 않는다. 늘 적극적으로 설명하고 어린이의 참여와

물총을 쏴 벽면 도구들을 맞춰 소리를 만드는, 신체와 감각을 접목한 체험 코너

관찰을 유도하고 있으니 그 광경 자체도 감동이다. 나에게는 아들이 갈 때마다 문 닫는 시간까지 노느라 정신없고, 폐관 시간이 되면 집에 가지 않겠다고 떼를 써서 스태프들과 어렵게 달래서 나오던 추억의 뮤지엄이기도 하다. 이런 몇 번의 경험을 통해 '좋은 어린이 뮤지엄=아이가 집에 가고 싶어 하지 않는 곳'이라는 공식도 깨닫게 됐다. 이러한 깨달음은 어린이와 뮤지엄 행태를 연구하는데도 주요한 관점이 되었고, 당연히 대표적 조사 대상지의 피조사자로 서너 살이던 아들이 당첨되었다. 아드님은 신나 하며 그저 놀았을 뿐이지만 엄마의 연구에 크게 이바지하였다. 그래서인지 브루클린어린이뮤지엄을 떠올리면 서너 살 시절의 아이가 늘 함께 등장한다. 평생 효도한다는 나이 아니던가. 그 이쁜 모습을 애정하는 뮤지엄과 함께 세트로 기억할 수 있는 행복한

곳이 아닐 수 없다.

지난 수년간 긴 코로나 시대를 보내며 장소 기반 그리고 체험 기반의 어린이 뮤지엄들은 많은 고민이 있었을 것이다. 세계 최초의 어린이 뮤지엄으로서 새로운 시대적 변화, 패러다임을 이곳은 또 어떻게 수용하고 미래를 위해 적용할지, 인류의 뮤지엄 역사에서 한 획을 그은 장소이니만큼 새 세대에도 훌륭하게 대응하고 진화하고 변화하리라 기대한다. 브루클린어린이뮤지엄은 '어린이'라는 대상을 중심으로 하는 뮤지엄의 새로운 패러다임을 제시한 곳으로, 관점의 전환이 얼마나 중요한지 더 나아가서 그 대상에 대한 서비스가 공급자(뮤지엄 기획자나 교사 또는 부모)보다 이용자(어린이 관람객) 중심으로 계획됨이 얼마나 필요한지를 가르쳐준 소중한 곳이다.

관람 정보

- 브루클린어린이박물관 홈페이지 : https://www.brooklynkids. org/visit/
- 주소 : Brooklyn Children's Museum 145 Brooklyn Avenue, Brooklyn, NY 11213
- 운영 시간 : 수-일요일 10 am-5 pm/ 월, 화요일 휴관/ 학교 휴교일 에는 개관
- 관람료 : $13 per person(아마존 무료 입장 : 매주 목요일 2 pm-5 pm. 이때 단체 관람은 제외됨

〈키즈플라자^{Kids Plaza Osaka}/ 오사카, 일본〉

키즈플라자가 있는 간사이 티비 건물 외관

　브루클린어린이뮤지엄이 세계 최초의 어린이 뮤지엄이라면 키즈
플라자는 일본 최초의 뮤지엄 교육을 전제로 한 어린이 뮤지엄이다.
1997년 개관했으며 연간 40만 명의 어린이와 가족들이 방문하고 있다
고 한다. 2022년에는 간사이 인기 랭킹 1위에 올랐다고 하니 어린이 뮤
지엄이 그야말로 핫한 명소가 되었다. 방문객에는 일본 현지인만이 아
니라 한국을 포함한 주변 국가 방문객도 포함되었을 것이다. 요즘 자
녀를 동반한 오사카 여행객들이 방문지로 이곳을 여정에 포함한다는

글을 인터넷에서 많이 보았다. 인터넷과 자유여행의 확산으로 키즈플라자는 동네를 넘어 월드클래스의 방문지가 되었으며 그럴만한 가치가 충분하다.

처음 방문했던 2000년 실로 나에게는 신세계였다. '세상에 이런 곳이!'라는 말을 되풀이하며 이곳을 탐색하던 기억이 아직도 생생하고, 당시는 미혼이었으므로 언젠가 결혼해서 아이를 낳으면 초등학교 입학 선물로 이곳에 꼭 데리고 오겠다고 다짐했을 정도였다. 키즈플라자는 어린이 뮤지엄이 잘 만들어지면 그 지역으로 여행을 이끄는 콘텐츠도 될 수 있음을 보여주는 사례도 되겠다. 여담이지만 코로나 당시 국내에서 어린이 교육을 시의 슬로건으로 내세운 지자체에 방역 활동을 간 적이 있었다. 시 공무원이 지나가는 말로 시립박물관 건립을 준비 중인데 유물이나 콘텐츠로 어려움이 있다는 이야기를 하셨다. 어린이 교육 중심 도시를 표방하는데, 차라리 '어린이 뮤지엄'을 짓는 것이 낫지 않나 생각한 적이 있다. 시의 정책을 결정하는 분들이 이런 키즈플라자의 사례를 본다면 정말 고려해볼 만하겠다는 생각도 든다.

키즈플라자는 시내 중심 랜드마크인 간사이 티비 건물에 있어 접근성도 탁월하다. 지하철 사카이스지센 오기마치 역에 내리면 지하 통로에서 바로 로비로 연결된다. 어린이 뮤지엄의 주요한 요건 중 하나는 접근성이다. 어쩌다 한번 찾아가는 장소가 아니라 생활 속에서 자주 찾을 수 있어야 하기 때문이다. 이곳처럼 원거리 여행객도 찾는 명소가 되려면 역시나 대중교통으로도 접근하기 쉬운지가 중요하겠다. 특히나 어린이를 데리고 가야 하는 장소라면 더 말할 것도 없다. 여기엔 생각의 전환과 디자인을 중시하는 사고방식이라는 중요한 비밀이

숨겨져 있다. 공간의 치밀한 사용이라면 일본만 한 곳이 없다. 국토가 넓지 않고 지가가 높으며 또 도시의 인구 밀집이라는 점에서 우리와도 유사한 일본의 사회 문화적 특성을 뮤지엄 공간은 어떻게 해결했는지 살펴보면 흥미롭다. 키즈플라자는 별도의 대지에 독자적 건물을 갖고 있지 않다. 간사이 티비 빌딩 3층에서 5층을 사용한다. 문화시설 그리고 상업 공간들도 마찬가지겠지만 사람을 모객해야 하는 장소에서 1층이 아닌 공간으로 유도하기는 쉬운 일이 아니다. 그러므로 당연히 지상층을 선호하게 된다. 키즈플라자는 이러한 문제를 탁월한 접근성과 독특한 공간디자인으로 훌륭하게 해결하고 있다. 심지어 공간은 입소문을 만들 만한 놀랄만한 반전까지 품고 있다. 넓은 대지와 독립형 건물이어야 한다는 강박에 도심을 벗어난 외곽으로 나가 접근성이 떨어져서 관람객과는 멀어지는 신설 뮤지엄들이 갖는 딜레마 같은 현실에 대해서도 재고하게 하는 지점이다. 물론 콘텐츠와 뮤지엄의 상황에 따라 도심을 버리는 것이 유리할 수도 있지만 말이다.

매표하고 입장하면 바로 서커스 홀이라 불리는 어마어마한 웰컴 월 welcome wall이 나타난다. 뮤지엄의 입지가 건물의 중간층이다 보니 지층의 입구에서 관람객을 맞는 환대의 공간이 부재한 점을 이렇게 구슬들이 움직이는 키네틱 아트월로 대신하고 있다. 거대한 벽면은 멀리서도 인지되기 때문에 로비로 들어선 관람객은 기대감이 상승하고 전시실로 걸음을 재촉하게 된다. 신박한 아이디어다. 서커스 홀이라 불리는 로비에서 바로 매직 터널이 연결되며, 엘리베이터를 타고 3층에 도착하면 비로소 전시가 시작된다. 이 뮤지엄은 세 개 층에 걸쳐 전시가 구성된다. 공간 중심부는 세 개 층을 관통하는 중정이 있다. 그리고 중

3개 층에 걸친 중정에 있는, 환경건축가 훈데르트바서가 디자인한 대규모 조형물 '어린이마을'

어린이마을 내 우체국 역할 놀이 코너에 비치된 우체부 유니폼

정은 오스트리아의 환경건축가 훈데르트바서가 디자인한 거대한 놀이 조형 공간이 조성되어 있다. 이 공간이 바로 건물 외관에서는 전혀 예측할 수 없는 장면이며 반전의 주인공이다. 화가이며 건축가인 훈데르트바서는 그만의 독특한 콘셉트와 조형성을 가지고 있어, 키즈플라자에서 이 중정을 보자마자 첫눈에 훈데르트바서의 작품임을 알 수 있었다. 이곳 스태프와의 인터뷰를 통해 '어린이 마을'이라는 제목의 훈데르트바서 작품이 맞음을 확인하고서 나는 '꺅!'하고 비명을 지르기까지 했다. 공립 뮤지엄에서 세계적 아티스트와 협업했다는 점이 놀랍고 부러웠다. 우리나라의 건축과 행정 환경에서는 감히 상상할 수 없는 과정이고 결과라서 더 그랬을 것이다. 이는 접근성에 이어 키즈플라자가 가진 차별화된 매력 지점이다. 하얀 회벽에 알록달록 타일로 장식된 아치형 창문들과 개구부가 계단과 미끄럼틀 슬로프로 이어지는 중정의 환상적인 공간은 또 각 층의 전시 공간과도 유기적으로 연결된다. 무심한 듯 건물 중간층에 어린이 뮤지엄을 넣어 둔 것이 아니라 이렇게 놀라운 어린이 왕국이 세워져 있는 것이었다. 그 안에 무엇이 들어있는가. 그 내용은 정말 사용자를 위한 것인가. 논문을 준비하면서 정말 많은 어린이 뮤지엄을 다녔지만, 여전히 키즈플라자가 준 공간의 반전 같은 감동은 따라올 곳이 없다.

나도 이 아름다운 조형물들을 바라만 보기 아까워 위아래로 누비며 건축적 산책의 행복감을 만끽했는데, 어린이들은 그야말로 신이 났다. 삼삼오오 술래잡기하기도 하고, 공간을 탐색하며 이 특별한 공간과 접하며 소위 놀이를 창조하는 것이 보였다. 어린이 뮤지엄 콘텐츠는 어린이 스스로 놀이를 창조할 수 있는 환경이 지원되어야 한다. 바로 키즈플라자처럼! 키즈플라자의 훌륭함은 비단 훈데르트바서의 이 중정 공간뿐만이 아니다. 자연·과학·사회·예술 등 다양한 주제로 풀어낸 전시의 접근법과 표현이 섬세하면서도 아이답고 또 창의적이다. 가령 자연 관찰 코너는 실제 식물들이 자라는 환경을 땅 위뿐 아니라 보이지 않는 땅 밑까지 시각화하여 자세히 관찰하게 하고, 맞은편 작은 수족관에는 다양한 물고기와 해저 생물들이 살아 움직이는 모습을 보여준다. 별것 아닌 것 같지만 보이지 않은 것을 보이게 하는 연출적 매력은 마치 생텍쥐페리의 동화 『어린 왕자』에서 코끼리를 삼킨 보아뱀의 단면을 보는 듯한 느낌마저 들었다. 역시나 이곳도 생물 전시 코너를 운영하고 있는데, 기본적으로 관리와 운영에 진심이 없으면 하기 힘든 콘텐츠다. 요즘 새로 생긴 대규모 어린이 뮤지엄에서 볼 수 있는 물놀이 코너도 키즈플라자에서 20년도 전에 처음 만났으니, 이곳의 공간과 전시 체험물들이 당시로선 시대를 앞서가는 정말 어린이를 위한 장소였음을 상기하게 한다.

또한 키즈플라자를 높이 평가하는 이유 중 하나는 간단한 체험물도 단순 조작인 것이 없다는 점이다. 예를 들어 톱니 체험 코너는 어린이들이 스스로 모양을 구상하고 서로 잘 맞물리도록 주어진 여러 크기의 톱니바퀴들을 맞춰보게 한다. 잘되지 않으면 톱니가 일제히 돌아가지

물의 원리를 놀면서 체득하게 하는 체험 코너

않는다는 기계의 메커니즘을 놀이 행위로 반복과 시행착오를 통해 깨닫게 하는 것이다. 훈데르트바서의 어린이마을 조형물 주변에는 역할놀이를 위한 레스토랑, 우체국, 경찰서, 수리 공방 등등이 있는 진짜 어린이마을이 조성되어 있다. 이곳에서 직접 우편 배달부의 옷을 입고 편지를 배달하거나 안전모를 쓰고 배관을 고치거나 하는 놀이가 펼쳐진다. 세계 어느 뮤지엄의 역할 놀이 코너와 비교해도 단연 최고이다. 이곳에 있는 어린이들은 본인이 진짜로 그 역할자가 된 듯 충실히 임하고 있다. 감탄하며 공간을 탐색하는 내게 우편 배달부 옷을 입은 어린이가 총총 다가와서 "手紙が来ました^(편지 왔습니다)"라고 하는 거다. 순간 만가지 대답이 머리를 스쳤다. 동심 파괴자가 되면 안 되지. "あ、引っ越してきて私の家の手紙ではないようです^{(아, 이사를 와서 우리 집 편지가 아닌 것}

같아요)"라고 하니 어린이는 머리를 긁적이며 다시 어딘가로 총총 사라졌다. 또한 특히 주목하게 했던 코너는 장애 체험 코너로, 휠체어 타는 법을 자원봉사자들이 알려주고 휠체어로 지하철을 타고 내려

톱니바퀴의 메커니즘을 이해하게 하는 놀이 체험 코너

보는 경험을 하게 하는 곳이다. 둘씩 팀을 이뤄 한번은 장애인의 역할을, 또 한번은 장애인을 돌보는 역할을 하게 한다. 사회적 약자에 대한 배려와 이해를 도모하는 경험은 어린이들이 좋은 사회인으로 성장하도록 도울 것이다. 이런 코너들은 이 뮤지엄의 미션이 잘 담겨 있다. 어린이들은 이 코너에서 사뭇 진지하다. 그 외에도 디테일한 여러 코너가 많다.

이제는 국내에도 대규모의 어린이 뮤지엄이 많이 생겨 처음 키즈플라자를 만났을 때의 절실함이나 부러움은 덜하지만, 내게 이곳은 여전히 어린이를 위해서 어른들이 무슨 일을 해야 하는지를 보여주는 훌륭한 선례로서 기억되고 있다. 국립 어린이 박물관 구축사업이 진행중이라고 한다. 새로이 뮤지엄을 짓는다면, 또 어린이 전시를 만든다면, 이곳이 훌륭한 롤 모델이라고 이야기하겠다. 어린이 뮤지엄이라는 역할과 정체성이 확실하고 공간은 창의적이며 보호자를 포함한 방문자 모두에게 행복 자체인 장소이기 때문이다.

관람 정보 —————————————————————————

- 홈페이지 : www.kidsplaza.or.jp

- 주소 : Ogimachi 2-1-7, Kita-ku, Osaka, 530-0025 Japan

- 운영 시간 : 월-일요일 09:30~17:00

- 매달 두 번째, 세 번째 월요일 휴관^(공휴일일 경우 다음날 휴관), 8월은 네 번째 월요일 휴관, 12월 28일~1월 2일 휴관

- 입장료 : 유아^(3세 이상) 400엔, 소인^(초·중학생) 800엔, 대인^(고교생 이상) 1,400엔^(65세 이상 경로 700엔)

〈뉴욕어린이아트뮤지엄 Children's Museum of Arts(CMA) / 뉴욕, 미국〉

뉴욕은 기성 예술가뿐 아니라 예비 아티스트들이 활동의 근거지로 삼고 싶어 하는 도시이다. 또한 이 도시의 예술적 분위기는 전 세계로부터 엄청난 방문객을 불러 모은다. 지극히 개인적인 느낌이지만 이런 뉴욕의 예술적 분위기를 한마디로 표현하면 '젊고 액티브하다'이다. 이러한 뉴욕에서 뉴욕어린이아트뮤지엄은 가장 젊고 액티브한 아트를 만날 수 있는 곳이다. 처음 이곳을 방문했을 때는 뮤지엄이라는 단어가 어색하게 느껴졌다. 상설전시실도 작품도 없는 이곳이 과연 뮤지엄인가 싶었기 때문이다. 그러나 '어린이아트뮤지엄'은 이름 그대로 이 장소가 지향하는 본질을 담고 있다. 이곳이 수장하고 전시하는 것은 '아트 워크를 하는 어린이 자체'다. 그러므로 주제 중심이 아닌 대상 중심이라는 어린이 뮤지엄의 본질을 창의적이고 훌륭하게 담고 있다.

뮤지엄은 오 헨리의 단편 소설 「마지막 잎새」에서 배경으로 등장하는 소호에 있다. 이곳의 전시나 프로그램은 미래의 아티스트인 어린이에게 예술에 대한 영감과 동기를 부여하도록 짜여 있다. 콘텐츠는 갤러리에서 어린이 작가의 작품을 전시하고 어린이 방문객들이 이를 감상하도록 하는 것과 어린이 아티스트^(관람객)들이 아틀리에서 직접 작품 활동을 하도록 하는 두 유형으로 구성되어 있다. 그러므로 당연히 모든 프로그램은 참여형이다. 뉴욕어린이아트뮤지엄은 이미 완료된 기성의 작품을 제시하는 공간이 아니며, 어린이 방문객들에 의해 전시되는 작품과 뮤지엄 공간은 매일 새롭게 창조된다. 그러니 아트 워크를 하는 어린이 자체가 볼거리이기도 하다. 그러나 순전히 나와 같은 보호자에게 그런 것이지 이곳을 방문한 어린이들은 모두가 하나같이

도슨트와 함께 친구들의 작품을 감상하면서 대화를 나누는 코너

진지한 아티스트가 되어 있다. 특히 이곳에서 마음에 들었던 것은 그림을 감상하며 소감을 공유하고 그에 따른 본인의 상상이나 스토리를 표현하는 감상이라는 경험을 소중히 다룬다는 점이다. 물론 전문 어린이 뮤지엄답게 연령별 인지 및 체험 능력의 차이를 고려한 영유아 전시 코너도 마련되어 있다. 어린이뿐 아니라 유아도 작가로서 존중받는 분위기, 멋지지 않은가. 뉴욕어린이아트뮤지엄

아티스트와 함께 조형물을 만드는 체험 코너

에 들어서서 주변을 둘러보면 기존 어린이 뮤지엄처럼 체험물이 공간을 가득 채우지 않으므로 공간은 개방적이고 유연하다. 한마디로 비었거나 다양한 프로그램을 지원할 수 있는 가변 방식이다. 그런 와중에도 어린이가 이곳의 주 대상임을 잊지 않고 어린이의 흥미와 놀이 행태를 기본으로 한 활동형 공간들이 제안되어 있다. 클레이아트 체험 코너는 바bar 스타일로, 그림 그리기는 화가의 아틀리에를 연상시키는 공간으로, 또 자원봉사 아티스트와 일회적으로 진행하는 워크숍은 갤러리 가운데 가변 공간이 세팅되어 진행된다. 하드웨어로 정해진 프로그램을 주입하지 않는 것이 인상적이며 사실은 가장 적절한 공간 솔루션이라는 생각이 들었다. 그러면서 일 년에 두 번씩 정기적으로 공간을 리뉴얼하여 전시된 작품을 교체하고 환경을 개선한다고 하니 예술이 가진 특성처럼 뮤지엄도 지속하여 변하고 진보하는 것도 아트스럽다. 또한 가장 나를 감동하게 한 것은 '아트'라는 주제에 앞서 '어린이'를 고려한다는 점이다. 즉, 당연히 '놀이'를 기반으로 한 프로그램도 간과하지 않는다. 대표적인 코너가 대형 볼 플레이 존인데 신체 활동이 왕성한 어린이 관람객들을 위해 마치 보너스처럼 볼풀 놀이터를 운영한다. 대형 고무공이 가득 담긴 이 어마어마한 놀이터는 트램펄린이 되었다가 슬라이딩 미끄럼틀이 되었다가, 숨바꼭질하거나 장애물 놀이를 하게 하는 등 다양한 놀이 행태를 만드는 신체 놀이도구가 된다. 역시나 어린이들은 이 안에서 다양한 놀이를 디자인한다. 보기만 해도 신이 난다. 안전사고를 막기 위한 운영도 몹시 지혜롭다. 연령에 따라 입장 및 놀이 시간이 정해져 있어 비슷한 덩치의 어린이들이 주어진 시간 안에 모여 놀도록 규칙을 제시하고 있다. 그러니 안전한 놀이 공간으로 유지되

이젤과 구성 작업용 테이블 외에도 손을 씻는 수전들이 잘 구성된 아트 워크 코너

며 또래끼리라 놀이 시간 동안 조우도 좋을 수밖에 없다.

또한 뮤지엄이 생활 속으로 쑥 들어오게 하는 친숙한 프로그램이 있다. 대표적인 것이 프라이빗 생일 파티이다. 사전에 신청하면 뮤지엄에서 본인이 초대한 친구들과 생일 파티를 열 수 있다. 뉴욕에 체류하던 중 마침 아들의 생일이 다가와 이곳 생일 파티 프로그램을 신청했

유명작가들의 조형물을 만들어보는 워크숍

다. 파티 날 친구들과 함께할 아트 워크 주제도 고를 수 있는데, 디자인과 건축을 전공한 엄마의 호기심을 보태 '뉴욕 시티 빌딩'이라는 주제를 선정했다. 다른 장소에서 진행하는 어린이 생일 파티와 차별화되는

신체 놀이 코너도 함께 운영하여 어린이 관람객들의 에너지 발산 욕구를 해소하도록 배려하는 볼 풀 코너

이곳만의 프로그램이기도 하겠다. 케이크 세리머니를 마치고 아트 워크 시간이 되자 스태프들이 준비해온 재료들을 나눠주고 참가한 어린이들 각자가 떠오르는 뉴욕 시의 건물을 그려보라고 했다. 그 후 개개인의 작업물들을 모아 좌우로 길게 연결하여 마치 맨해튼에 있는 마천루의 실루엣 같은 풍경을 합동 작업으로 완성했다. 벽에 그 작업을 걸어 놓고 아이들이 각자가 만든

볼풀 코너 입구 : 연령별 운영 시간으로 본인들의 입장 시간을 기다리는 어린이들

빌딩이 어디쯤 들어가 있는지를 보며 즐거운 대화를 나누었다. 뉴욕스러운 멋진 작업이었다. 뮤지엄이란 장소를 통해 아이들은 추억을 만들 것이고, 뮤지엄은 파티 프로그램 운영을 통해 경비를 충당하니 재정자립과 지속적 운영을 위해서도 제법 괜찮은 아이디어란 생각이 들었다.

이런 좋은 프로그램뿐 아니라, 무엇보다 이 '뮤지엄이 예술의 도시로서 뉴욕의 숨은 저력을 대변하는구나'라고 느끼게 한 것은 그들의 철학과 운영 방식이다. 즉, '경제적 조건과 능력에 상관없이 모든 어린이가 예술을 접하게 해야 하며 그들 안에 잠재된 예술가의 역량을 증진하게 한다'라는 설립 취지와 운영 철학하에 예술가들과 함께하는 제대로 된 아트 경험을 제공하며, 꾸준히 지역 미술관과 교류하여 어린이들의 작품 전시와 어린이 작품 수집을 돕고 있다는 점이다. 아울러 예술이 젊은이들의 성장 그리고 활기찬 커뮤니티에 중요한 역할을 한다는 믿음으로 지원과 노력도 아끼지 않는다고 한다. 이러한 활동에 많은 후원과 지지를 받아 1988년 설립 이래 뮤지엄은 계속 성장했고 2011년부터는 개관했을 당시보다 더 큰 규모의 새로운 장소로 이전해 관람객을 맞았다. CMA는 지금까지 십만 명이 넘는 어린이들에게 아트 프로그램을 제공했으며 그중 27%는 무료로 혜택을 받았다고 하니, 뮤지엄이 가진 공공성과 전문성을 얼마나 잘 살리고 있는지도 짐작할 수 있다. 어린이 뮤지엄에 근무했던 경험에 비추어 어린이 뮤지엄은 그 어떤 전시 공간보다도 운영의 경험이 중요하다. 운영이 고려되지 않은 디자인과 프로그램은 공허하다. 그런 측면에서 CMA는 이와 같은 세 가지 요소를 조화롭게 구성하고 있다. 또 하나, Art라는 것이 생활과 동떨어진 활동이 아니며 특정 대상만을 위한 것도 아님을 보여주고 있으며, 뮤

지엄을 방문한다는 자체가 특별한 이벤트가 아닌 일상의 한 부분임을 실천하고 있으니 얼마나 훌륭한가. 어린이들이 가진 미래라는 백지에 어떤 그림을 그리느냐는 유년기부터의 경험이 큰 역할을 할 것이다. 뉴욕어린이아트뮤지엄의 사례만 봐도 뉴욕은 이미 예비 아티스트들이 건강히 자랄 토양을 공급하고 있으니 예술의 메카가 될 자격이 충분하겠다. 모두가 아티스트로 성장하지 않아도 이런 환경에서 예술 교육을 받고 자란 어린이들은 세계적 예술 도시에 걸맞은 소양과 감각을 가진 예비 시민이지 않을까. 거기다 높은 예술적 안목으로 비평가들도 긴장할 깐깐한 뉴요커로 성장하지 싶다.

그런데 이 책을 위한 원고를 정리하면서 이 주옥같은 어린이 뮤지엄이 영구 폐쇄되었다는 소식을 접했다. 안타까운 소식이다. 그나마 위안이 되는 건 이곳의 정신과 프로그램은 그대로 남아 이전처럼 오프라인의 특정 공간은 아니지만 뉴욕시 전체에서 뉴욕어린이아트뮤지엄의 프로그램을 만나게 하는 노력이 지역 커뮤니티, 학교 등과 연계하여 준비되고 있다고 한다. 코로나의 여파를 감당하지 못했던 것인지는 모르겠으나 과거의 새로운 공간에 대한 해석과 적용이 그랬던 것처럼 미래 어린이 뮤지엄의 지향과 방향성을 앞서 모색하고 있다는 생각이 들었다. 응원한다. 영영 사라지지 않고 그 중요한 역할을 새로운 방식으로 지속하시기를 기도한다.

관람 정보

- 홈페이지 : https://cmany.org/
- 주소 및 운영 시간 : 영구 폐관

재미있는 이야기가 가득

〈빅뱅아동관/ 오사카, 일본〉

어린이 뮤지엄과 스토리텔링을 이야기할 때 절대 빼놓을 수 없는 곳, 빅뱅아동관! 키즈플라자와 함께 처음 마주하던 날 놀라움과 부러움으로 나를 울고 웃게 했던 어린이 뮤지엄이다. 오사카에 있는 빅뱅아동관도 지하철로 연결되는 곳에 자리하고 있다. 일본은 도시든 시골이든 특유의 정갈함이 있는데, 이곳도 지하철역에서 나오자마자 공공디자인으로 깔끔하게 정돈된 전경이 맞아준다. 보도를 따라 조금 걷다 보면 서서히 빅뱅의 건물이 위용을 드러낸다. 이십여 년의 세월이 흘렀는데도 처음 방문한 날 이 건물을 보고 설레던 마음이 잊히지 않는다.

우주선을 연상하게 하는 빅뱅아동관의 외관

어른인 나도 이 정도였으니 이곳을 찾는 어린이 관람객들은 얼마나 신이 날지 짐작이 갈 것이다.

멀리서 바라본 오사카 빅뱅아동관의 건물은 거대한 우주선이 숲속에 착지한 모습이다. '어린이 공간이라 상상력 충만하게 우주선으로 건축을 디자인했구나' 정도로 생각했는데, 이런 건축의 조형성까지도 완벽한 구축 시나리오의 하나란 사실을 알게 되면 놀라지 않을 수 없다. 만약 이곳을 찾는다면 메인 영상관을 먼저 가봐야 한다. 물론 외관에서부터 흥분이 고조되어 로비에서부터 만나는 신기한 코너들을 뒤로 제치고 굳이 메인 영상관으로 직진하는 것이 쉽지 않을 것이다. 특히 어린이와 함께 방문한다면 말이다. 그러나 잊지 말고 들러보기를 꼭 권한다. '파워스테이션'이란 코너에서 영상을 보고 나면, 아이들은 이 우주선 건물에 대한 상상력의 외연이 확장될 것이고 보호자들은 뭔가 숙연함이 들 것이다. 나는 울었다. 영상이 감동적이어서도 울었고 이런 완벽한 스토리텔링과 디자인 프로세스가 부러워서도 울었다. '은하철도 999'라는 만화영화를 기억하는가? 일요일 아침이면 이 방송을 보기 위해 동생과 텔레비전 앞에 올망졸망 앉았던 유년 시절 기억이 우선 따뜻하고 행복하게 소환된다. 우주를 달리는 기차가 여러 행성을 여행하는 에피소드로 구성된 이 애니메이션은 상상을 초월하는 다양한 스토리로 매주 우리를 미지의 세계로 여행하게 했었다. 그리고 장편 애니메이션이 끝나갈 무렵 흘러나온 메텔의 멘트는 주옥같다.

"철아. 인간의 생명은 끝이 있기 때문에 아름다운 거야."

그 시절에는 그 말의 깊이를 다 이해하기 어려웠다. 나이가 들면서 삶이라는 것 자체가 그 끝을 향해 무던히 걸어가는 것이란 걸 알게 되고 나서부터 철학과 같은 그 멘트가 가슴에 콕 박힌다. 이렇듯 기성세대에게 익숙한 '은하철도 999'를 연상하게 하는 주인공들이 등장하는 주제 영상 하나로 빅뱅아동관의 미션과 비전이 완벽히 설명된다. 설명이라기보다 가슴으로 깊이 공감된다는 표현이 정확하겠다. 영상은 새로운 별을 찾느라 우주를 유영하는 우주선으로부터 시작한다. 지구라는 별을 발견하고 우주에 접근한 우주선이 그랜드 캐니언과 아프리카 초원과 대양을 관통해 오사카의 상공까지 날아온다. 별이 가득한 밤하늘처럼 불빛으로 반짝이는 오사카의 야경을 바라보며 우주선의 승무원들은 다음과 같은 대화를 한다.

"…이 지구를 앞으로 50년 동안 관찰한다. 이토록 아름다운 지구의 훌륭한 인류라면, 분명 더욱 멋진 문명을 만들어 나갈 것이다. ^(중략) 서기 2000년에 이른 지구의 진보…그것은 눈을 의심하게 하는 놀라움의 연속이다. 그러니, 여러분이 살고 있는 이 지구도 과학 문명의 편리함에 빠져 마음의 결정 '이미징 크리스탈'을 잃어버리지 않도록 해주세요. 우리 하토이피아 별 사람들도 젊은 지구에 뒤지지 않도록 노력하겠습니다."

그러면서 우주선은 오사카 상공을 맴돌다 서서히 착륙한다. 비행선이 내려와 렌치에 착륙하는 그 모습이 다름 아닌 '빅뱅'의 건축. 바로 조금 전 입장하면서 바라본 그 멋진 외관이다. 이때 나오는 멘트도 주옥같다.

"夢は時間を裏切らない。時間は夢を裏切らない。(꿈은 시간을 저버리지 않는다. 시간은 꿈을 저버리지 않는다.)"

소름이 끼치는 장면이 아닐 수 없다.

어린이도 동행하지 않고 이 어린이 뮤지엄을 세 번이나 방문했는데, 방문할 때마다 보는 이 영상은 봐도 봐도 감동이다. 처음 방문 시 동행했던 당시 재직 중이던 회사의 상무님은 영상이 끝나자마자 아무 말씀 없이 엄지척하셨다. 그때의 상무님 연세가 지금의 내 나이쯤이셨을 텐데, 사실 지천명이 되어 어린이 공간에 크게 감동하기는 쉽지 않다. 그러니 이 뮤지엄이 주는 디테일이 얼마나 대단한가. 20년 전이니 지금보다 유니크한 공간이 드문 탓도 있었겠지만 요즘 새로 생기는 뮤지엄을 둘러봐도 빅뱅아동관처럼 구상 단계부터 콘

빅뱅아동관 로비 전경

터치스크린과 인터랙티브 기술을 접목한 상상 아트 워크 코너

마치 우주선의 내부에 들어온 듯한 빅뱅아동관 실내 전경

셉트 기획자, 시나리오 작가, 건축가, 전시디자이너, 에듀케이터가 이상적으로 협업하여 이런 일련의 건축·공간·전시·영상물까지 완벽한 스토리텔링이 제시된 장소는 본 적이 없다. 업무의 프로세스 그리고 현업에서 진행되는 현실을 너무 잘 아는 나로서는 그 보이지 않는 손, 마음이 또 전율이고 감동일 수밖에 없다. 앞서

이 지역의 고고학 발굴 성과를 모티브로 만든 어린이 놀이 코너

언급했듯 파워스테이션의 메인 영상을 보고 나면 우주선 형태의 건축에서부터 대형 모니터가 있던 로비와 계단실, 복도의 인테리어 디자인들이 왜 그런 조형성을 가졌는지 단박에 공감하게 된다. 영상에 나온 그 우주선이 바로 빅뱅아동관 건물이며, 영상에서 던지는 메시지가 빅뱅아동관 총체이기 때문이다.

또한 이 뮤지엄의 진가는 훌륭한 디자인보다도 내용 즉 프로그램과 콘텐츠다. 어린이들이 체험할 수 있는 콘텐츠들이 아날로그에서부터 디지털까지, 고대 역사에서부터 현대 생활까지 주제도 체험 방식도 너무나 다양하고 풍부하다. 나를 전율하게 코너는 입구의 인터랙티브 키오스크였다. 개인모니터에서 물고기나 수초 등의 그림을 그려 전면에 설치된 바다 영상 속으로 날려 보내는 체험물이다. 이 인터랙티브 체험 코너는 기술이 아니라 마술이나 마법으로 보였다. 지금이라면 놀랄 일도 아니지만 빅뱅아동관의 개관 시기가 뉴 밀레니엄 이전인 1999년

임을 생각하면 아마도 당시 일본이 가지고 있는 최첨단 과학기술이 고스란히 이곳의 구축 테크놀로지로 반영되었던 것 같다. 어린이들의 놀이 공간에 자국의 최신 과학 기술을 접목한다는 것이 얼마나 멋진가. 또한 여러 가지 참여형 프로그램을 할 수 있는 워크숍 코너들이 마련되어 있다. 요리나 아트는 그렇다 치고 재활용품을 활용한 공작 놀이 코너는 지금 생각해도 선구적이다. 어린이들의 창의력이나 상상력을 뒷받침하는 워크숍만으로도 훌륭한데, 재활용품을 재료로 선택한 점은 이제야 탄소중립이나 환경을 접목하고자 노력하는 우리의 현실에 비하면 선구적이라는 표현이 딱이다. 그 외에도 어린이의 심리를 간파한 듯 인형과 똑같은 옷을 입고 인형의 집에서 놀아보는 역할 놀이 코너, 우리로 치면 6070 추억의 놀이 코너쯤 될 터인데 부모와 조부모 세대들도 쉽게 공감하고 향수를 가질 수 있는 전통 놀이 코너와 옛날 거리를 연출한 코너 등이 있어, 어린이만을 위한 공간을 넘어 가족이 즐거운 장소로서의 면모를 충분히 담고 있다. 그 외에도 어린이들의 놀이 행태를 비롯한 요구를 잘 파악하여 다양한 활동들이 안배되어 있다. 당연히 앞에서 수없이 언급한 어린이의 에너지 발산을 위한 신체 활동 코너도 연령에 맞게 다양하게 마련되어 있다. 이 지역의 고고학 발굴 성과를 연결한 악어 모형 놀이터도 훌륭하고, 외관의 렌치를 수직으로 관통하는 대규모 모험 놀이 타워는 최고다. 모험 놀이 타워는 헬멧과 안전대 등 보호 장비를 갖추고 정상까지 오르는 구조로 설계되어 있다. 경사로를 기어오르고, 벽을 타고, 굴을 지나는 등 장애물을 통과하여 정상으로 오르는, 공상력을 살짝 보태면 마치 미지의 세계로 모험을 떠나는 공간 같다. 이 코너의 정상에 다다라 마지막 출구를 나

일본의 전통 놀이를 체험할 수 있는 놀이 공간

서는 어린이들의 얼굴은 무언가 해냈다는 뿌듯함으로 가득하다. 메인 영상관의 주제 영상에서 언급한 '건강한 에너지'란 이런 것이 아닐까 싶다.

'키즈플라자'와 함께 '빅뱅아동관'은 늘 나에게 숙제 혹은 숙명 같은 곳이었다. 아이가 생기면 초등학교 입학 선물로 오사카에 오겠다는 나 혼자만의 약속 때문만은 아니었다. 오사카에 오지 않아도 이런 뮤지엄을 한국 어린이들도 한국 땅에서 경험할 날이 오기를 바라는 마음이 생겨서일 것이다. 이미 여러 번 방문했지만, 초등학교 입학을 앞둔 아들과 함께 다시 방문한 빅뱅아동관은 묵직한 감동이 있었다. 예상대로 아이는 이 뮤지엄을 좋아했고 함께 이곳에서 가진 시간이 소중한 추억이 되었다. 이곳의 초대 관장이 얼마 전 돌아가신 '은하철도 999'의 작

가 마츠모토 레이지松本零士라는 사실도 신선한 놀라움이다. 모르긴 해도 작가적 상상력과 시각적 표현력에서 탁월한 만화감독이 관장이셨기에 이런 뮤지엄이 탄생할 수 있었겠다는 생각도 든다. 이제는 진짜 별이 된 그분이 지구의 어린이와 어른이에게 남긴 큰 선물이겠다. 빅뱅의 감동적인 스토리텔링과 상상력 충만한 공간은 영원히 우리들의 마음속에 간직하고 싶은 동심 그리고 그 동심을 가진 어린이에 대한 어른들의 선물 같은 곳이다. 『뮤지엄×여행』 집필 당시 제시한 제목처럼 '아련한 동심에 대한 오마주'의 장소인 셈이다.

관람 정보

- 홈페이지 : http://www.bigbang-osaka.or.jp/access/
- 주소 : Chayamadai, Minami-ku, Sakai-shi, Osaka 1-9-1
- 개관 시간 : 10:00~17:00(입장은 16:30까지)
- 매주 월요일(월요일이 공휴일이면 다음날 휴관)과 연말연시 휴관, 1월·9월 중 2~3주 정도 유지 보수를 위해 휴관

  ※ 봄·여름 방학, 5·10월은 월요일도 정상 개관
- 관람료 : 일반 1,000엔, 초·중생 800엔, 3세 이상 600엔, 3세 미만 무료

〈현대어린이책미술관/ 판교, 한국〉

여러 번 언급했듯 어린이 뮤지엄은 세계에서 유일하게 테마 중심이 아닌 대상 중심으로 만들어진 뮤지엄 장르다. 그렇다면 어린이를 위해서 어떤 내용을 담아야 할까? 이는 여전히 어린이 뮤지엄을 구축하거나 운영하는 이들에게 고민이고 과제이다. 놀이를 기반으로 하지만 일반 키즈카페 또는 어린이공원(놀이터)과 어린이 뮤지엄이 차별화되는 지점은 콘텐츠와 체험 방식이 교육이라는 큰 그림을 전제로 한다는 점일 것이다. 그러므로 반복 조작이나 신체 활동의 행위가 유의미하거나 궁극에 어떤 잠재적 깨달음과 연결될 수 있어야 한다. 쉽지 않다.

그런 견지에서 판교에 운영 중인 현대어린이책미술관은 다양한 주제를 다루는 보통의 어린이 뮤지엄과 달리 주제와 대상 두 가지를 모두 명확하게 담은 장소이다. '아트와 스토리를 통해 꿈을 키우는 미술관'이라는 미션과 비전은 이곳의 설립 목적과 방향을 확실히 이해하게 한다. 일단 책(독서)이라는 주제는 딱 보호자들이 반길 테마인 데다, 신선한 공간 디자인까지 더해졌으니 개관 전부터 입소문이 났던 곳이다. 심지어 백화점 내에 있으니 보호자 특히 어머니들께 환영받는 장소다. 입지와 콘텐츠의 기막힌 조합은 한동안 공간마케팅 분야에서 화제가 됐던 일본의 츠타야 서점을 떠올리게 한다. 스타벅스와 서점의 콜라보는 그야말로 기대 이상의 대박을 터트렸다. 커피와 휴식 공간은 사람들이 머무는 시간을 연장했고 사람을 부르는 역할을 해서 사양 공간이던 서점의 활성화와 매출에 큰 도움을 주었기 때문이다. 실제 매출 증대에만 그친 것이 아니라 츠타야 서점은 도쿄 여행에서 꼭 가봐야 하는 명소가 되었다. 이곳 역시 백화점에 있어서 쇼핑을 갈망하는 보호

장르별로 다양한 책들이 전시된
상설서가

지식의 숲 같은 조형 구조가 인상적인 상설서가 전경

자와 놀이를 갈망하는 어린이의 니즈를 동시 충족할 수 있는 장점을
장착했다. 문득 예술의 전당 내 어린이놀이방이 떠오른다. 예술의 전
당에서 열리는 오페라나 클래식 콘서트 등 어린이가 함께할 수 없는
공연 관객을 위해 공연 시간 동안 어린이를 맡아주는 곳이 있다. 공연
티켓만 있으면 러닝타임 동안 어린이의 입장이 가능하다. 지인의 연주
회에 참석하기 위해 이곳에 아이를 맡긴 적이 있는데, 이후로 우리 집
어린이는 그 놀이 공간이 너무 좋아서 예술의 전당을 가자고 조르기도
했다. 아이를 그곳에서 놀게 하려고 공연을 보러 가는 역현상까지 생
겼다. 이곳 어린이미술관과 백화점의 상생도 이런 지점이 있을 것 같

다. 육아에 한창이던 시절의 친구들이 가장 선호하는 외출 장소가 백화점-보행 약자를 위한 배려와 육아를 위한 편의시설이 가장 훌륭하기 때문-이라고 했던 말을 떠올려 봐도 이곳 입지는 육아맘들에게는 최고다. 쇼핑이 먼저인지 유아 교육이 먼저인지보다 중요한 건 이곳이 훌륭한 어린이 공간이라는 점이다.

개관했을 때쯤 처음 방문했던 날은 입장 대기도 상당히 길었다. 당시엔 어린이 뮤지엄도 몇 곳 없었지만, 서울에만 집중되다 보니 수도권에 새로 생긴 시설이어서 더 환영받았겠다는 생각도 든다. 대기를 마치고 입장 시간이 되었다. 입구에서 처음 마주한 '나는 책이 좋아!'라는 동화작가 앤서니 브라운 Anthony Edward Tudor Browne의 그림으로 구성된 패널이 반갑게 맞아주었다. 어린이책미술관의 개관특별전이 이 앤서니 브라운 전시였다. 뮤지엄과 딱 어울리는 테마다.

수년 후 다시 방문했을 때는 안데르센어워드에서 수상한 이수지 작가의 특별전이 열리고 있어 세계적으로 성장하고 인정받은 우리동화를 이곳에서 만나는 기쁨이 더해졌다.

어린이책미술관은 2층으로 구성되어 있다. 기획전시실과 체험실이 1층에 있고 상설 서가와 교육 공간은 2층에 배치되어 있다. 메인 공간이 2층인 것이 이상할

안데르센 어워드 수상작 전시 중 이수지 작가의 동화 전시 코너

수도 있는데 이곳의 멋진 공간 구조를 본다면 바로 이해가 가는 공간 프로그램이다. 관람의 순서는 어느 쪽이 먼저여도 좋겠으나 어린이들의 특성이나 일반적으로 사람들의 관람 성향을 볼 때 1층에서 특별전시를 관람하고 2층 서가로 이동해 여유롭게 책을 보도록 한 공간 배치도 편안하고 좋다. 이 미술관의 상징적인 공간은 2층 서가로 올라가는 구름 위의 산책 같은 계단길이다. 뭉게뭉게 동그랗고 하얀 계단을 사뿐사뿐 밟고 올라가는 과정이 마치 구름을 밟고 하늘나라로 여행을 가는 것 같아 딱 구름 위의 산책 같다. 나는 어릴 적 읽었던 '잭과 콩나무'라는 동화책이 떠올랐다. 거인의 집으로 살금살금 올라가는 잭의 기분이 된 듯 흥미진진하고 신이 났다. 이 동글동글 원형 계단들은 이동 수단이면서 또 오손도손 앉아서 책을 읽거나 대화를 나눌 수 있는 휴식 공간이 되기도 한다. 너무 사랑스럽다. 이렇게 계단실이 중심 공간이 될 수 있다는 발상의 전환과 그에 걸맞게 적용된 상징적 디자인이 인상적이다. 이 동글동글 뭉게구름 같은 계단을 지나면 2층 서가가 펼쳐진다. 무성한 지식의 숲을 은유한 듯한 서가 역시도 눈을 즐겁게 하고 기분이 좋아지게 한다. 하늘로 뻗은 나무 같은 조형 공간 사이사이가 서가이고, 낮은 계단은 편하게 걸터앉아 자유롭게 책을 보는 의자가 된다. 더러 작은 아지트를 좋아하는 어린이들의 습성을 반영한 듯 이 쏙 기어들어 가서 책을 볼 수 있는 작은 동굴도 있다. 그리고 어린이만이 아닌 성인을 위한 동화책들도 갖춘 점은 너무 훌륭하다. 보호자가 어린이에게 책을 읽으라고 권하기 전에 본인이 먼저 책을 읽고 싶은 환경이라 자연스럽게 아이에게 책을 읽는 모습을 보여주는 환경이 만들어지기 때문이다. 환경이 사람을 만든다는 표현대로 이 서가에서

현대어린이책미술관 내부, '잭과 콩나무'를 연상시키는 구름계단 전경(출처 : MOKA 홈페이지)

어린이들은 의외로 까불지 않고 책보기에 집중한다. 책을 보고 싶게 만드는 환경의 역할을 실감하게 하는 대목이기도 했다.

　이곳에서 열리는 기획전들은 어린이뿐 아니라 보호자들도 한번 보면 오래 기억에 남을 것이다. 동화책 장면 장면들을 마치 갤러리의 작품을 보듯 감상할 수도 있게 되어 있으며, 당연히 어린이 공간이므로 어린이들의 휴먼스케일이 잘 적용된 액자나 전시대의 낮은 눈높이와 아담한 파티션과 더러 활용하는 거울이나 미로 구조물, 스킨십 또는 게임이 가미된 전시 공간은 꼬마 관람객들의 호기심을 자극하도록 사랑스럽게 연출되어 있으며, 보호자들도 딱 기분 좋게 만든다. 무엇보다 나에게 와 닿았던 건 전체적인 공간의 미감이다. 이미 앞에서 설명했듯 숲과 구름을 연상케 하는 공간 조형성은 말할 것도 없고, 색채 및 마감재의 계획도 너무 세련되고 깔끔하다. 어린이 시설 중에서는 부조화하게 오색찬란한 원색들로 도배가 된 경우가 많다. 어린이들이 좋아하는 분위기 혹은 색을 인지하는 능력에 기인했다고 하지만, 나는 '과연 어린이 공간의 색채는 원색만이 답일까?' 하는 의문을 여러 번 가졌다. 어린이들이 좀 더 다양한 컬러 스펙트럼을 경험하게 해야 하는 건 아닌가도 싶었다. 언젠가 읽은 한국 미술교육에 대한 칼럼이 떠오른다. 한국은 미술 시간에 사용하는 기본색이 12색이란다. 우리가 초등학생 때 들고 다니던 크레파스를 생각해 보면 12개의 대표색 크레파스가 일반적이었다. 그런데 소위 디자인 강국이라는 일본, 이탈리아는 기본색이 각각 48색, 72색이라는 거다. 이미 어려서부터 접하는 색의 스펙트럼 자체가 다르다는 내용이었다. 친구 아들이 초등학교 입학했을 때 미술준비물로 36색 크레파스를 보냈더니 담임선생님이 12색으

로 바꿔 보내달라고 돌려보냈다는 일화도 잊을 수가 없다. 수업 준비물의 형평성, 어린이의 자료 관리나 집중도 때문이라는 의견도 있지만 무엇이 우선인지 생각하지 않을 수 없다. 이것은 다시 내 초등학교 시절-당시는 국민학교-의 슬픈 경험과도 연결된다. 미술 시험문제에 '따뜻한 느낌의 색을 쓰시오'라는 주관식 문제가 있었다. 나는 빨강, 주황 등 누구나 아는 흔한 색을 정답으로 쓰고 싶지 않았다. 마침 내가 가지고 있던 보물 같은 색연필 세트-심지어 당시엔 드문 72색-에 있던 홍매색이 떠올랐다. 마치 나만의 보석을 발견한 기분으로 기분 좋게 '홍매색'이라고 썼는데, 이후 채점된

문제지를 받아보니 빨간 색연필로 오답 표기가 쫙 그어져 있었다. 담임선생님께 찾아가 왜 홍매색은 틀리냐고 여쭈었더니 '노랑, 주황, 빨강 같은 수업 시간에 배운 색을 썼어야지.'라는 대답이 돌아왔다. '아 수업 시간에 배운대로'를 되뇌며 자리로 돌아왔다. 세월이 흐르면서 그 날의 경험이 얼마나 오류가 있었는지, 그건 나의 문제가 아니고 그 교사의 문제였다는 걸 깨닫게 되었다. 그리고 나는 오랫동안 이와 같은 방식의 교육에

계단이면서 동시에 휴식 공간이자 미니 서가가 되기도 하는 구름계단 전경(출처 : MOKA 홈페이지)

엄청난 혐오를 느꼈던 것 같다. 아마도 많은 시간이 지났으니 지금의 교육(적어도 기본 컬러 수)은 달라졌을 것이다.

심지어 그 시절엔 '살색'이라는 색도 있었다. 인물을 그리면 피부는 그 살색으로 칠을 해야 하는 것이 그림의 정석이었다. 연한 살구색 같던 살색 크레용. 인종을 떠나서도 사람의 피부가 어찌 그 색만이겠나. 열심히 일을 해서 햇볕에 그을린 사람은 검정으로도 표현할 수 있고, 막 설레고 기뻐서 상기된 사람의 얼굴 또는 몹시 화가 난 사람은 주황색이나 빨간색으로도 그릴 수 있는데 얼굴은 살색 크레용으로 칠해야 한다는 미술 시간은 지금 생각해도 슬프다. 확인해 보진 않았지만, 지금의 미술 시간은 바뀌었길 진심으로 바란다.

입구에는 회전목마가 설치되어 어린이 관람객을 맞이한다.

그러다 보니 어린이책미술관의 색감은 나에게 더욱 특별하게 다가왔다. '나의 3대 뮤지엄'이라고 말하는 뉴욕의 '모건앤라이브러리뮤지엄'은 앤틱한 서가를 보여주는 상설 전시 코너도 좋지만, 소장한 책들에서 다양한 관점과 이야기를 뽑아내 매번 흥미진진한 기획전을 여는 것이 인상적이었다. 이곳 현대어린이책미술관도 동화작가 그리고 어린이책을 주제로 매번 다양한 기획전이 열리고 있어 그 점도 너무 좋다. 또한 뉴욕에 체류할 때 제일 좋았던 것 하나가 동네마다 공공도서관이 있고 또 도서관마다 어린이 코너가 있는 점이었다. 놀이터에 가듯 동네 도서관에 들러 뒹굴뒹굴하며 책도 읽고 놀이도 하고 더러 사서 선생님의 동화책 읽어주기 이벤트에 참여하기도 했고, 도서관 카펫 위에서 놀다 아이가 낮잠이 들기도 했던 그 평화롭고 충만한 경험이 참으로 그리웠다. 동네서점도 대부분 문을 닫고 공공도서관도 제법 작정하고 가야 하는 거리에 있는 현실은 어린이 뮤지엄에 대한 갈증만큼이나 참으로 필요하고 아쉬운 부분이다.

어린이들이 더욱 쉽고 즐겁게 책을 접하고 경험할 수 있는 책의 숲을 만들어 주는 것이 아마도 다음 세대를 위한 어른들의 의무이자 숙제이지 않을까. 그런 공공의 확산을 위해 현대어린이책미술관은 좋은 롤모델로 오래오래 운영되기를 바란다.

관람 정보 ─────────────────────────────

- 홈페이지 : https://www.hmoka.org/main/index.do
- 주소 : 경기도 성남시 분당구 판교역로 146번길 20, 현대백화점 판교점 Office H, 5F
- 운영 시간 : 오전 10시~오후 7시(입장 마감 오후 6시)
- 매주 월요일, 1월 1일, 설날 및 추석 전일과 당일 휴관(설날 및 추석 연휴는 백화점 휴점에 따름)
- 입장료 : 6,000원(성인 어린이 동일). 15인 이상 단체 20% 할인. 예술인 패스카드 소지자 20% 할인.

놀면서 배워요

〈프리다앤프레드/ 그라츠, 오스트리아〉

　오스트리아 제2의 도시인 그라츠에 있는 어린이 뮤지엄이다. 수년 전 개인적 일화 덕분에 이곳을 알게 되었다. 업무 중에 걸려 온 전화를 받았는데 전화를 받자마자 수화기 너머에서 한 아저씨가 버럭 화를 내고 있었다. 손님을 태우고 우리 박물관을 찾고 있는데 입구를 찾지 못해 삼청동 일대를 헤매고 있다는 택시 기사님이셨다. 영문도 모르고 짜증과 욕을 들은 나는 황당했지만 우선 찾아오실 위치를 설명하고 정문까지 단숨에 뛰어나갔다. 헐떡이며 정문에 도착하니 택시 한 대가 막 도착하여 외국인 손님 한 분이 내리고 계셨다. 그분이 이 그라츠어린이뮤지엄 관장님이셨다. 개인적인 일로 한국을 방문하신 김에 한국의 어린이 뮤지엄을 보고 싶어 택시를 탔는데 기사님이 뮤지엄 입구를 찾지 못해 삼청동 일대를 헤매다 관장님이 가지고 계시던 박물관 명함 속 대표번호로 전화를 걸었고, 200명이 넘는 직원 중에 마침 그 전화를 내가 받았던 거다. 내비게이션이 일상화되지 않던 시절이고 정문 앞에 인식될 시각물이 없어 길을 못 찾는 민원이 왕왕 있었던 터라 놀라운 일도 아니지만, 택시에서 내리면서 '드라이버가 너무 무서웠다'라고 말씀하시는 관장님의 표정은 지금 생각해도 얼굴이 화끈거린다. 마침 이 일이 있기 며칠 전 국립과천과학관에서 그라츠어린이뮤지엄 관장님의 세미나를 듣기도 해서 그라츠는 꼭 방문해보고 싶은 곳이 되었다.

　그 후 수년이 흘러 2017년 아들이 명동대성당 소속의 무지카사크라 소년합창단musicasacra boys choir 오디션을 보게 되었다. 1986년 창단된

우리나라 최초의 소년합창단이라는 슬로건 앞에 슬쩍 긴장되었다. 그래서 오디션을 준비하면서 노래 연습도 연습이지만 슈테판 성당 소속의 '빈소년합창단'을 꼭 보여주어야겠다는 생각이 들었다. 장차 오디션을 통과하면 하게 될 활동이 어떤 것인지 미리 본다면 아이가 오디션을 준비하는 마음가짐에 분명 큰 영향을 줄 거라 생각되었기 때문이다. 언젠가 '장수하늘소'를 보고 싶다고 아이가 말한 적이 있었다. 도심에서 장수하늘소를 어디에서 본단 말인가. 그런데 바로 서대문자연사박물관이 떠올라 아이를 데려간 적이 있었다. 표본이지만 아이는 장수하늘소뿐 아니라 일련의 유사 곤충들을 관찰하면서 무척 신나 하던 기억이 떠오르면서, 육아 중간중간 뮤지엄과 여행이라는 콘텐츠를 잘 활용한 것이 오스트리아 방문에도 동력이 되었던 것 같다. 봄방학 휴가를 내 전격 오스트리아 여행을 계획하였고, 당연히 그라츠도 여정에 넣게 되었다. 어린이와 함께한 어린이를 위한 여행이기에 더욱더 이곳의 방문은 당연하기도 했다.

그라츠어린이뮤지엄의 정확한 이름은 '프리다 앤 프레드'다. 너무 사랑스럽다. 보통의 어린이 뮤지엄의 네이밍을 떠올려 보라. (심지어 이름이 없는 어린이 뮤지엄도 대부분이다). 지역명이 들어가거나, 지향하는 주제를 강조하거나 대부분 구축 당시 어른들의 시선의 연장선에 네이밍이 있다. 이곳의 이름은 우리로 치면 '철수와 영희'쯤 되려나. 수수하고 소박하다. 친구네 집에 놀러 가는 것처럼 어린이 뮤지엄을 편안하게 즐겁게 찾을 것 같은 이름이다. 그리고 뮤지엄의 사인이 멀찍이 등장하면

서 보이는 파사드[77]가 빨간 벽돌 지붕의 집인데 마치 동화 속에 나올 것 같은 외관이다. 네이밍만큼이나 파사드도 깜찍하고 사랑스럽다. 그런데 가까이 다다르고 보니 실제 뮤지엄 건물이 아닌 가짜 벽이다. 뮤지엄은 이곳에서 우측으로 코너를 돌면 나타났다. 대로에서 뮤지엄이 잘 보이지 않는 블록 안쪽에 있어서 이렇게 방문객이 빨리 인지할 수 있는 시각물이 필요했을 터인데, 네이밍에 걸맞게 친구네 집에 가는 듯한 파사드는 너무 재치 있는 아이디어였다. 이곳 관장님의 방문 일화를 다시 한번 떠올리게 되는 대목이기도 했다. 여담이지만 우리 관도 그때 헤프닝을 계기로 정문 앞에 인지하기 쉬운 사인 구조물을 세웠다.

좀 전의 사인에서 오른쪽으로 코너를 돌면 뮤지엄의 진짜 건물이 나타난다. 심플하다. 그런데 입지가 훌륭하다. 뮤지엄 바로 옆은 공원이다. 도심의 빽빽한 건물 사이에 있는 것이 아닌 자연도 관찰하고 놀이도 할 수 있는 그러니까 도심의 여백 같은 곳에 어린이 뮤지엄이 있다. 처음 이 뮤지엄을 봤을 때는 규모나 콘텐츠가 그리 크지 않고 단순하다고 생각했는데, 프로그램과 아이들의 놀이를 찬찬히 관찰하다 보니 한눈에 이곳의 진가를 알아보지 못한 내가 부끄러울 정도였다. 콘텐츠와 공간 프로그램의 구성에 깊은 내공이 느껴졌다. 이를 증명하듯 동행하신 어린이께서는 문을 닫는 시간까지 집에 갈 생각을 하지 않고 놀았다. 늘 이야기하지만 좋은 어린이 박물관의 평가 기준은 단순하다. 어린이가 집에 가고 싶어 하지 않는 곳! 아이를 데리고 국내뿐 아니라 국외의 수많은 어린이 뮤지엄을 다녔으므로 아이의 행태가 바로

---

77   외부 전면을 이르는 건축 용어

프리다앤프래드의 페이크 파사드

바로 평가 결과가 된다. 5분 만에 집으로 가자고 하는 뮤지엄이 있는가 하면, 이렇게 집에 갈 생각을 하지 않는 곳이 있다. 그리고 그런 곳들을 찬찬히 살펴보면 다 이유가 있다.

프리다앤프레드는 입장하면 코인 락커에 가방을 맡기고 신발을 벗은 후 입장하게 한다. 신발을 벗는 일이 유난스럽고 귀찮게 느껴졌다. 그런데 입장해서 보니 계획된 공간과 연계된 운영 철학임을 알게 한다. 손이 자유롭고 몸이 가벼워야 자유롭게 놀 수 있다. 이곳에 구성된 체험물들을 제대로 편안하게 이용하기 위해서는 신발을 벗는 것이 필수겠다고 느꼈다. 슬로프를 따라 반층 정도 올라가니 상설전시실이 나온다. 화폐 발행소-은행-뮤지엄-슈퍼마켓-금광-피크닉 순서로 구성되어 있다. 처음엔 좀 뜬금없고 너무 단순한 프로그램이라 실망했으나, 아이가 좀처럼 나오지 않고 혼자 몰두해서 놀고 있는 모습을 살펴보니 그게 아니다. 이 각각의 코너는 개별적인 것 같지만 사물과 화폐의 가치라는 큰 틀에서 상호 긴밀히 연결된 주제이며, 어린이들이 체감하는 생활 주제기도 하다. 아이는 국책은행에서 직접 유로화를 만드는 체험을 했다. 돈을 만드는 거다. 어린이들이 돈을 만든다는 과정에 엄청나게 진지했다. 색깔별로 스탬프를 찍고 인쇄해 지폐를 만드는 과정은 하나의 아트 워크 활동이며, 주제와 경험 방식의 조화도 흥미롭다. 돈을 다 만들면 그 돈을 가지고 옆 은행으로 갔다. 돈을 저축하고 저축한 돈을 찾고 하는 과정의 역할 놀이를 했다. 동시에 옆 코너는 사금을 캐고 유적지를 발굴하는 역할 놀이 존으로 절대 가치라는 것을 간접 체험하게 했다. 슈퍼마켓은 단순히 생활재를 구매하는 역할 놀이를 넘어 좀 전에 만든 화폐로 사물과 교환하는 과정, 그러니까 가치교환이라는

개념을 알게 한다. 이 일련의 전시 흐름이 엄청나지 않은가. 감탄하지 않을 수 없었다. 개별코너들의 콘텐츠나 체험 방식이 훌륭한 뮤지엄들은 왕왕 보았지만 작은 공간에서 이런 멋진 스토리텔링을 체험화한 어린이 뮤지엄은 이곳이 처음이었다. 유로화를 직접 만들어보는 코너에서 도무지 어린이가 나올 생각을 하지 않았다. 쉴 새 없이 종이에 인쇄하고 스탬프를 찍어서 한참 후에 두 손 가득 돈다발을 들고 나타났다. 아직 화폐의 개념도 잘 모르는 나이인데 이걸 진짜 돈이라고 생각한 걸까? 아니면 알록달록 예쁜 종이를 만드는 과정이 재미있어서였을까? 지금도 궁금하다.

또 하나의 귀여운 코너는 피크닉이다. 외부 공원 쪽으로 통창이 있는 복도 한쪽에 피크닉 매트를 깔아두고 마치 소풍을 온 듯한 공간연출이 되어 있다. 자세히 보니 이곳은 '피크닉에 와서 그림 그리기'가 주제다. 매트 위 종이 상자에는 다양한 구름 사진이 인쇄되어 담겨 있고 그 엽서 위에 연상되는 무언가를 그려보게 하는 코너다. 이미 다녀간 아이들이 그려서 붙여놓은 그림들이 기발하다. 오스트리아는 구스타

프 클림트, 에곤 실레, 훈데르트바서 등 내가 너무나 사랑하는 화가들의 나라기도 하다. 그래서 늘 그 어느 나라보다 예술적 저력이 있는 국가라고 생각해 왔는데 역시나 어린이 뮤지엄에서 만나는 이러한 프로그램들도 범상치 않다. 바로 옆 통창으로 실시간 하늘을 관찰하면서 구름과 상상의 이미지를 매칭하여 그림으로 표현하게 하는 제안이 얼마나 멋진가.

다시 한 층을 내려오면 어마어마한 코너가 면적을 차지하고 있다. 신체 놀이 코너다. 어린이 뮤지엄에서 신체 놀이는 필수 코너라고 생각한다. 규모나 운영상의 어려움을 이유로 이를 간과하는 어린이 뮤지엄들이 많은데, 어린이라는 신인류의 세계를 조금이라도 이해한다면 꼭 필요한 코너다. 성장 과정으로서 자연스레 대근육을 발달시키기 위한 DNA 덕인지, 어린이들은 에너지를 많이 발산하기 때문에 얌전히 관람하기란 불가능하다. 이곳의 콘텐츠는 그림 그리기인데 관람 행태는 신체 놀이다. 입구 선반에 나열된 컬러풀한 어린이용 장화와 작업복들이 그냥 얌전히 앉아 그림을 그리는 곳이 아님을 짐작하게 한다.

미술 체험 코너 옆에는 눈썰매장이 연상되는 거대한 쿠션 슬로프가 있다. 아이들이 이곳에서 술래잡기하기도 하고, 구르기도 하고, 빨리 오르기를 하기도 하고, 즉석에서 서로가 친구가 되어 놀이 규칙을 만들고 논다. 아들은 처음 본 친구들과, 심지어 언어도 다른데 금세 친구가 되어 같이 어울려 놀았다. 그 풍경이 아름답게까지 느껴졌다. 이 대형 슬로프가 한눈에 보이는 공간에는 보호자를 위한 벤치와 테이블이 배치되어 놀이 중인 어린이들과 눈맞춤을 하거나 대화를 나누는 등 보호자와 상호 작용이 가능하도록 배려하고 있다.

오스트리아 여행 중 훈데르트바서 하우스, 블루마우 온천, 인스브루크의 만년설 정상 케이블카, 슈테판 성당의 합창단 공연 등 정말 좋은 경험을 많이 했는데 집에 돌아와서 제일 좋았던 곳을 물어보니 아이는 바로 프리다앤프레드를 꼽았다. 아이에게는 당연한지도 모르겠지만, 동반한 보호자로서도 여러 어린이 뮤지엄을 방문해서 관찰했던 연구자로서도 그라츠어린이뮤지엄은 훌륭한 곳이다. 이곳에서 기억에 남은 장면이 있다. 아이의 놀이를 지켜보다 창밖 공원을 내다보는데 중고생쯤으로 보이는 아이들이 공원에서 소싯적 동네 골목에서 많이 하던 '무궁화꽃이 피었습니다'를 하는 게 아닌가. 이 나라에서는 문구를 뭐라고 외치는지는 모르겠으나 내 유년 시절의 놀이를 지금 오스트리아에서 보다니 너무 신기하고 놀라웠다. 이제 우리네 동네 어귀나 놀이터에서 보기 어려운 풍경이라 더 그랬던 것 같다.

뛰어놀아야 하는 우리 어린이들은 다 어디로 갔나? 학원으로, 방구석으로, 휴대 전화 앞으로 사라졌다. 언젠가 아이의 친구들 몇 명을 어린이 뮤지엄에 데려간 일이 있었다. 밖으로 나온 아이들이 신이 나서

두 개 층에 걸친 중정의 놀이슬로프

놀이터에서 노는데 반에서 공부도 잘하고 똑똑한 친구가 그 모습을 보며 가만히 서 있는 거다. "왜 같이 안 노니?"라고 물으니 아이는 "나는 어떻게 노는지 몰라요."라고 대답했다. 당황스러운 대답이었다. 공부하는 법은 아는데 노는 법은 모르는 아이. 아마 이 친구만은 아닐 것이다. 놀이는 아이들의 본능이자 권리이고 아이들은 놀면서 성장한다는데 그날 그 친구의 대답은 많은 생각을 하게 했다.

관람 정보 ────────────────────────

- 홈페이지 : http://fridaundfred.at/
- 주소 : Friedrichgasse 34, 8010 Graz, Österreich
- 운영 시간 : 월, 수~일 9:00~17:00, 화요일 휴관
- 입장료 : 성인, 3세 이상 어린이 5.5~8유로

〈 환경체험관 원더쉽/ 요코하마, 일본 〉

　원더쉽은 도쿄 가스에서 운영하는 어린이 환경체험관으로, 일본 요
코하마에 있다. 우리에게 익히 알려진 관광지 요코하마와는 다소 거리
가 있는 공업 단지 내에 있지만 어린이들에게 환경을 교육하기에는 최
적의 장소라 많은 어린이 관람객이 방문하던 곳이다. 나도 여러 번 방
문했었다. 이곳은 앞서 언급한 대로 '도쿄 가스'라는 공기업에서 운영
하는 곳이다. 대부분의 공기업이 만든 뮤지엄을 생각하면 기업의 홍보
가 주된 목적이므로 기업의 운영현황이나 실적, 활약상, 역사 등등이
듬뿍 담기게 마련이다. 그러나 이곳은 눈을 씻고 찾아봐도 도쿄 가스
에 관한 이야기는 조금도 없다. 그 점이 참으로 맘에 들고 멋지다. 순

출항하는 배의 형태를 가진 원더쉽 외관

수하게 어린이의 환경 교육을 위해서 기업이 선한 영향력을 발휘한 장소다. 기업을 홍보하면서 덤으로 약간의 어린이 교육도 해주겠다며 생색내는 콘텐츠가 아니다. 또 내부 시설과 프로그램을 돌아보면 얼마나 이들이 진심으로 이곳을 만들고 운영하고 있는지가 느껴진다. 무언가 진심으로 한다는 것의 힘이 가득 담겨 있다.

뮤지엄의 제목은 '원더쉽Wonder-ship'인데, 뮤지엄 건물이 탐험선 그러니까 배 모양이다. 공간 자체가 환경을 탐험하기 위해 출항하는 배를 상징한다. 그리고 환경체험관답게 이 뮤지엄은 태양광과 풍력을 이용한 자가전력 시스템을 갖추고 있어 이곳에서 필요한 전력의 70%를 자가발전으로 충당한다고 했다. 거기다 빗물 및 중수 사용 시스템을 갖춰 물 절약도 실천하고 있으니, 무늬만 환경 보호를 외치는 것이 아니라 건물 자체가 환경 보호를 실천하는 유기적 시스템이다. 전시실의 바닥은 친환경 대나무 마감재를 이용하였으며, 바닥 곳곳에 냉난방 송풍구를 설치해 바깥공기를 땅속 튜브를 통과시켜 실내로 유입시켜 자연 송풍으로 실내 온도를 조절하게 한다고 한다. 심지어 이 송풍구는

가장 인기가 많았던 에코 티비 코너

이동할 수 있어서 내부 전시 공간의 레이아웃이 바뀌면 송풍구의 위치도 적절히 조정한다고 한다. 설명만 들어도 어마어마하다. 원더쉽은 코너마다 과학적 수치나 통계를 바탕으로 어떻게 하면 환경 문제를 생활

속에서 실천하고 해결해 갈 수 있을지 해결책을 너무나 사랑스럽고 귀여운 체험 방식으로 제시하고 있다.

이렇게 환경 문제 교육에 진중하게 접근한 이 장소의 주 타겟은 어린이다. 어린이로 잡은 것에 대해 스태프는 다음과 같은 설명을 해주었다. 어린이를 통한 교육 활동은 학교를 변화시킬 수 있고 이것은 다시 학부모에게 전파되는 효과를 가진다는 것이다. 또한 학부모의 변화를 통해 가정 내에서 환경 문제에 대해 공감하고 실천하게 하며 사회의 가장 작은 단위인 개개의 가정의 변화는 사회를 변화시키는 동력이 된다고 하였다. 실제로 이곳은 학생과 어린이 단체 방문이 정말 많다. 이러한 접근과 구상부터가 통찰이 있고 현명하다. 왜 우리가 어린이 교육을 해야 하나 생각해 보면 어린이를 통해서 좋은 세상을 만들기 위함이 아니겠나. 딱 원더쉽이 실천하고 있는 미션이자 철학이다. 이렇게 어린이를 주 타겟으로 하기 때문에 원더쉽의 전시와 프로그램들은 당연히 키즈 프렌들리하다. 시설명부터 환경체험관이라고 명명하므로 사실 어린이 뮤지엄은 아니다. 그러나 이곳을 어린이 뮤지엄으로 소개하면서 선정한 이유는 어린이 뮤지엄이 가져야 하는 본질을 충분히 함의하고 또 그렇게 운영되기 때문이다.

원더십은 자체 인터프리터가 있어 전시와 시설에 관해 설명을 들으며 관람하도록 운영되는데, 자유 관람이 가능한 존은 최대로 어린이의 이해를 돕고 또 관심을 끌 수 있는 시각물로 채워져 있다. 일단 디자인들이 아기자기 귀여워서 전시 코너들 하나하나 보고 있노라면 딱 깨물어 주고 싶다. 환경을 주요 테마로 하는 곳답게 전시와 체험 프로그램들도 이를 전제로 한다. 가령 보통의 어린이 뮤지엄에 있음 직한 슈

퍼마켓 역할 놀이도 이곳에서는 '그린 소비 편의점'이란 이름으로 되어 있어, 시장을 볼 때 환경을 생각해서 할 수 있는 요소들을 알려준다. 거대한 쓰레기통이 만들어진 '자이언트 쓰레기통' 코너에서는 분리수거를 체험하게 하며, 순환이라는 대 주제의 구역에서는 '물의 순환', '에너지의 순환', '동물 배설물의 순환'이라는 코너들을 두어 '순환'의 개념과 흐름을 시각화해서 재미있게 이해하도록 돕는다. 특히 '동물 배설물의 순환 코너'는 코끼리부터 시작해 다양한 덩치의 동물 엉덩이가 벽에 빼꼼히 나온 모양으로 디자인되어 있다. 그리고 동물마다 배설물 모형이 매칭된다. 처음 보았을 때 너무 기발해서 '어떻게 이런 발상을!'이라는 표정을 짓게 했다. '똥'은 의외로 어린이들이 너무 좋아하는 콘텐츠다. 그러니까 어린이들이 좋아하고 흥미로워하는 지점들도 깨알같이 잡아낸 기획이 돋보였다. 그런데 심지어 배설물이라는 주제

어린이들의 눈높이에서 귀엽게 디자인된 체험 코너들 전경

전자기기의 다양한 조형 속에 전파와 전기에 대한 정보를 습득하는 코너

가 거부감 없고 너무 귀여워서 갈 때마다 나는 그 앞에서 서성거리곤 했다.

가장 인기가 많다는 '지구사랑 TV' 코너는 텔레비전의 예능 프로그램에서 봄 직한 퀴즈 스튜디오다. 무대에서 환경과 관련한 문제를 내면 각자 자기가 착석한 자리에 부착된 스위치로 O 또는 X로 답을 입력한다. 결과가 전면 스크린에 바로바로 반영되어 객석에서는 환호와 탄식이 계속하여 나오며 참여와 열기를 뜨겁게 한다. 즐거운 게임의 형식을 빌려 참여자들이 환경에 대한 지식을 자연스레 장착하게 하는 훌륭한 프로그램이다. 그 외에도 옥상정원은 그야말로 살아 있는 식물과 생물이 서식하는 생태학습장이다. 방문한 어린이 관람객 개개인이 자신만의 올챙이를 두고 꾸준히 이들이 성장하는 과정을 관찰하게 한다든지, 벼 보리와 같은 농작물을 키워 그들이 새싹에서부터 열매를 맺고 그것이 수확되어 우리 식탁에 오르고 이 음

대형쓰레기통을 모티브로 디자인된 공간에서 재활용을 필요성과 방법을 알려주는 코너

물의순환을 설명하는 입체 부조 그래픽 코너

식이 다시 우리 몸에 에너지를 공급하며 우리의 배설물이 다시 식물들이 성장하는 비료가 되는 생명의 순환을 체험으로 체득하도록 돕는다. 정말 놀라운 장소가 아닐 수 없다. 이곳을 방문할 때마다 이게 진짜 교육이지 라는 생각을 했었던 거 같다.

　이 보석과도 같은 뮤지엄이 2013년쯤 리뉴얼을 준비한다고 했다가 안타깝게도 2014년 영구 폐관했다는 소식을 들었다. 비영리 교육 시설로 기업의 홍보와 직접적 연관이 없었으니 자가발전을 하는 곳이라 해도 인건비 등 운영비를 감당하기에는 아무래도 어려움이 있었나 보다. 폐관할 것이 아니라 지자체나 정부에서 교육을 위한 대승적 관점에서 시설을 이양받았으면 어땠을까 하는 아쉬움이 든다. 이곳이 가졌던 어마어마한 교육 효과와 역할이 물거품처럼 사라진 소식은, 어릴 적『인

어공주』동화책을 읽으며 왕자를 만나기 위해 목소리를 바다 마녀에게 넘긴 인어공주가 결국 물거품이 되어버렸다는 결말에서 느꼈던 절절한 허무함까지 소환된다. 이미 폐관한 곳을 독자에게 소개하는 것은 너무나 미안하고 또 무례한 일이나, 그 아쉬움이 너무 커서 이렇게 기록을 남김으로써 원더쉽과 같은 훌륭한 뮤지엄이 우리 사회에 있었음을 기억하고 또 이러한 장소가 다시 태어날 수 있기를 호소해 본다.

관람 정보

- 홈페이지 : http://www.wondership.com
- 주소 : 1-7-7 Suehiro-Cho, Tsurumi -Ku, Yokohama-Shi, Kanagawa-Ken
- 관람 시간 : 2014년 영구 폐관

보호자도 즐거운 박물관

〈플리즈터치/ 필라델피아, 미국〉

미국은 어린이 뮤지엄이 전국적으로 200개가 넘는다. 수적으로도 우세하지만, 규모도 크고 질적으로도 훌륭하다. 이렇게 많은 어린이 뮤지엄이 전국에 있으니 어린이들이 소위 슬세권[78]으로 어린이 뮤지엄을 이용할 수 있는 현실이 부럽다. 이 많은 뮤지엄 중 마지막 테마로 탐색할 어린이 뮤지엄은 미국의 뮤지엄 중에서도 포춘지가 뽑은 미국 10대 훌륭한 어린이 뮤지엄의 한 곳인 플리즈터치Please touch다. 필라델피아에 있는 이곳은 이름부터 너무 사랑스럽고 어린이 뮤지엄의 철학을 딱 담고 있다. 실제 이름뿐이 아닌 내부 공간과 프로그램도 이름처럼 구축 철학을 잘 담고 있다. 뉴욕 체류 당시 지인과의 필라델피아 방문 때 가보지 못한 아쉬움이 늘 있었는데, 하루를 온전히 이 어린이 뮤지엄에 할애하기로 결심하고 네 살 아들과 필라델피아행 새벽 버스에 올랐던 기억이 새록새록 난다.

뮤지엄에 도착하여 마주한 건축의 외관은 마치 신전같이 크고 웅장했다. 메모리얼 홀로 불리는 이 건물은 1987년 아트 갤러리로 지어져 펜실베이니아 뮤지엄, 페어몬트 공원관리소, 경찰조사국 등으로 활용되다 2008년 플리즈터치의 보금자리가 되었다고 한다. 처음부터 어린이 뮤지엄으로 지어진 건축은 아니지만 이 유서 깊은 메모리얼 홀이

---

78 슬리퍼와 '-세권'의 합성어로 슬리퍼와 같은 편한 복장으로 각종 여가·편의시설을 이용할 수 있는 주거 권역을 이르는 신조어

어린이 뮤지엄으로 새로운 쓰임을 갖고 리뉴얼되어 전 세계에서 방문하는 어린이를 포함한 가족 관람객을 맞고 있다는 사실이 뭉클하다. 플리즈터치의 시작은 1970년대로 거슬러 올라간다. 미국 최초의 어린이 뮤지엄에 비하면 그리 오랜 역사는 아니지만 1970년은 나도 태어나기 전이니 한국의 뮤지엄 역사에 비한다면 호랑이 담배 피우던 시절이겠다. 필라델피아의 몬테소리 교사이던 포티아 스퍼Portia Sperr가 5세 학생들을 위한 교실 밖 체험 학습장이 없음을 한탄하며 이에 동감하는 몇몇 가족들을 모아 소규모 교육 공간을 발족한 것이 시작이었다고 한다. 이후 뮤지엄은 엄청난 인기를 끌게 되고 성장과 성장을 거듭해 오늘에 이른 것이니 작은 뜻이 이룬 큰 성과가 아닐 수 없다. 처음부터 거대한 예산과 인력을 투입해 지어진 시설이 아니고 교육에 진심인 학부

다양한 물의 특성과 이용 원리를 체험하도록 하는 대규모의 물놀이 공간 전경

모들이 필요와 애정으로 일구고 키운 장소이기에 방문하는 이에게도 그 마음이 전달되는 것 같다.

　넓은 로비는 음악 연주나 어린이 관람객들을 모아놓고 이벤트를 하는 중심 공간으로 활용되고 있다. 내가 방문했을 때도 휴일이어서인지 재즈공연이 준비 중이었다. 로비 양측으로 휴식용 테이블을 두어 가족들이 쉬거나 간식을 먹을 수 있게 한 점도 참 좋았다. 이곳은 시작부터 가족 뮤지엄이라는 지향점을 갖고 있어서인지 곳곳에 어린이와 동반 가족에 대한 배려가 많이 느껴졌다. 높은 천정과 화려한 장식의 고풍스러운 건물 속에 아기자기한 어린이들의 체험물과 전시품도 묘하게 조화되는 느낌이다. 규모가 어느 정도 있는 공간이다 보니 보통 어린이 뮤지엄에서 느껴지는 아기자기함과 다글다글함이 아니라 시원시원함이 이곳의 인상을 표현할 의태어가 되겠다.

　가장 중요한 건 스토리를 풀어가는 코너별 아이디어와 연출이 좋다는 점이다. 아주 기발한 발상의 멋진 전시 코너들이 많은데, 일례로 우주를 테마로 한 코너에선 스펀지 블록을 각자 조립해서 우주선을 만들어 전시실 중앙에 마련된 발사대에 꽂고 버튼을 눌러 직접 발사시켜 보는 코너가 있다. 중앙에는 높이별로 농구대처럼 링들이 매달려있어 본인의 우주선이 어느 정도 높이까지 가는지 은근히 승부욕을 자극하며 몰두하게 한다. 조작과 게임 놀이를 절묘하게 조합한 유형의 멋진 체험 코너다. 단순하지만 어린이들도 보호자들도 우주선 날리기에 신이 나서 떠날 줄을 모른다. 『이상한 나라의 앨리스』를 테마로 한 원더랜드 코너는 스토리를 공간화하여 미로를 걸어보고 이상한 나라의 사람들과 차를 마셔보게 하는 등 그야말로 동화 속 공간으로 관람객을

이상의 나라의 앨리스 동화를 모티브로 만든 코너

초대해 상상의 나래를 펴게 한다. 이런 전시의 중간중간에는 보호자를 위한 안내문을 자주 볼 수 있다. 내용인즉 어린이들이 어떻게 체험해야 하는지, 전시의 포인트가 무엇인지를 보호자가 잘 도울 수 있도록 알려주는 것이다. 딱 심리학자 비고츠키가 주장한 근접 영역대 이론-어린이들은 본인보다 우수한 또래 그룹이나 성인들의 조력으로 더 발전할 수 있음-을 전제로 경험하기를 동반 보호자에게 인지시키는 것이다. 작은 극장에서 하루 두 번 열리는 스토리 타임도 재미있다. 할아버지께서 간단한 소품을 가지고 이야기를 들려주는데, 내가 간 날의 테마는 테디베어와 달의 이야기였다. 보는 내내 미소 짓게 했다. 그 외에도 동물병원, 신발 가게, 소방서 등 다양한 역할 놀이 코너가 있다. 이

과거 박람회장을 재현한 대형 모형 세트와 박람회에 소개된 내용을 재구성된 전시 코너

런 역할 체험 코너는 국내에서도 프랜차이즈 방식으로 도입되어 절찬리에 운영되고 있다. 조카들과 아들도 여러 번 데리고 갔지만 너무 상업적인 느낌이어서 나에겐 감흥이 없었는데, 플리즈터치의 이 코너는 좀 더 생활 체험에 중심을 둔 것 같아 귀엽고 재미있었다. 역할 놀이는 어린이들의 성장 과정에서 너무 중요하다고들 한다. 플리즈터치의 경우 규모가 커서 어린이들뿐 아니라 가족들이 진짜 역할 놀이를 제대로 하는 장면이 구경만 해도 재미있었다.

물놀이 공간 옆에 전시된 미국의 전통적인 물놀이 장난감인 러버덕 컬렉션

플리즈터치가 여타 어린이 뮤지엄과 차별되는 또 하나 인상적인 사실은 어린이 관람객을 위한 핸즈온 체험물 외에도 군데군데 컬렉션을 전시하고 있다는 점이다. 어린이와 관련된 물건들은 특별히 컬렉션으로 가치를 부여받지 못해 왔다. 그런데 곰곰 생각해보면 어린이와 관련해서도 정말 기록하고 수집하고 연구해야 할 부분들이 많지 않은가. 이것은 어린이 뮤지엄이 아니라면 어디서 하겠는가? 인류학적 고찰이라는 거대 담론까지는 아니더라도 인류는 나름 어린이의 역사를 기록하고 간직할 필요가 있다. 그런 측면에서 어린이와 관련된 컬렉션들을 꾸준히 수집하고 또 이렇게 체험 전시 곳곳에 전시하고 있는 것이 소중해 보였다. 곳곳에 배치된 쇼케이스 중 인상적인 건 러버덕이다. '이런 것도 전시해?'라고 물을 수 있다. 나는 이런 질문에 익숙하다. 민속박물관에 근무해서 가끔 방문한 어르신들이 "이런 것도 전시해? 예전

우주선을 조립해서 날려보는 체험 코너

우리 집에 다 있던 것들인데. 그러고 보니 괜히 버렸네. 요즘은 구하기 힘들지."라는 얘기를 왕왕 듣는다. 그러나 플리즈터치의 러버덕 컬렉션은 분명 가치가 있다. 미국 어린이라면 성장기 하나씩은 가져봤을 추억의 장난감이기 때문에 앤틱 러버덕 컬렉션은 단순히 장난감 전시가 아니라 세대를 거슬러 그와 얽힌 추억과 감정을 모아놓는 것이라고도 할 수 있다. 심지어 이 러버덕의 오래된 버전부터 다양한 베리에이션까지 망라한 컬렉션 쇼케이스는 놀잇감의 역사와 더불어 러버덕과 콜라보된 사회 다양성을 담고 있었다. 이곳을 보면서 어린이 주제 컬렉션의 필요성과 어린이를 위한 성인용 전시가 필요함을 새삼 깨달았다. 깨알 같지만 새로운 발견이었다. 그 외에도 19세기 박람회장을 보여주는 앤틱한 전시실이 상징적이다. 과거 이곳 필라델피아에서 열렸던 대형 박람회장의 모형이 중심에 전시되고, 당시 박람회에서 소개된 내용 중 어린이와 관련된 교육이나 놀잇감 교재 등 당시 박람회에 소개되었을 혁신적 내용들이 전시되어 있었다. '전시 속의 전시'이자 '역사 속의 어린이'인 셈이다. 앤틱하게 연출된 옛 교실엔 프뢰벨 시스템을 적용한 킨더가든(유치원)이라고 쓰여 있다. 어머니가 유년 시절 조각 퍼즐 같은 프뢰벨을 시킨 것이 조형성을 발달시키는 데 상당한 영향을 주었다는 유명 건축가의 자서전을 읽은 기억이 떠오르면서, 이 또한 핸즈온을 지향하는 플리즈터치의 기원이었겠다는 생각이 들었다.

너무나 이야깃거리가 많은 뮤지엄이지만 하이라이트는 실내 회전목마다. 1920년대까지 인근 공원에서 운행하던 회전목마를 어린이 뮤지엄으로 옮겨온 것이라 하니, 이 회전목마 자체도 역사와 전통을 가진 그야말로 아이들 놀이기구의 명품이고 유물이다. 목마들은 수작업

으로 일일이 나무를 깎아 조각되었으며, 말과 마차 등 목마의 콘텐츠들도 필라델피아식으로 섬세하게 재현된 것이라 하니. 멋지다는 말밖에…. 지붕과 기둥을 장식한 앤틱한 조명과 회전목마는 박물관의 격을 만들어 주는 유물이자 코너가 아닌가 싶었다. 동네에 오래된 가게가 없어질 때 그 동네에서의 추억이 사라지는 것처럼 아쉬울 때가 있다. 어린이 뮤지엄도 그렇다. 우리는 아직 어린이 뮤지엄의 역사가 길지 않아 모를 수 있지만, 수십 년에서 백 년의 역사를 가진 서구의 어린이 뮤지엄을 생각하면 부모 세대가 다니던 곳이고 거슬러 올라가 조부모 세대도 다니던 곳일 수 있다. 온 가족의 성장 경험이 담긴 곳이다. 그런 측면에서 수시로 공간을 리뉴얼하고 새로운 콘텐츠로 업그레이드하는 오늘의 운영 방식이 옳은가도 생각하게 한다. 한 코너쯤은 과거의 기억과 추억을 함께 나눌 수 있어도 좋겠다. 이러한 면에서 이곳의 회전목마는 이 지역 사람들에게 동심의 구심점이자 추억의 정거장

1920년대 인근 공원에서 사용하던 회전목마를 박물관 내로 이전한 Carousel 코너 전경

이 되지 않을까 싶다.

플리즈터치 운영의 백미는 폐관 시간이 다가오자 더 빛났다. 아이와 여러 어린이 뮤지엄을 다닌 경험상 폐관 시간에 아이가 집에 가고 싶어 하지 않아 로비에서 실랑이를 벌이거나 스태프들이 어렵게 아이를 달래 전시실에서 내몰아야 하는 일이 제법 있었다. 그러니 집에 갈 시간이 점점 다가오자 나는 긴장을 하고 있었다. 그런데 폐관 시간 삼십 분 전쯤 동화『피리 부는 아저씨』를 연상하게 하는 악사가 북을 치며 전시실 곳곳을 돌며 어린이들을 불러 모았다. 신기하게도 어린이들은 모든 행위를 멈추고 아저씨를 따라 줄지어 전시실 곳곳을 돌며 행진했다. 이 모습이 장관이었다. 어느 정도 관내를 모두 돌자 피리 부는 아저씨는 이 어린이 부대를 로비로 데리고 나온 후 간단한 율동과 함성으로 에너지를 발산시키게 한 후 한 명씩 작별 악수를 하면서 자연스럽게 보호자들이 아이를 데리고 퇴장하도록 유도했다. 다른 곳처럼 집에 가지 않겠다며 어린이가 울거나 떼쓰는 모습은 볼 수 없었고 뭔가 뿌듯하게 하루를 마무리한 듯 뮤지엄을 나서는 어린이들로 가득했다. 참으로 지혜롭다.

관람 정보

- 홈페이지 : https://www.pleasetouchmuseum.org/
- 주소 : 4231 Avenue of the Republic Ave Memorial Hall, Philadelphia, PA 19131-3719
- 관람 시간 : 월-토 09:00~16:30, 일 11:00~16:30
- 관람료 : 성인, 어린이 $22(회전목마 1인당 $5 별도)

〈 국립민속어린이박물관/ 서울^(한국)〉

우리나라의 어린이 뮤지엄도 양적으로 질적으로 꾸준히 성장해 오고 있다. 90년대 개관한 최초의 어린이 뮤지엄인 삼성어린이박물관은 2013년 영구 폐관했으나 서울상상나라가 바통을 이어받았고, 그 이후 독립형 어린이 뮤지엄들이 수도권에 많이 신설되었다. 이런 일련의 과정에 국공립으로선 이른 시기인 2003년에 시작한 국립민속박물관 부속 어린이 전시와 교육 프로그램은 나름 국내 어린이 뮤지엄 역사의 중요한 시도이자 흐름이었다 해도 과언이 아닐 것이다. 이곳을 모태로 지난 2009년 국립어린이박물관이 출범한 바 있다. 그러나 몇 달 만에 행정 취소가 되고 말았다. 어린이 뮤지엄의 새로운 역사를 쓰는 순간이기도 했는데 아쉽다. 그래서 국외 어린이 뮤지엄의 선진 사례를 보게 될 때마다 부러움이 더 배가 되었는지도 모르겠다. 개인적으로 과천과학관이 지어지기 전 2002년부터 전시 계획공모에 참여했다. 그중 어린이탐구체험관의 기획 및 실시설계를 담당해서 당시 많은 해외 사례를 벤치마킹하며 충격과 자극을 받았고, 단순히 부러움으로 끝날 일이 아니란 생각을 가졌던 적이 있다. 그 경험을 계기로 어린이 뮤지엄은 다양한 전시 업무 중에서도 관심을 가지는 분야가 되었고, 역사 속으로 사라진 국립어린이박물관^(국립민속어린이박물관의 전신)은 나에게 늘 아픈 무엇이기도 했다. 사실 그 현장에 있지 않았다면 국립민속박물관의 직원이라 해도 그 깊은 이야기를 잘 모르기도 하거니와 또 무관심하기도 하다. 당시 나를 포함한 국립어린이박물관에 부임한 모든 담당자가 최초이자 최고인 어린이 뮤지엄을 만들자는 한 마음으로 의기투합하여 개관 준비에 착수했다. 한국 그래픽 디자인의 대가인 안상수 선생님께 의

2009년 운영된 심청 이야기 속으로 인트로

뢰해 새로운 심벌과 로고도 디자인했으며 현판식을 위한 조형물도 구
상했다. 미션과 비전을 수립하고 어떤 건축이 구축되어야 할지 수시로
모여 사례를 공유하고 토론했다. 이런 노력이 순식간에 물거품이 되었

심청 이야기 속으로 용궁 연출 코너

흥부 이야기 속으로 전시의 농작물 키우기
체험 코너

지만 말이다. 걸었던 현판을 내리고 심벌 제작 계획을 철회하고 모든 것을 되돌리는 작업은 아픈 일이었다. 그렇게 국립어린이박물관은 조용히 사라졌고 전시 공간과 조직이라는 물리적 실체는 국립민속박물관 안으로 편입되었다. 현재 세종시에 새로이 국립어린이박물관이 추진되고 있다고 하니 그나마 위안은 되지만, 어느덧 13년이 흘렀다. 그때 그곳이 존재했다면 13년간 얼마나 많은 어린이와 가족들에게 체험의 경험과 기회가 생겼을까 하는 생각을 종종 하곤 한다.

국립민속어린이박물관의 과거 에피소드는 이쯤하고 이곳의 전시를 살펴보기로 하자. 국립민속어린이박물관은 모(母)박물관인 국립민속박물관의 주 테마인 '민속'을 주제로 어린이를 맞이하는 곳이다. '민속'이라는 테마는 참으로 오묘하다. '고고학', '인류학', '역사학'이라고 하면 적당히 어렵고 무언가 배워야 할 것 같은 마음이 드나 '민속'은 누구나 아는 이야기 같다. 그것이 함정이고 생각의 선입견을 만드는 것 같다. 우

심청 이야기 속으로 전시의 연화재생 코너

선 국립민속어린이박물관을 논하기 전에 모⊖박물관 사례를 들어보도록 하겠다. 지인들에게 민속박물관 방문하신 적 있냐고 물으면 대부분 어릴 때 가봤다고 한다. 그리곤 정작 방문해보면 '내가 가봤다고 생각한 곳이 아니네'라고 한다. 이렇듯 국민 대부분은 너무 익숙해서 다 알고 있는 이야기라 생각하여 굳이 방문을 고려하지 않는 곳이기도 하다. 그런데 방문해보면 새로이 발견할 것도 많고 한편으론 마주하는 콘텐츠들이 친숙해서 심상이 편안하고 정겨운 곳이다. 내가 늘 하는 말대로 '한 번도 안 온 사람은 있어도 한 번만 온 사람은 없다'라는 뮤지엄이다.

그런데 모⊖박물관의 테마를 가진 어린이 뮤지엄은 조금 이야기가 달라진다. 이제 어린이들에게 '민속'은 친숙한 주제가 아니다. 사회가 급격히 변하고 생활이 서구화되면서 한국적인 그리고 민속적인 것이 뮤지엄에나 가야 볼 수 있는 것이 되었기 때문이다. 그래서 어린이들에게 민속적인 경험과 교육이 점점 더 중요해지고 있다. 심지어 어린이와 함께 방문하는 젊은 보호자들에게도 민속은 함께 경험해야 하는 콘텐츠가 되고 있다. 어린이들에게 '민속'을 쉽고 재미있게 설명하기 위해 이곳의 전시는 전래 동화를 모티브로 일련의 스토리텔링 전시 시리즈를 큰 골격으로 구상해 왔다. 첫 번째 전래 동화는 '심청전'이었다. 다음은 '흥부전'이었고 '해와 달이 된 오누이' 등 이야기들이 이어졌다. 우리 어릴 적만 해도 할머니 할아버지들이 전래 동화를 들려주시기도 했고, 전래 동화책은 어느 집마다 전집으로 책장에 장착된 성장 필수 아이템이었는데 지금은 이 이야기 또한 뮤지엄으로 갈만한 콘텐츠가 되었다. 그래도 전래 동화는 우리 민속을 어린이들이 이해하게 하기에 훌륭한 소재이다. 이런 큰 방향성 아래 전시 공간은 전래 동화의 내용

을 장면별로 연출하거나, 주요 사건이나 집중해야 할 주제를 입체적으로 추출해 공간화하였다. 마치 동화 속 세상으로 들어온 것처럼 어린이들은 동화의 이야기 흐름에 따라 전시를 체험하고 경험한다.

그간 해온 일련의 전래 동화 시리즈 중 나는 첫 번째 시리즈인 '심청이야기 속으로' 전시를 가장 좋아했다. 이 전시를 위한 일러스트는 무려 우리나라 1세대 일러스트 디자이너이신 이우경 선생님의 심청전 삽화를 유족분들께 허가받고 사용했다. 1950년대 그림이라고는 믿기지 않을 만큼 선생님의 심청전 삽화는 세련되고 개성 있어 이 그림들만으로도 어린이 뮤지엄의 전시 공간이 꽉 채워진 느낌이었다. 전시장에 들어서면 도입부에서 심청전의 등장인물들을 소개한다. 그리고 이어지는 첫 번째 존은 심청이의 집이 나온다. 이곳에서 어린이 방문객들은 옛날 사람들이 살던 집과 가재도구들을 놀잇감처럼 만져보고 역할놀이도 할 수 있다. 가령 지금은 사용하지 않는 섬, 되, 근과 같은 용어를 도량형 도구와 연결하여 접해보게 한다. 이 과정에서 과거 선조들의 삶을 현재와 연결해서 생각하고 비교해보게 하는 경험이 교육으로도 자연스레 이어진다. 어린이에게도 보호자에게도 신박한 교육이다. 두 번째 존은 인당수로 팔려 가는 심청이다. 출렁이는 바다 위 상선은 영상과 슬로프 구조물이 은유한다. 심청이가 바다에 풍덩 빠지는 장면을 어린이들이 슬로프 미끄럼틀을 쑥 내려와 볼풀장으로 쏙 들어가는 것으로 공간화되었다. 어린이들이 제일 좋아하던 코너는 '연화재생'이라고 심청이가 연꽃을 타고 용궁에서 세상으로 다시 올라오는 장면인데, 이 연화재생은 연꽃 모양이 빙글빙글 돌아가는 놀이기구로 표현되었다. 어린이 뮤지엄에서 신체 놀이는 어디든 필수인데, 이 작은 전

시실에서도 연화재생은 아이들이 신체 놀이를 할 수 있는 코너로 제일 북적북적하고 사랑받는 코너였다. 이처럼 국립민속어린이박물관에서만 만나 볼 수 있는 이야기와 공간 그리고 체험이 디자인되어 있었다. '심청 이야기 속으로' 전시를 방문했던 뉴욕 플랫 디자인 스쿨 전시디자인과 교수님은 이곳을 두고 오리지널리티가 있는 전시라고 평하셨다는데 과연 그렇다.

이곳의 또 하나의 장점은 이미 전래 동화에 익숙한 보호자들이 전시의 관람을 리드하거나 적극적으로 조력할 수 있다는 부분이다. 전래 동화라는 이야기가 전문적 지식이 필요하거나 어려운 내용이 있지 않기 때문에 보호자와 어린이가 만나기에 더없이 좋은 소재가 된다. 체험 과정에서 보호자는 어릴 적 접했던 전래 동화를 다시 만나기도 하니, 이런 전시 구성이 가족 뮤지엄을 지향하고 세대 간 화합과 정신적 연대를 위해서도 역할을 했을 것이다. 수년에 걸쳐 여러 차례 전시가 개편되고 있지만 이런 어린이의 민속 체험 학습이라는 본연의 기능과 또 이곳만의 유니크함이 잘 이어지길 바란다.

관람 정보

- 홈페이지 : https://www.nfm.go.kr/kids/nfmkid/index.do
- 주소 : 서울시 종로구 삼청로 37
- 관람 시간 : 11월~2월 9:00~17:00, 3월~10월 9:00~18:00(예약에 따른 시간제 관람)

  1월 1일과 설·추석 휴관
- 관람료 : 무료

6. 어린이 뮤지엄의 미래 지향

어린이와 뮤지엄 그리고 동반 보호자: 모두가 즐거운 가족 뮤지엄으로

여기까지 어린이 뮤지엄 탐구의 긴 여정이 끝났다. 긴 글을 마무리 하면서 우선 이론과 연구·고찰이 중심이었던 1·2장을 정리할 필요가 있겠다.

어린이 뮤지엄에서 어린이와 동반 보호자의 관람 중 상호 작용이 관람의 이해와 만족을 높게 만들 것이라는 전제하에, 실제 관람 중 그 효과를 검증하고, 어린이와 동반 보호자의 관람 행태를 관찰 분석하여 상호 작용 특성을 파악하고자 다음과 같은 연구 문제를 초반에 제기했다.

첫째, 어린이 뮤지엄에서 어린이-보호자의 동반 관람은 반드시 요구되는 관람 행태로서 일정한 패턴이 있으며 유형화될 수 있을 것인가.

둘째, 어린이 뮤지엄 관람 중 어린이-동반 보호자는 어떤 형태로든 지속적인 상호 작용을 하며, 이는 전시의 이해와 만족에 영향을 미칠 것인가.

셋째, 이와 같은 어린이-동반 보호자의 관람 중 상호 작용은 전시 유형과 체험 방식에 영향을 받으며 증진되거나 저해될 수 있을 것인가.

상기 제기한 연구 문제에 준해 어린이 뮤지엄 관람 중 어린이-동반 보호자의 상호 작용과 이를 지원하는 전시 환경에 대한 결론을 요약해 보면 다음과 같다.

첫째, '어린이-보호자의 동반 관람이 반드시 요구되는 어린이 박물관의 현실에서 동반 관람 행태가 일정한 패턴이 있으며 유형화될 수 있는가.'에 대한 연구 결과는 다음과 같다.

어린이와 보호자의 동반 관람은 상호 밀착도와 참여 방식에 따라 밀착 동반 관람, 보조 동반 관람, 단순 주시 관람, 유아 방치 관람 네 가지로 유형화할 수 있었다. 이들 동반 관람 유형은 전시 관람 내내 일관되게 유지되는 것이 아닌 전시 관람 상황에 따라 계속 변화하고 있음도 확인하였다. 또한 동반 관람 중 어린이와 보호자의 상호 작용 행태들이 어린이 측면, 보호자 측면, 양측 세 부분에서 추출되었다. 보호자 측은 질문하기, 설명하기, 시범 보이기, 권유/설득하기, 칭찬/격려하기, 피드백하기, 귀담아듣기, 관찰/지켜보기의 7가지 행태이며, 어린이 측은 요청/제안하기, 질문하기, 의사 표현하기, 수긍/반응하기, 따라 하기, 만족/성취감 표현하기의 8항목, 어린이와 보호자가 동시에 하는 양자 상호 작용은 감정에 공감하며 대화하기, 웃거나 눈 맞추기, 중재와 수용하기의 3항목이었다. 이들을 자세히 살펴보면 보호자들은 어린이의 체험 학습 지원과 어린이 케어care의 성격을 가지며 어린이 측은 체

험지원 요구, 감정 및 의사 표현의 성격을 가지고 있어 이를 통해 상호 작용의 패턴을 추측하게 하였다.

둘째, '어린이 뮤지엄 관람 중 어린이-동반 보호자의 상호 작용이 전시의 이해와 만족에 영향을 미칠 것인가.'에 대한 연구 결과는 다음과 같다.

관람객 설문 조사를 통해 어린이-동반 보호자 그룹이 인식하는 동반 관람과 상호 작용에 대한 분석 결과를 보면, 동반 관람이 전시의 이해와 만족에 영향을 주고 있으며 특히 보호자의 사전 준비 여부가 어린이의 관람 만족도에 유의미한 결과를 나타내는 점, 동반 관람 유형에 따라 관람 만족도의 유의미한 차이를 가지는 점, 어쩌면 당연하겠으나 어린이-동반 보호자가 밀착 관람이 이루어질수록 상호 작용 정도가 많은 점, 모든 동반 관람 유형에서 체험 전시물에 대한 보편적인 선호가 유사하다는 점으로 미루어 보아 관람 중 상호 작용은 어린이 뮤지엄에서 질적 관람을 제고하는 주요 요인임을 유추할 수 있었다. 아울러 체험 전시 유형에 따라 상호 작용 빈도가 다른 양상을 가지는 점과 '함께할 수 없는 전시물 구조'가 동반 관람에 있어 가장 높은 저해 요인으로 꼽힌 점으로, 동반 관람 중 상호 작용 양상을 이해하기 위해 체험 전시에 대한 심도 있는 고찰이 필요함도 알 수 있었다.

셋째, '어린이-동반 보호자의 관람 중 상호 작용이 전시 유형과 체험 방식에 영향을 받으며 증진되거나 저해될 수 있을 것인가.'에 대한 연구 결과는 다음과 같다.

우선 상호 작용의 배경이자 대상인 체험 전시에 대한 고찰이 진행되었다. 어린이 뮤지엄 관람이라는 것은 곧 체험 활동이며 이러한 행위는 놀이 행태를 함의하고 있는 점에 착안, Parten의 놀이 개념을 적용한 유형화가 가능하였다. 기능 놀이형, 구성 놀이형, 역할 놀이형, 규칙 게임형, 주시 관람형, 관찰 학습형의 6가지이며 각각의 유형은 개인화된 체험, 상호 대응형 체험, 다자 참여형 체험, 상호 협동형 체험으로 세분화하였다. 이는 콘텐츠 구현 및 체험 방식을 함의하는 분류법으로 물리적 환경 관점에서의 고찰이 더불어 요구된다. 공간 레이아웃 방식에 따라서는 벽부형, 독립 가구형, 체험 세트형, 개별실형의 네 가지 유형화가 이루어졌다. 이를 분석 틀로 하여 조사 대상관으로 선정된 어린이 뮤지엄 9곳의 체험 전시 557점을 분류 및 분석하여 체험 전시 유형에 따른 공간 구성 방식과 체험 방식의 매칭matching 경향을 파악할 수 있었다.

기능 놀이형 전시는 체험 세트형의 분포가 높았고 개인 참여형 또는 다자 참여형이 주류를 이루었고, 구성 놀이형은 독립 가구형에 개인 참여형과 다자 참여형이 주류였으며, 역할 놀이형은 체험 세트형이 주류였으며, 다른 주류 체험 방식 외에 상호 협동형도 높은 분포를 보였다. 규칙 게임형은 독립 가구형과 벽부형에 개인화형과 상호 대응 방식이 높은 분포를 보였으며 주시 관람형은 벽부형, 개별실형, 독립 가구형이 고르게 분포되었고, 관찰 학습형은 벽부형, 독립 가구형의 분포가 높았다. 또한 두 유형 모두 개인화형과 다자 참여형 방식이 높은 분포를 가지는 것으로 분석되었다. 다음으로 관람객 관찰 조사를 통해 체험 전시 유형에 따라 어린이와 보호자의 동반 관람 양상과 상호 작

용이 일정한 패턴과 특성을 가짐을 확인할 수 있었다. 기능 놀이형은 분리 관람의 특성을, 구성 놀이 및 규칙 게임형, 주시 관람형은 밀착 관람의 특성을, 역할 놀이 및 관찰 학습형은 전시에 따라 분리 또는 밀착으로 이원화되고 있다는 내용이었다. 특히 관람 행동 장면 분석을 통해 이와 같은 상호 작용에 담긴 관람객의 내적 요구 사항을 파악할 수 있었다. 보호자 측은 어린이 케어Care, 체험 학습 지원, 동반 참여, 중재, 휴식의 욕구가 있었다. 어린이 측은 동반 참여, 체험 지원 요구가 있었다. 양측은 협업-공동 체험 참여, 정서적 교류를 요구하였다. 이러한 내적 요구 사항 또한 체험 전시 유형에 따라 각각 다른 양상을 가짐을 알 수 있었다. 이는 콘텐츠 내용, 전시물의 규모, 공간 레이아웃, 보조 가구 및 안내 장치 등과 같은 전시 환경 요인들과 밀접한 관련이 있으며, 이들이 상호 작용의 증진과 저해에 영향을 주고 있음을 확인하였다.

이들을 종합하여 결론을 정리하면, 어린이 뮤지엄에서 동반 보호자와의 상호 작용은 관람의 질적 제고를 위한 중요한 부분이다. 이런 과정에서 전시의 내용이라 할 수 있는 콘텐츠뿐 아니라 환경적 지원성 즉 공간 및 체험물 디자인이 이를 저해하거나 증진하는 중요한 요인임을 알 수 있었다. 이러한 결과는 어린이 뮤지엄 계획 시 동반 관람을 전제로 한 콘텐츠의 개발과 체험 전시의 유형별 안배, 상호 작용을 증진할 수 있는 체험 전시물 디자인이 적극 고려되어야 함을 시사한다. 또한 연구 결과를 통해 전시 유형별 상호 작용 지원을 위한 전시 환경의 계획적 시사점도 도출할 수 있었다.

- 기능 놀이형 전시는 분리 관람이 이루어지더라도 지속적인 보호자의 주시 관람을 위한 공간 구조가 배려되어야 한다.
- 구성 놀이형 전시는 보호자가 적극적으로 참여할 수 있는 콘텐츠의 개발과 더불어 동반 참여가 가능한 가구 및 전시물의 배치 안배가 필요하다.
- 역할 놀이형 전시는 체험 세트 연출 시 보호자가 참여할 수 있는 휴먼스케일이 고려되어야 하며, 어린이만을 위한 미니 구조물은 보호자와의 놀이 활동이 가능한 접촉 지점이 고려되거나 기능 놀이형과 같이 보호자가 근접 주시를 할 수 있는 공간 장치가 고려되어야 한다.
- 규칙 게임형 전시는 상호 대응을 관람 방식으로 하는 콘텐츠 및 이와 일체화된 전시물 개발이 가장 필요하다.
- 주시 관람형과 관찰 학습형은 보호자의 동반 관람을 전제로 한 콘텐츠 개발 및 안내 문안이 준비되어야 하며, 분리 관람보다 밀착 관람이 이루어질 수 있는 공간 구조가 고려되어야 한다.

어린이 뮤지엄은 '아이들은 스스로 경험하며 발달한다'라는 피아제 Piaget의 구성주의 이론을 토대로 탄생하여 발전했다. 그러나 어린이 뮤지엄 전시를 구축하는 부분에서 '어린이-동반 보호자의 상호 작용이 관람의 효과 및 만족을 제고한다'라는 본 연구의 결과에 준해 '아이들의 발달은 주변의 비계설정, 즉 모방과 창조를 위한 조력자에 의해 촉진된다'라는 비고스키Vygotsky의 근접발달영역 이론 관점에서 접근이 필요하겠다. 모든 전시 체험에 있어 보호자와의 밀착 관람이 필요하며

보호자와의 상호 작용을 강제하는 것은 아니나, 어린이의 특성상 필요한 부분이며 관람의 효과에도 영향을 주기 때문에 어린이 뮤지엄에서는 중요한 관람 행태로 고려되어야 하겠다. 또한 상호 작용의 중요성은 누구나 공감하나, 개인의 문제로만 전담하여 동반 보호자에게 부담을 가중하는 것이 아닌 자연스럽게 어린이와 보호자의 상호 작용이 이루어질 수 있는 관람 환경 조성이 중요하겠다. 어린이 뮤지엄의 방문은 가족의 여가 생활 즐기기, 보호자의 육아 부담 감소와 휴식이라는 목적도 간과할 수 없기 때문이다. 이처럼 자연스럽게 상호 작용 지원성을 가진 관람 환경은 성인 보호자의 주체적 참여 및 만족도에도 영향을 가질 것이며, 보호자에 의해 관람의 선택과 평가가 이루어지는 어린이 뮤지엄 특성상 재방문 등 지속적 운영에도 이바지하게 될 것이다. 현재 어린이 뮤지엄은 양적 성장을 넘어 질적 성장을 지향해야 하는 시점이다. 그러므로 어린이 뮤지엄이 가지는 공공교육의 장으로서 성격에 더해 질적 경험을 위한 동반 관람 관점이 반영된 콘텐츠 개발과 전시 환경 계획이 요구된다.

이곳에서 주로 탐구한 내용은 단체 관람객을 제외한 개별 방문한 학령전기 어린이와 보호자를 주 대상으로 하였고, 조사 대상관이 국내와 미국 소재 어린이 뮤지엄 일부로 한정되었기 때문에 어린이 뮤지엄 전체를 대변하는 결과로 일반화하기에는 한계를 가질 수 있다. 그러나 가능한 많은 샘플 수집을 시도하여 체험 전시 유형별로 일반화된 특성을 파악하려 하였고, 실제 관람 장면 분석을 통해 동반 관람 행태 양상을 파악하고 패턴의 발견이라는 객관화된 결과를 도출한 점에서 어린이 뮤지엄 연구에 유효한 의미가 있다. 무엇보다 동반 관람이 반드시 요

구되는 어린이 뮤지엄 현실에서 전시 환경을 통해 상호 작용의 지원 가능성을 제시하여 관람 경험의 질적 제고를 모색한 점과, 어린이 뮤지엄이 가족 뮤지엄으로서 역할 확대 필요성을 제시한 것은 중요한 발견이고 성과이다. 기존 논문의 끝에서는 이러한 결과가 질적 상호 작용 지원을 위한 어린이 뮤지엄 계획의 기초자료로서 적극 활용되고 실제 사례에 대한 분석 틀로서 후속 연구가 이어지기를 제언하기도 했다. 최근 국공립 어린이 뮤지엄의 전시 계획 단계 또는 현황 조사에서 이와 같은 관점을 발견할 수 있음은 매우 반가운 사실이다. 그러나 한편으론 이와 같은 관점이 여전히 부재한 곳도 있다. 본 연구에서 발견하고 제시한 결과는 어린이 뮤지엄 구축과 운영에 선택이 아닌 기본 전제가 되어야 한다.

이 책이 어린이 뮤지엄에 대한 새로운 관점과 인식 전환을 이끄는 견인차가 되기를 바라며, 전시와 교육 프로그램에도 적극적으로 적용되기를 기대해본다. 더불어 이 책에서 제시한 연구 결과는 어린이 뮤지엄의 공급자와 계획자뿐 아니라 사용자 즉 성인 보호자에게도 어린이 뮤지엄 관람 시 그리고 어린이 교육 시 간과하지 않기를 당부드리고 싶다. 소통과 교감은 육아와 교육의 중심이고 기본일 것이다. 그렇다면 어린이 뮤지엄을 관람할 때도 보호자가 어린이와 적절하고 때론 적극적인 커뮤니케이션을 하는 것은 바람직하기 때문이다. 아이를 키워본 입장에서 지속적인 상호 작용은 몰라서라기보다 알면서도 쉽지 않을 때가 있다. 그러나 의식적으로 필요성을 공감하고 노력하는 것은 그렇지 않은 경우와는 완전히 다른 접근과 결과를 만들 것이다, 결국에 인식을 전제로 어린이를 대하는 태도와 습관과 연결되기 때문이다.

우리는 어린이들에게 어떠한 환경과 공간을 만들어 주어야 할지 늘 고민한다. 거대 담론도 중요하고 장기적 계획도 중요하다. 그런데 우리 개개인이 관점과 발상을 전환하여 생활 속에서 실천하는 것부터의 변화도 필요하다. 그렇게 한다면 분명 더 어린이의 입장에서 사고하고 어린이를 배려하는 세상이 만들어질 것이다. 육아 휴직 중 미국에 체류하다 한국에 돌아와서 일화다. 살고 있던 아파트 단지에는 제법 많은 어린이 놀이터가 있었는데, 어린이들이 애용하는 놀이터 몇 곳을 제외하고는 모두 흉물처럼 낡고 버려져 있었다. 지어진 지 수십 년이 된 오래된 아파트 단지라 지어질 때와 지금의 사회 환경이 달라져 버린 것이 주요 원인이겠다. 이전만큼 아이들이 많지도 않고, 요즘같이 바쁜 어린이들에게는 놀이터에 나와 놀기가 쉽지 않다. 그러니 반상회에서는 종종 놀이터를 철거하고 주차장을 확보하자는 안건이 제시되기도 했다. 그런 중에 그나마 동네 아이들이 모이는 놀이터 한 곳에 아들과 갔다가 기가 막힌 장면을 마주했다. 미끄럼틀이며 그네며 놀이기구마다 A3 크기의 종이에 '제발 조용히 놀게 해주세요. 너무 시끄러워요.'라는 글이 크게 프린트된 종이가 덕지덕지 붙었다. 굵은 고딕체의 글만으로도 붙인 자의 짜증이 전달되는 느낌이었다. 놀이터에 인접한 아파트 주민이 붙인 것이리라. 아이들의 놀이 소음은 다소 상상이 되나 어린이들의 영토에서조차 그들이 마음껏 뛰어노는 권리를 박탈하려는 어른이라니. 참 씁쓸했다. 유네스코의 연구보고서에 따르면 '유년 시절 잘 놀았던 어린이들이 성인이 돼서도 삶의 만족도가 크다'라는 조사 결과가 있다. 어린이들은 사실 스스로 잘 논다. 노는 법을 가르치지 않아도 잘 놀 수 있다. 그런데 환경이 따라주지 못하고 어른들이 여

러 방식으로 놀이를 방해하면서 어린이들의 놀이에 오류가 생기고 있는 건 아닐지. 현재도 행복하고 성인이 돼서도 여전히 행복할 수 있도록 어린이들의 놀이 그리고 놀이 환경에 대해서 우리가 관심을 가져야겠다. 그것이 교육에 앞서 선행되어야 하는 우리의 과제이고 좋은 사회를 위한 미래에 대한 투자이다.

궁극적으로 담고 싶은 이야기는 '우리의 미래인 어린이들이 어떤 환경(여기서 환경이란 자연환경 뿐 아니라 사회·문화·교육 등 어린이의 성장배경으로서 인류학적 환경을 의미한다)에서 자라게 할 것인가?'이다. 지구 환경 문제를 두고 전 인류가 고민인 시대다. 환경운동가 데이비즈 스즈키는 '우리 아이들에게 어떤 지구를 물려줄 것인가[79]'라는 화두를 던진다. 그 만큼 인류가 다음 세대를 위한 노력이 필요하다. 그런데 프랑스의 농부 철학자 피에르 라비 Pierre Lévy는 말한다. '우리의 아이들에게 어떤 지구를 물려줄 것인가?하는 고민만으로는 충분하지 않다. 이에 더해 우리의 지구에게 어떤 아이들을 물려줄 것인가?까지 고민해야 한다.'[80] 이 말은 구구절절 가슴에 와 닿는다. 우리는 어린이들이 좋은 환경에서 삶을 영위하기를 바란다. 그렇다면 미래 그 사회의 주체가 될 어린이들은 이미 마음에 희망과 행복이 충만해야 하지 않을까 싶다.

79 데이비즈 스즈키, 이한중 역, 우리 아이들에게 어떤 지구를 물려줄 것인가, 나무와 숲, 2007
80 (사)환경교육센터 기획 장미정·변원정·정세연·임수정, 뜨거운 지구 열차를 멈추기 위해-모두를 위한 세계 환경교육 현장을 가다, 한울림, 2020

메타버스 시대 어린이 뮤지엄의 새로운 모색[81]

갑작스레 마주한 언택트의 시대, 지난 수년간 긴 코로나 팬데믹을 지내면서 어려움을 겪은 사회적 공간들이 많았다. 어린이 뮤지엄도 대표적 장소였다. 여타 다른 사회 환경과 마찬가지로 어린이 뮤지엄도 온라인 교육과 메타버스에서 돌파구를 찾고자 고군분투했다. '그렇다면 미래의 어린이 뮤지엄은 어떤 방향으로 갈 것인가? 또 가야 할 것인가?'라고 자문하게 된다. 혹 요즘 대세인 온라인 기반 메타버스가 도입된다면 이 책에서 전 지면을 할애해 핸즈온과 상호 작용을 강조한 것과 너무나 상치되는 개념이지 않나 질문하게도 될 것 같다. 이 지점에서 진지하게 미래 어린이 뮤지엄에 대해 생각하게 한다. 여기서부터는 박사 논문을 쓸 때도, 세계 여러 어린이 뮤지엄을 탐구하면서도 생각하지 못했던 것들이다. 지금까지 전혀 경험해보지 않았던 세계와 마주하면서 어린이 뮤지엄도 새로운 모색이 필요해졌다. 우선 시대적 흐름이라 할 수 있는 '메타버스'와 MZ세대라 불리는 신인류에 대해 먼저 살펴보면 좋겠다.

초월·추상의 의미를 지닌 접두어 '메타meta'와 세계를 뜻하는 단어 '유니버스universe'를 접목한 합성어 '메타버스'는 3차원 입체 가상 세계를 의미한다. 메타버스는 갑작스럽게 나타난 개념은 아니다. 이 단어가 처음 등장한 것은 1992년 미국 소설가 닐 스티븐슨의 SF소설 '스노 크래시'였다. 그러니 첫 등장으로부터는 무려 30년이 되었다. 2020년

---

[81] 이 글은 2021년 『어린이와 박물관 연구』에 발표한 필자의 논문 『메타버스와 어린이 전시』를 근간으로 작성된 것임을 밝힌다.

을 전후로 주목받은 메타버스는 놀랍게도 전혀 새로운 개념이 아닌, 이미 오래전부터 존재해왔던 개념과 기술이 조합된 영역이다. 용어의 시작도 그렇거니와 생활 속에서 생각해봐도 친숙한 SNS와 온라인 게임 등을 떠올려 보면 우리는 이미 메타버스에 발을 담그고 살았다. 그렇다면 어린이들은 어떠한가? 아날로그 시대에 태어나 디지털이라는 새로운 기술을 습득하며 학습하여 생활에 접목한 기성세대와 달리 현재의 어린이들은 태어나면서부터 디지털 네티즌이다. 공간과 관계에 대한 기본 사고구조가 기성세대와 다르다. 이러한 MZ세대라 명명되는 신인류가 이제 어린이 뮤지엄의 주 고객이거나 그들의 자녀들이 중심 대상임을 주목하지 않을 수 없다[82]. MZ세대는 1980년대 초~2000년대 초 출생한 밀레니얼 세대와 1990년대 중반~2000년대 초반 출생한 Z세대를 통칭하는 말이다. 소위 인터넷으로 언어를 배운, 디지털 환경에 익숙한 MZ세대는 모바일을 우선 사용하고 최신 추세trend와 남과 다른 이색적인 경험을 추구하는 특징이 있다고 한다. 이런 MZ세대는 SNS를 기반으로 유통시장에서 강력한 영향력을 발휘하는 소비 주체로도 부상하고 있다. 집단보다는 개인의 행복을, 소유보다는 공유를, 상품보다는 경험을 중시하는 소비 특징을 보이며, 단순히 물건을 구매하는 데에 그치지 않고 사회적 가치나 특별한 메시지를 담은 물건을 구매함으로써 자신의 신념을 표출하는 '미닝 아웃Meaning out[83]' 소비와 자신의

---

82 2021년 90년생은 32세로 결혼과 출산기에 접어들었다. 이에 따라 키즈 산업도 90년생에 주목하기 시작했다. : 출처 고광열(2021), 『MZ세대 트랜드코드』, 서울: 밀리언서재

83 한경경제용어사전 : 신념을 뜻하는 'Meaning'과 벽장 속에서 나온다는 의미의 'Coming out'을 조합한 단어.

성공이나 부를 과시하는 '플렉스Flex[84]' 문화를 즐기고 고가 명품에 주저 없이 지갑을 여는 경향이 이전 세대보다도 두드러진다고 한다.[85]

이들이 메타버스의 주체가 되어 보여주는 사회적 현상도 주목할 필요가 있다. Z세대인 요즘 어린이들이 즐기는 대표적 메타버스라면 로블록스와 마인크래프트가 있다. 이 중 마인크래프트는 대표적 거울 세계이다. 우리가 소싯적 레고 블록으로 상상의 세계를 소박하게 구상화하며 놀았다면 요즘 어린이들은 이 온라인 세계에서 자기만의 세계를 형성한다. 로블록스는 마인크래프트에서 나아가 스튜디오라는 도구를 활용해 다양한 게임을 만들고 로벅스라는 자체 화폐를 사용해 생산 활동까지 가능한 플랫폼이다. 6-16세[86]가 주 사용 연령인 로블록스의 사용자 규모는 2019년 9천만 명, 2020년에는 1억 1천5백만 명을 넘어섰다. 2018년 자료를 기준으로 미국의 13세 미만 아이들은 유튜브보다 로블록스에서 2.5배의 시간을 보냈고, 넷플릭스보다 16배의 시간을 보냈다고 한다. 심지어 로블록스에서 자신이 상상한 가상 세계 메타버스를 만들어 돈을 버는 청소년도 점점 늘어나는데, 많게는 한 해 10억 원이 넘는 거액을 벌며 자신을 도와줄 직원을 채용하는 청소년까지 있다고 하니[87] 놀라운 세상의 변화가 아닐 수 없다. 그렇다면 메타버스와 어린이 뮤지엄을 어떻게 접목해야 할까? 우선 현재의 메타버스 현황과 이와 관련된 시류를 살펴보기로 하자.

---

84   한경경제용어사전 : 1990년 미국 힙합문화에서 '부나 귀중품을 과시하다'란 의미로 사용됐다.
85   네이버지식백과 『시사상식사전』, pmg 지식엔진연구소
86   어린이 박물관의 주 타겟 연령이기도 하다.
87   김상균(2020), 『메타버스』, 서울 : 플랜비디자인 pp. 235-239. 의 내용을 요약한 것임을 밝힘.

디지털 네이티브라 불리는 신세대 다수는 이미 메타버스 세계에 입성해 시민으로 살고 있으며 앞으로도 꾸준히 그들의 신세계를 메타버스에 건립할 것이 예측된다[88]. 이런 대세를 읽은 기관과 기업들이 앞다투어 현실 경제로 메타버스를 활용하거나 유명인들이 메타버스를 활용해 그들의 활동을 홍보하거나 이어가고 있다. BTS가 그들의 신곡인 다이너마이트를 처음 공개한 곳이 공중파나 오프라인 무대가 아닌 '포트나이트'의 '파티로얄'이라는 메타버스였는데, 무려 4억 명의 관람객이 모였다고 한다. 미국의 래퍼 트래비스 스콧도 메타버스에서 콘서트를 열었다. 회당 10분씩 5회 공연에 2,770만 명의 관중이 모였다고 하니 아무리 월드스타라고 해도 오프라인 콘서트로는 모객할 수 없는 어마어마한 숫자다. 이처럼 메타버스는 세계를 하나의 세상으로 연결하고 있는 구심점이 되고 있다. 명품 브랜드 루이비통은 라이엇게임즈의 게임 '리그오브레전드LoL'와 협업을 시작했다. 2019년 미국의 프로 풋볼 시청자 수가 9,820명인데 LoL의 동시 접속자가 800만 명을 넘었다고 하니 그 위용이 짐작될 것이다. 이런 대세의 흐름은 미국 대선에서도 보였다. 미 대선 기간에 대통령 후보 조 바이든은 닌텐도가 만든 메타버스 '모여라 동물의 숲'에 선거운동 기지를 만들고 오프라인과 온라인 유세를 병행하기도 했다. 특히 전 세계 수만 명의 유저를 가진 게임

---

88 앞서 소개한 제페토의 경우 2021년 2월 기준, 가입자 수 2억 명 중 80%가 10대 청소년이며, 미국에서 하루 평균 4,000만 명의 접속자를 보유한 로블록스도 전체의 55%가 청소년이다. : 출처-조선비즈 MZ세대를 잡아라 (2021. 5. 3) https://biz.chosun.com/industry/company/2021/05/03/UYAFRDZ7IFGOTBIXZJNCFLANKQ/?utm_source=naver&utm_medium=original&utm_campaign=biz&form=MY01SV&OCID=MY01SV&form=MY01SV&OCID=MY01SV

회사 로블록스가 어린이 테마 파크인 '라이언 월드'를 메타버스 세계에 개장한 소식은 주목할 만하다. 공간을 기반으로 해야 하는 테마파크가 오프라인이 아닌 온라인에 만들어진 사례는 어린이 뮤지엄도 긴장하게 만드는 소식이 아닐 수 없다.

그렇다면 어린이 뮤지엄도 메타버스 속 가상 세계에 만들어야 할까? 아니나 다를까 이즈음 경기도어린이박물관은 건립위원회를 구성하고 '모여라 동물의 숲'에 '모두의 박물관'이라는 이름의 뮤지엄을 건립 중이라고 발표했으며[89], 국립중앙박물관도 마인크래프트에 어린이 뮤지엄을 개설했다[90]. 오프라인 공간과 경험을 기반으로 한 어린이 뮤지엄이 메타버스 세계를 더 이상은 간과할 수 없다는 결론이 나온다. 그런데 메타버스에 어린이 뮤지엄을 건립하는 것만으로는 어린이 뮤지엄을 지속하는 데에 한계가 있지 않을까? '어린이'라는 특성과 '뮤지엄'의 정체성이 그렇다. 메타버스는 상상을 구현할 수 있게 하는 멋진 세계이고 무한한 확장의 공간이지만, 인간은 물리적 환경을 바탕으로 생존해야 하는 생물이다. 메타버스에서 배고픔을 채워주거나 졸림을 해소해줄 수는 없기 때문이다. 성장기 왕성한 활동이 필요한 어린이는 더욱 그렇다. 코로나 시대를 보내면서 메타버스가 급격히 우리 생활로 들어오기도 했지만, 오프라인 기반의 환경과 공간에 관심이 커진 것 또한 사실이다. 건축가 유현준 교수는 인간의 본능과 연결해 이러한 오늘날의 현상을 통찰한 바 있다. 사람은 점유 공간에 대한 기본적인

89 경기문화재단 https://blog.naver.com/ggcf-kr/222161519052 (2020. 12. 3)
90 국립중앙박물관 https://www.museum.go.kr/site/child/content/no_contact(2020.12.1.)

욕구가 있다는 것이다. 그런데 이것은 곧 재화 보유 능력과 연결되기 때문에 상대적으로 돈이 없는 어린이들은 가상공간인 메타버스에 더 열광하고 모일 수밖에 없다고 했다[91]. 설득력 있는 통찰이다. 이미 어린이들은 사회 문화적 환경의 변화 속에 그들의 놀이 영토를 잃고 있다. 아파트의 놀이터가 주차장으로 바뀌는 현실만 봐도 그렇다. 또 학습의 즐거움을 가질 수 없는 강요된 환경에서 교육받는다. 감옥과 구조가 크게 다르지 않았던 학교 공간을 연상해보라.

그렇다면 이러한 메타버스 시대 어린이 뮤지엄은 어린이에게 더 창의적 놀이 영토를 제공해야 한다. 어린이의 신체적 경험을 유도하고 사유라는 활동을 극대화할 수 있도록 해야 한다. 이를 위해 메타버스는 입구로 활용하면 좋겠다. 메타버스에서만 살고 싶어 하는 어린이들이 현실을 자각하도록 현실계로 안내하고 유도하는 출구 역할도 할 수 있겠다. 코로나 팬데믹으로 학교와 공공시설이 폐쇄되는 시기를 거치면서 어린이들에게 학교라는 장소가 단순히 지식을 습득하는 곳 이상의 '관계와 사회성'을 가르치는 중요한 장소임을 재확인하기도 하지 않았던가. 어린이 뮤지엄도 마찬가지겠다. 핸즈온과 상호작용을 관람 행태의 근간으로 하는 어린이 뮤지엄도 이 장소가 어린이 교육과 성장에 어떤 역할을 해왔는지 다시금 생각하는 기회가 되었다.

먼 미래에는 정말 영화 속 세상처럼 메타버스에서 모든 것이 구현되고 이루어진다 해도, 적어도 대상이 '어린이'라면 그것이 교육과 활동의 100%를 다 감당하지는 못할 것이다. 우리의 다음 세대들이 로봇이

---

91   중앙일보 https://news.joins.com/article/24050477(2021. 5. 5)

나 사이보그가 되는 것이 아닌 한은 말이다. 그렇다면 자유롭고 아름다운 인간이 추구해야 할 목적을 찾을 수 있도록 곁에서 도와야 하는 것, 그것이 기성세대가 구축한 디지털 테라포밍에서의 바람직한 태도가 아닐지 생각하게 된다. 또한 대화형 인공지능 서비스인 ChatGPT가 등장한 AI 시대에 그와 차별화되는 인간의 장점을 더 존중하고 키우도록 도와야 한다. 이를 위해 어린이 뮤지엄이 고민해야 하는 것은 '연대'와 '연결'인 것 같다. 첫 번째 '연대'에 대해서는 오프라인 활동을 활성화하는 거점 플랫폼의 역할을 하면서 뮤지엄의 프로그램들이 학교, 지역 커뮤니티 센터, 놀이터, 각 가정 등과 적극적으로 연결될 수 있는 네트워크 구축을 의미한다. 우리 박물관에는 '찾아가는 어린이 박물관'이라는 프로그램이 있었다(지금도 운영 중이다). 어린이 뮤지엄을 찾기 어려운 오지의 어린이들을 위해 대형 버스에 간이 전시실을 꾸미고 요청받은 지역으로 버스가 찾아가는 서비스다. 어린이들이 버스 내 전시를 관람하고 뮤지엄이 준비한 연계 교육 프로그램들을 분교나 마을 회관에서 진행하는 훌륭한 프로그램이다. 어린이를 위한 공간은 상시 생활 속으로 들어올 수 있어야 하는데 그러지 못하는 곳에 이렇게 적극 찾아간다. 이와 같은 방식이 디지털 기술을 접목해 뮤지엄과 원거리의 어린이들도 어린이 뮤지엄의 혜택을 항상 받을 수 있도록 하는 방안이 고안되면 좋겠다. 온라인과 네트워크가 생활 전반에 깊숙이 자리하면서 일상에서 쇼핑의 행태가 바뀌어 가듯 학교 또는 주민센터 등 지역마다 촘촘히 자리한 기존의 공간들과 연계하면 가능하지 않을까? 뮤지엄의 교육과 체험 프로그램도 배달되고 원거리에서도 이용되는 방식으로 말이다. 두 번째 '연결'은 디지털과의 연결이다. 더 정확히는 디

지털 기반 콘텐츠의 개발을 의미한다. 디지털 기반이라고 해서 기존에 어린이 뮤지엄이 지향하던 아날로그형 핸즈온 체험을 모두 디지털화하자는 것이 절대 아니다. 무엇을 어떻게 관람하게 할 것인지 운영체계를 디지털로 전환하는 것이다. 빅데이터를 활용한 관람객의 니즈를 보다 명확히 파악한다거나 뉴욕어린이아트뮤지엄의 사례처럼 소프트웨어 중심으로 운영되던 특성을 살려, 뮤지엄의 장소는 사라졌으나 미션과 비전 아래 프로그램으로 존재하는 점 말이다. 이렇게 디지털 네이티브의 선호 특성이 반영된 콘텐츠의 개발과 프로그램의 운영이 필요하겠다.

상상컨대 앞으로 만들어지는 어린이 뮤지엄은 온라인과 오프라인이 자연스럽게 연동되어야 할 것이다. 또 기존의 체험 기반 어린이 전시에도 요구되던 바이지만, 모든 것이 완벽히 구축되어 관람의 경로가 정해져 있거나 체험의 정석이 있지 않고 어린이 스스로 만드는 이용자 창작 콘텐츠를 통해 '관람 행태 풍부화'에서 나아가 관람객이 직접 완성해가는 '창의 플랫폼' 공간이어야 할 것 같다. 또한 이를 통해 궁극적으로는 어린이들의 현실인지를 강화하고 '관계 맺기'와 '연결'이라는 시대적 과제를 체득할 수 있는 장소가 되도록 해야 할 것이다. 이를 위해 기술적 물리적 해결책도 필요하나 상상력과 창의력도 필요하겠다. 상상력과 창의력은 어린이들에게만 요구하고 기대하는 것이 아니라, 실은 어린이 뮤지엄을 구현하고 운영해야 하는 동시대 성인들에게 더 요구되는 자질일지도 모르겠다.

나가며

아이가 세 살 무렵 육아 휴직을 하고 뉴욕에 잠시 머물렀다. 처음부터 뉴욕 체류를 의도했던 건 아니었다. 아이가 말이 너무 늦은 걸 유심히 관찰한 어린이집 원장님께서 일독에만 빠져 있던 초보 엄마를 호출하셨고, 뒤늦게 선천성 청력손실이 그 원인임을 알게 되었다. 청천벽력 같은 소식이었다. 이를 계기로 이십 대 말에 마주한 외국의 어린이 뮤지엄의 충격 이후 또 놀라운 현실을 알게 됐는데, 국내에는 지금 나의 아이처럼 특수교육이 필요한 어린이를 위한 전문기관이나 시설이 너무나 없다는 점이었다. 운영되고 있는 사설 기관도 기약 없는 대기상태라고 했다. 임신 무렵 신청한 구립어린이집 대기가 아이가 유치원을 졸업할 때까지도 풀리지 않는 것과는 차원이 다른 문제였다. 대학에서 언어학을 전공하기도 했고 어린이 뮤지엄과 연계해 유아 발달 관련 서적을 종종 접하던 터라 영유아가 언어를 습득하는 골든 타임이 있다는 정도는 알고 있었기 때문이다. 막막한 마음으로 휴직 후, 기분전환도 필요했고 오랫동안 뵙지 못한 친척들께 인사도 할 겸 뉴욕

을 방문했는데, 사정을 듣고 알음알음 소개받은 특수 교육기관과 프로 그램 때문에 육아 휴직 기간을 온전히 뉴욕에 머무르기로 결심하였다. 이 과정만도 책 한 권이 나올 만큼 간단하지 않았지만, 아무튼 지나고 보면 기적 같고 감사한 일이었다.

어느 날 아이가 다니던 프리스쿨에서 필드 트립이 있다면서 자원봉 사를 할 보호자를 모집한다고 했다. 유년 시절 서구의 드라마나 영화 로 접했던 필드 트립에 막연한 환상이 있던 내게 호기심을 갖게 하는 행사였다. 근교로 나가서 자연과 더불어 시간을 보내는 소풍을 생각했 던 것 같다. 그런데 필드 트립 장소는 다름 아닌 도심 중의 도심 브로드 웨이 42번가였다. 그날의 행사는 뉴욕시의 프리스쿨들이 연합으로 진 행한 듯, 모이기로 한 극장 앞으로 노란 스쿨버스들이 계속해서 도착 했다. 야외 소풍을 기대한 내게는 좀 의외였지만 브로드웨이에 백 년 의 역사를 가진 어린이 전용 극장이 있다는 사실은 흥미로운 발견이었 다. 천정의 벽화와 조각이 아름다운 극장은 객석의 4층까지 프리스쿨 러 어린이 관객으로 가득 찼다. 그리고 정시에 공연이 시작됐다. 어린 이극이라 내게 그리 재미있지는 않았지만 그렇다고 유치하거나 시시 하지도 않았다. 물론 어린이 관객들은 연신 까르르 웃으며 너무나 좋 아했다. 공연이 끝나고 이제 돌아가나 생각하고 있는데 사회자가 마이 크를 들고 "From now on, it's time to talk with the audience. (지금부터 관객과의 대화를 시작하겠습니다.)"라고 말했다. 순간 나는 나의 귀를 의심했 다. 관객과의 대화? 다시 고개를 돌려 극장을 둘러봤다. 4층까지 3~4 세로 보이는 어린이들만 가득했다. 무대 위에는 이미 스태프들을 위한 의자들이 놓였고 좀 전 무대에 섰던 배우들과 감독 등 주요 스태프가

자리해서 앉았다. 사회자가 오늘 본 공연에 대해 질문을 하라고 하자 여기저기 "저요", "저요"를 외치는 아이들이 "좀 전에 그 마술은 어떻게 한 거였나요?", "왜 빨간색 옷을 입었나요?" 등 귀엽고 유아다운 질문들을 쏟아냈고, 스태프들은 연신 미소를 지으며 성실히 답했다. 여기까지도 상당히 인상적이었다. 어느 정도 시간이 지났을까 사회자가 마지막으로 한 명만 더 질문을 받겠다고 했다. 그때 저 위층에서 한 아이가 손을 번쩍 들고 일어났고 사회자가 지명을 하자 "Why did you make this play?^(왜 이 연극을 만들었나요?)"라고 질문을 하는 거다. 순간 나를 포함한 객석에 있던 선생님들은 'wow' 하며 감탄사를 뿜었다. 그 감탄은 무대 위의 스태프들도 마찬가지였다. 감동한 듯한 감독이 마이크를 잡았다. "멋진 질문을 해줘서 고맙다. 사실 오늘 가장 받고 싶던 질문이었다."라고 운을 떼며, 그는 왜 그가 이 연극을 기획하고 무엇을 의도했는지 어린이들이 이해하기 쉽게 조곤조곤 설명하였다. 어린이 관객들과 함께한 선생님들은 크게 박수치고 환호하며 행사를 마무리했다. 그날의 경험은 엄청난 충격이었다. 나는 집에 돌아와서도 밤새 잠을 이루지 못하고 어린이극장에서의 장면을 수도 없이 소환했다. 교육 전문가는 아니지만 아이를 키우는 엄마로서 어린이와 교육에 대해 다시 생각하게 하는 긴 하루였다. 우리가 받았던, 그리고 여전히 답습하고 있는 교육 그리고 성장을 위한 경험은 어떠한가 자문해 보게 했다. 오래전 해외 어린이 뮤지엄 벤치마킹의 충격과 더불어 육아하면서 경험했던 이런 에피소드들이 어린이와 어린이 공간을 고민하고 연구하게 한 견인차가 되었다. 그리고 아이를 키우며 순간순간 마주했던 경이롭고 놀라운 경험을 통해 어린이들이 가진 순수함과 창의력을 지원할 수 있는

건강한 환경을 고민하는 착한 어른이 되고 싶었는지도 모르겠다.

　우리 박물관 상설 3관 출구에 이런 문구가 새겨져 있었다.

　젊은 때는 내일이 많았는데

　늙어갈수록 어제가 많아지네.

　내일이 모두 다 어제가 되니

　오늘은 바로 한순간이네.

　한장석1832-1894의 『미산집眉山集』에 나온 문구로, 참으로 공감되는 문구였다. 육아도 그렇다. 한창 키울 때는 너무 힘들어서 시간이 어찌 가는지 몰랐는데 정신을 차리고 보니 평생 효도한다는 이쁜 시기가 눈 깜짝할 사이 지나가고 있었다. 지나고 보니 당연히 경험도 없었고, 참으로 준비되지 않은 엄마였던 내 자신이 후회스럽기도 하다. 그러면서도 아이를 통해 내가 성장하고 진짜 어른이 된 것 같은 고마움도 있다. 그래서 어린이에게는 보호자인 어른이 필요하고, 어른에게는 어른답게 만들어 주는 어린이가 필요하다.

　어린이 뮤지엄 연구에, 그리고 이어진 『어린이 뮤지엄』 출간에 결정적인 계기이자 조력자였던 세 살, 네 살 무렵의 나의 아들 이민준에게 감사한다. 지금은 키가 엄마보다 큰 소년이 되었다. 마음도 엄마보다 넓고 따뜻한 여전히 엉뚱하고 상상력 충만한 어린이다. 전시 개막을 앞두고 줄 야근이 이어지던 어느 날, 아직 초등학생인데 혼자 저녁을 챙겨 먹게 해서 미안한 마음에 "오늘도 늦어서 미안해. 근데 너 엄마가 무슨 일을 하는지는 아니?"(큐레이터라는 용어와 내가 하는 일이 11살 아이의 세계관

에는 아직 생소한 것이라 생각했다)라고 물으니, 1초도 주저 없이 "어 알지! 탐험가!"라고 답한다. 크게 한번 웃고 지나갔는데 아이의 그 대답이 하루 종일 맴돌았다. "탐험가라니…!" 이 얼마나 멋진 표현인가!!. 그래 우리는 인생이란 백 년짜리 여행에서 탐험가처럼 살아야 한다. 아이들이 발견해주는 보석 같은 순간을 우리가 함께 포착하고 공감하고 지속할 수 있어야겠다.

이 책을 쓸 수 있도록 해준 세상의 모든 어린이에게 감사와 사랑을 담아.

책의 주요 관점이 그리고 연구의 시작이 비고츠키의 근접발달영역 이론을 근간으로 한다. 책이 나오기까지 아니 오늘의 내가 성장하고 성숙하기까지 근접발달영역대에서 든든한 비계가 되어준 부모님, 은사님, 그리고 바쁘신 중에도 정성껏 추천사를 써주신 이종철 관장님, 이경희 관장님, 이관호 회장님께 감사드리며, 특히 유년시절 나에게 값진 인생 경험을 선물해주신 故 김용휴 총재 할아버지께 감사드린다.

참고문헌

단행본

김판수·백현기, 공부의 절대시기-자기주도학습법 : 스스로 공부하는 것이 진짜 실력이다, 교육과학사, 2007

박덕규, 프뢰벨의 교육사상과 킨더카르텐, 민성사, 1991

백령, 멀티미디어시대의 박물관 교육, 2005

안옥희 외 편역, 보육자의 눈으로 본 어린이 놀이공간, 형설출판사, 1995

전남련·김재환·이혜배, 아동행동연구 및 관찰평가, 창지사, 2007

한순미, 역동적 평가의 문제와 발전 방안, 교육평가연구, 10(2), 1997

한순미, 비고츠키와 교육, 교육과학사, 1999

카이호 히로유키, 하라다 에츠코, 쿠로스 마사아키, 박영목·이동연 역, 인터페이스란 무엇인가, 지호출판사, 1998

Bammel, 하헌국 역, 여가와 인간행동, 백출, 1993

Berk·Laura E.·Winsler·Adam, Scaffolding Children's Learning: Vygotsky, Nat'l Assn. of Education, 1995

Dewey John, Experience and education, New York: Touchstone, 1938

E. Beverley Lambert & Margaret Clyde, 신현기 이병혁 공역, 비고츠키 유아교육이론의 재고찰, 학지사, 2008

Erickson. E, Childhood and Scciety, New York ; W. W. W. Norton, 1963

Falk. J. H·Dierking. L. D, The Museum Experience, Wachington DC, Whaleback books, 1992

Maria Montessori, 조성자 역, 몬테소리의 어린이 발견Scoperta del bambino, 창지사, 1995

Pekarik, A. J. et al., Exploring satisfying Experiences in Museums. Curator 42(2), 1999

Piajet, J, Play, Dreams and Imitation in Childhood, New York : W. W. Norton, 1962

Pulaski, M. A, Toys and Imaginative play, In J. L. Singer (Eds.), The child's world

of make believe, New York : Academic Press, 1973

Smilansky, S. The effects of sociodramatic play, Gaithersburg, MD, Psychosocial and educational Publications, 1968

Speaker. Kathryne, An Examination of Selected Characteristics of Hands-on Children's Museums, Temple University, ED. D., 1994

학위 논문

고유정, 어린이박물관 전시매체 유형별 관람객의 행동특성에 관한 연구, 한양대 석사 논문, 2010

김금주, 영아-어머니 상호 작용 유형과 영아의 언어발달에 관한 연구, 덕성여대 박사 논문, 1999

김민선, 비계설정이론의 유아교육적 함의, 경상대 석사 논문, 2010

김민아, 전시 시나리오의 구조와 관람행동 특성, 홍익대 석사 논문, 2006

김진호, 어린이박물관의 전시공간 규모산정 계획에 관한 연구, 국민대 석사 논문, 2009

김선경, 박물관을 활용한 주제탐색 활동이 유아의 다중지능에 미치는 효과, 대구한의 대학교 박사 논문, 2010

권이정, 유아의 창의성과 놀이행동간의 관계, 이화여대 석사 논문, 1996

도난정, 어린이박물관 이용자의 만족도에 영향을 미치는 요인, 경희대 석사 논문, 2014

박성희, 학령전기 아동과 어머니의 상호 작용 측정 도구 개발, 서울대 박사 논문, 2011

박양미, 어린이박물관에 관한 유아 교사와 어머니의 인식, 건국대 석사 논문, 2003

박지현, 관람객의 적극적인 참여를 유도하는 체험 전시물의 연구, 이화여대 석사 논 문, 2005

서명애, 박물관의 어린이 교육프로그램 연구, 중앙대 석사 논문, 2003

송정화, 어린이박물관 주제영역별 선호와 체류지원성 향상을 위한 색채이미지 연구, 홍익대 박사 논문, 2012

신윤경, 부모와 함께 하는 박물관 이용 실태 및 부모의 인식 조사, 숙명여대 석사 논문, 1999

신혜진, 자연과학계 박물관의 전시내용 구성 체계와 공간구조 상관성에 관한 연구, 홍 익대 석사 논문, 2003

승재연, 행태특성에 기반한 어린이박물관 디자인연구, 이화여대 석사 논문, 2005

윤남순, 비고츠키의 발달이론이 유아교육에 주는 시사점, 강원대 석사 논문, 2010

윤승환, 아동의 놀이행태 및 환경심리를 고려한 놀이터디자인에 관한 연구, 국민대 석사 논문, 2008

이명진, 신박물관학 관점에서 본 부산 박물관의 발전방안 연구, 경성대 박사 논문, 2013

이정민, 상호 작용 공간의 행태적 참여 어포던스 속성에 관한 연구, 홍익대 박사 논문, 2007

이인경, 유아박물관 체험활동 동행의 의미에 대한 어머니의 인식, 숙명여대 석사 논문, 2011

이윤경, 체험 학습을 통한 과학관 전시 공간 계획에 관한 연구, 홍익대 석사 논문, 1990

이은회, 유아원의 흥미영역 교재, 교구구비에 관한 조사 연구, 한국교원대 석사 논문, 1993

이춘복, 어머니-유아 상호 작용에 의한 만4세 유아의 그림책읽기 행동의 변화과정 탐색, 중앙대 석사 논문, 2009

임문숙, Piaget와 Vygotsky의 인식론에 비추어 본 구성주의의 학습 원리, 청주교대 석사 논문, 2001

염규영, 어린이박물관 유형에 따른 프로그램 차별화 방안, 추계예대 석사 논문, 2005

정선영, 어린이박물관의 공간디자인 특성에 관한 연구, 연세대 석사 논문, 2001

장은영, 국립어린이박물관 전시연출 특징에 관한 연구, 경희대 석사 논문, 2013

조진희, 어린이 공간의 space communication에 관한 연구, 홍익대 석사 논문, 2008

조혜경, 영아의 상징놀이 발달에 관한 구성 요소별 분석 연구, 덕성여대 박사 논문, 2003

최미옥, 어린이박물관에서 어린이-동반 보호자의 상호 작용 지원을 위한 전시 환경 연구, 홍익대 박사 논문, 2015

최정은, 어린이 기획전시의 유형별 특징에 따른 체험프로그램 연구, 국민대 석사 논문, 2008

최진, 취학 전 아동의 놀이행태 분석, 연세대 석사 논문, 1983

최진실, 어린이 관람 행동 연구 : 어린이박물관을 중심으로, 이화여대 석사 논문, 2011

Jenna Palica, Parent-Child Relationship Quality and the Influence on Sociometric versus Peer-Perceived Popularity, Univ. of Connecticut, Honors Scholar

theses, 2007

Yalowitz, S.S., Effect of Visitor and Visit Variables on Overall satisfaction in Three Visitor Institutions, Ph.D. Dissertation. Colorado State University, 2001

학술지논문

김숙이, Vygotsky이론에 대한 유아교육적 함의, 한국교육사상연구회 학술논문집, Vol.39, 2008

국성하, 우리나라 어린이박물관의 설립과 변화에 대한 고찰, 어린이와 박물관 연구 창간호, 국립민속박물관, 2010

양혜진·김남효, 피아제 인지발달단계에 따른 어린이박물관 선호전시체험과 어린이의 심리특성에 맞춘 관람동선에 관한 연구, 한국실내디자인학회논문집, Vol.19 No.1, 2010

이경희, 어린이박물관의 역사와 미래, 어린이와 박물관 연구, 국립민속박물관 어린이박물관, 2010

이경희·최정윤, 어린이박물관에서의 아동과 어머니의 전시 참여 행태와 아동과 어머니간의 상호 작용에 관한 연구, 아동학회지 제25권 제1호, 2004

이규황·임채진, 미술관 관람 만족도에 영향을 미치는 평가 요인에 관한 연구, 한국실내디자인학회 논문집 제17권 5호, 2008

이현숙, Piaget와 Vygotsky의 놀이에 대한 관점 고찰, 京福論叢, Vol.6, 2002

윤성규·임채진, 관람객의 방문유형에 따른 전시 환경 인지와 관람 행태에 관한 연구, 대한건축학회논문집 vol25.no.12, 2009

윤성규·임채진, 효율적 전시 관람을 위한 휴식공간 구성에 관한 기초 연구, 대한건축학회논문집 제25권 제 3호, 2009

신동주·박진성, 어린이박물관의 유아체험교육프로그램 개발을 위한 기초연구, 유아교육학회집 제14권 제1호, 2010

전영석·이연주, 국립과천과학관 어린이탐구체험관의 전시물특성과 관람객의 관람행동 유형 분석, 서울교대 한국유아교육 제21권 제1호, 2010

최미옥·김문덕, 놀이개념으로 접근한 어린이과학관 전시공간 연출에 관한 연구, 한국실내디자인학회 학술대회발표논문집 제 6권 제 6호, 2004

최미옥·임채진, 국내 어린이박물관 전시 현황에 관한 연구, 한국문화공간건축학회논문집 통권 36호, 2011

최미옥·임채진, 어린이박물관의 관람행동 분석방법 고찰, 한국문화공간건축학회 논문집 통권 제43호, 2013

최미옥·임채진, 놀이개념을 적용한 어린이박물관의 관람행동에 관한 연구, 한국문화공간건축학회 논문집 통권 제24호, 2014

최미옥·임채진, 놀이관점으로 접근한 어린이박물관 체험 전시 분류, 한국문화공간건축학회 논문집 통권 제46호, 2014

최미옥, 메타버스와 어린이 전시, 어린이박물관연구 제18호, 2021

최현익·서지은·이정호, 어린이박물관 전시주제에 따른 전시매체 선정에 관한 연구, 대한건축학회지회연합회 학술발표대회논문집, Vol. 2007 No. 1, 2007

Eisenberger Robert · Pierce W. David · Cameron Judy, Effects of reward on intrinsic motivation—Negative, neutral, and positive: Comment on Deci, Koestner, and Ryan, Psychological Bulletin, Vol 125(6), Nov 1999

Shine Stephanie·Acosta Teresa, Parent-child social play in a Children's museum, Family Relations, Vol. 49, No1, 2000.

Parten, M. B, Social Participation among Preschool Children, Journal of Abnormal and Social Psychology, 27, 1932

Tara Zollinger Henderson·David J. Atencio, Intergration of Play, Learning, and Experience: What Museums Afford Young Visitors, Early Childhood Education Journal Vol. 35 Issue 3, 2007

웹사이트

경기도어린이박물관 www.gcmuseum.or.kr
국립과천과학과 어린이탐구체험관 www.sciencecenter.go.kr
국립민속어린이박물관 www.kidsnfm.go.kr
국립중앙박물관 어린이박물관 museum.go.kr/site/main/index006
국립현대미술관 어린이미술관 www.mmca.go.kr/child
뉴욕어린이아트뮤지엄 https://cmany.org
맨하튼어린이박물관 http://www.cmom.org
보스턴어린이박물관 http://www.bostonchildrensmuseum.org
빅뱅아동관 www.bigbang-osaka.or.jp
브루클린어린이박물관 http://brooklynkids.wpengine.com

서울상상나라 www.seoulchildrensmuseum.org

스테이튼아일랜드어린이박물관 http://sichildrensmuseum.org

원더쉽 www.wondership.com

칠드런아트뮤지엄 http://www.cmom.org

현대어린이책미술관 www.hmoka.org

휴스턴어린이박물관 http://www.cmhouston.org

프리다앤프래드 http://fridaundfred.at/

플리즈터치 www.pleasetouchmuseum.org

키즈플라자 www.kidsplaza.or.jp

http://en.wikipedia.org/wiki/Children%27s_Museum_of_Manhattan

http://en.wikipedia.org/wiki/Brooklyn_Children%27s_Museum

http://en.wikipedia.org/wiki/Please_Touch_Museum

http://en.wikipedia.org/wiki/Children's_Museum_of_the_Arts

http://www.aam-us.org

http://www.icom.museum

http://www.archinnovations.com/featured-projects/museums/rafael-vinoly-architects-expansion-of-the-brooklyn-children-museum/

부록

뮤지엄 다이어리

방문일시	년 월 일	2012년 11월 30일
뮤지엄 정보	뮤지엄명 :	파리자연사박물관 Museum National d'Histoire Naturelle
	주소 및 연락처 :	2 Rue Buffon, 75005 Paris
	입장료 :	10€
	관람 시간 :	10시 - 18시
동반자		나혼자방문…
이곳에서 본 것, 인상적인 코너		· 동물들의 대이동군너는 압권기입다 자연이 얼마나 멋지고 아름다운지 생각했다 그리고 인간이 참으로 작은 존재인지도 정도를 배우게하는 장면이다 · 초근접연출로 제각 지싸랑이 N·펭노이 보았다 낙이없다 밤이없다 치들벌기가치드 먹지개가 뜬다. 간명라 간단안 연출로 자연의일기른이목에담다니 대단하라
기억하고 싶은 방문 에피소드		· 어라이단계단강가독들이 동물들이이동기 접잡하느은습이 너욱 사랑려겁다. 어음인가 이들라이야지 생겪었라 · 띠어프라비듬 "아이들어게 어떨저구를 울려줄지가 아니라 지구이게 어떤 아이들은 울고 교인해야한다
티켓과 사진		

답사주인 어린이들   교인해야한다

타란   로비: 동물의대

	뮤지엄 다이어리		
방문일시	년	월	일
뮤지엄 정보	뮤지엄명 :		
	주소 및 연락처 :		
	입장료 :		
	관람 시간 :		
동반자			
이곳에서 본 것, 인상적인 코너			
기억하고 싶은 방문 에피소드			
티켓과 사진			

뮤지엄 다이어리			
방문일시	년	월	일
뮤지엄 정보	뮤지엄명 :		
	주소 및 연락처 :		
	입장료 :		
	관람 시간 :		
동반자			
이곳에서 본 것, 인상적인 코너			
기억하고 싶은 방문 에피소드			
티켓과 사진			

뮤지엄 다이어리			
방문일시	년	월	일
뮤지엄 정보	뮤지엄명 :		
	주소 및 연락처 :		
	입장료 :		
	관람 시간 :		
동반자			
이곳에서 본 것, 인상적인 코너			
기억하고 싶은 방문 에피소드			
티켓과 사진			

뮤지엄 다이어리			
방문일시	년	월	일
뮤지엄 정보	뮤지엄명 :		
	주소 및 연락처 :		
	입장료 :		
	관람 시간 :		
동반자			
이곳에서 본 것, 인상적인 코너			
기억하고 싶은 방문 에피소드			
티켓과 사진			

뮤지엄 다이어리			
방문일시	년	월	일
뮤지엄 정보	뮤지엄명 :		
	주소 및 연락처 :		
	입장료 :		
	관람 시간 :		
동반자			
이곳에서 본 것, 인상적인 코너			
기억하고 싶은 방문 에피소드			
티켓과 사진			

뮤지엄 다이어리			
방문일시	년	월	일
뮤지엄 정보	뮤지엄명 :		
	주소 및 연락처 :		
	입장료 :		
	관람 시간 :		
동반자			
이곳에서 본 것, 인상적인 코너			
기억하고 싶은 방문 에피소드			
티켓과 사진			

뮤지엄 다이어리			
방문일시	년	월	일
뮤지엄 정보	뮤지엄명 :		
	주소 및 연락처 :		
	입장료 :		
	관람 시간 :		
동반자			
이곳에서 본 것, 인상적인 코너			
기억하고 싶은 방문 에피소드			
티켓과 사진			

뮤지엄 다이어리			
방문일시	년	월	일
뮤지엄 정보	뮤지엄명 :		
	주소 및 연락처 :		
	입장료 :		
	관람 시간 :		
동반자			
이곳에서 본 것, 인상적인 코너			
기억하고 싶은 방문 에피소드			
티켓과 사진			

뮤지엄 다이어리			
방문일시	년	월	일
뮤지엄 정보	뮤지엄명 :		
	주소 및 연락처 :		
	입장료 :		
	관람 시간 :		
동반자			
이곳에서 본 것, 인상적인 코너			
기억하고 싶은 방문 에피소드			
티켓과 사진			

뮤지엄 다이어리			
방문일시	년	월	일
뮤지엄 정보	뮤지엄명 :		
	주소 및 연락처 :		
	입장료 :		
	관람 시간 :		
동반자			
이곳에서 본 것, 인상적인 코너			
기억하고 싶은 방문 에피소드			
티켓과 사진			

뮤지엄 다이어리			
방문일시	년	월	일
뮤지엄 정보	뮤지엄명 :		
	주소 및 연락처 :		
	입장료 :		
	관람 시간 :		
동반자			
이곳에서 본 것, 인상적인 코너			
기억하고 싶은 방문 에피소드			
티켓과 사진			

뮤지엄 다이어리			
방문일시	년	월	일
뮤지엄 정보	뮤지엄명 :		
	주소 및 연락처 :		
	입장료 :		
	관람 시간 :		
동반자			
이곳에서 본 것, 인상적인 코너			
기억하고 싶은 방문 에피소드			
티켓과 사진			

뮤지엄 다이어리			
방문일시	년	월	일
뮤지엄 정보	뮤지엄명 :		
	주소 및 연락처 :		
	입장료 :		
	관람 시간 :		
동반자			
이곳에서 본 것, 인상적인 코너			
기억하고 싶은 방문 에피소드			
티켓과 사진			

뮤지엄 다이어리			
방문일시	년	월	일
뮤지엄 정보	뮤지엄명 :		
	주소 및 연락처 :		
	입장료 :		
	관람 시간 :		
동반자			
이곳에서 본 것, 인상적인 코너			
기억하고 싶은 방문 에피소드			
티켓과 사진